U0738523

《大国大转型——中国经济转型与创新发展丛书》
编委会

————————————

顾　问
魏礼群　宋晓梧　张卓元

编委会主任
迟福林

编委会成员
常修泽　曹远征　贾　康
袁亚春　苗树彬

大国大转型

中国经济转型与创新发展丛书

中国（海南）改革发展研究院组织编著

"十二五"国家重点图书出版规划项目

重塑"一带一路"经济合作新格局

RESHAPING
ECONOMIC
COOPERATION
OF
THE
BELT
AND
ROAD

赵晋平 等◎编著

ZHEJIANG UNIVERSITY PRESS
浙江大学出版社

国务院发展研究中心
"'一带一路'经济合作政策研究"
课题组成员

课 题 顾 问	隆国强
课 题 负 责 人	赵晋平
课 题 协 调 人	罗雨泽
课 题 组 成 员	张小济　张　琦　王金照
	胡江云　许宏强　吕　刚
	赵福军　宗芳宇　陈红娜
研 究 助 理	朱绍玉
参 与 研 究	黄嘉瑜　赵书博　王秀哲
	赵瑞雪　柳汶秀　韩　娟

总　序

2020：经济转型升级的历史抉择

迟福林

13亿多人的大国，正处于"千年未有之变局"。变革、转型、创新，是这个时代的主旋律、主音符。在增长、转型、改革高度融合的新时代，"大转型"是决定中国命运的关键所在：不仅要在转型中全面清理传统体制遗留的"有毒资产"，而且要在转型中加快形成新的发展方式，释放新的发展动力。

"十三五"的中国"大转型"具有历史决定性。以经济转型为重点，社会转型、政府转型都处于承上启下、攻坚克难的关键时期。总的判断是，2020年是一个坎：化解短期增长压力的希望在2020；转变经济发展方式的关键在2020；实现全面小康、迈向高收入国家行列的关节点在2020。如果谋划好、把握好2020这个"中期"，就能奠定中长期公平可持续增长的坚实基础；如果错失2020"中期"这个重要历史机遇期，就会失去"大转型"的主动权，并带来多方面系统性的经济风险。

"十三五"实现经济转型升级的实质性突破，关键是把握和处理好"四个三"。首先，抓住三大趋势：一是从"中国制造"走向"中国智造"的工业转型升级大趋势；二是从规模城镇化走向人口城镇化的城镇化转型升级大趋势；三是从物质型消费走向服务型消费的消费结构升级大趋势。其次,应对三大挑战:一是在经济下行压力下,加大结构调整力度,实现结构改革的重大突破;二是应对全球新一轮科技革命,加快提升创新能力,实现"弯道超车";三是在改革上要"真改"、"实改"。当前,转型更加依赖于改革的全面突破,对改革的依赖性更强。没有制度结构的变革,转型寸步难行,增长也将面临巨大压力。再次,实现三大目标:一是在产业上,加快推进制造业服务化进程,形成服务业主导的产业结构;二是增长动力上,形成消费主导的经济增长新格局,消费引导投资,内需成为拉动经济增长的主要动力;三是对外开放上,形成以服务贸易为主的开放新格局,实现服务贸易规模倍增。最后,处理好三大关系:一是短期与中长期关系,做好2020"中期"这篇大文章,立足中期、化解短期、着眼长期;二是速度与结构关系,在保持7%左右增速的同时,加快结构调整的进度;三是政策与体制关系。在经济下行压力下,关键是在制度创新中形成政策优势。

近40年的改革开放,给我们留下许多宝贵的财富。最重要的一条就是:越是形势复杂,越是环境巨变,越需要坚定改革的决心不动摇,坚持转型的方向不动摇。这就需要对"大转型"进行大布局、大谋划,需要实现产业结构、城乡结构、区域结构、所有制结构、开放结构、行政权力结构等改革的重大突破,需要对绿色可持续发展、"互联网+"等发展趋势进行前瞻性的谋划,布好"先手棋"。

基于对"十三五"转型改革的判断,中国(海南)改革发展研究院与浙江大学出版社联合策划出版这套"大国大转型——中国经济转型与创新发展丛书"。丛书在把握战略性、前瞻性和学术性的基础上,注重可读性。我们期望,本套丛书能够对关注中国转型改革的读者有所启示,对促进"十三五"转型改革发挥积极作用。

　　本套丛书的作者大多是所在领域的知名专家学者。他们在繁忙的工作之余参加了丛书的撰写。作为丛书编委会主任,我首先对为丛书出版付出艰辛努力的顾问、编委会成员,以及作者和出版社的领导和编辑,表示衷心感谢!

　　本套丛书跨越多个领域,每本书代表的都是作者自己的研究结论和学术观点,丛书不追求观点的一致性。欢迎读者批评指正!

2015 年 9 月

前　言

　　"一带一路"是中国在经济实力显著增强背景下提出的重大区域合作倡议,目的在于打造陆海内外联动、东西双向贯通的全面开放新格局,加强和深化与沿线国家之间的互利共赢合作关系,为促进中国和全球经济健康发展提供持久动力。"一带一路"覆盖区域广阔,资源富集,人口众多,市场潜力巨大。推进"一带一路"建设既是中国新兴大国责任的重要体现,也是应对全球经济格局深度调整诸多新挑战的战略需要;既有利于促进国内经济结构优化升级,培育新的经济增长点,还可以拓展贸易和投资合作新空间,改善中国经济发展的外部环境,实现中国经济与沿线国家经济发展的良性互动。当然,由于沿线国家发展水平存在很大差异,基础设施建设滞后,宗教和历史遗留问题错综复杂,地缘政治冲突的风险不断积累,相互之间的战略互信尚不牢固等,全面落实"一带一路"建设构想仍然存在较多的困难和制约因素,需要采取循序渐进的方式,做出长期不懈的努力。经济合作具有各国意愿强烈、共同利益明显、基础相对扎实、困难阻力较小等显著特点。将经济合作作为"一带一路"合作的优先领域和突破口,有利于使沿线国家尽早分享合作成果,巩固和扩大合作共识,引领"一带一路"建设的长期持续发展。

　　推进"一带一路"经济合作,首先需要秉持亲诚惠容、开放包容的合作理念,坚持共商、共建、共享原则,加快完善双边和多边经济合作机制,为企业的积极参与和参与各方的务实合作创造良好的政策环境。在这一过程中,要重点处理好六个方面的关系:一是"全球大国角色和中国自身所处发展中国家发展阶段之间的关系",中国主动承担大国责任和义务,但要量力而行,不能超越中国作为发展中国家的发展阶段,谨防战略透支;二是"市场和政府作用之间的关系","一带一路"合作与发展必须依靠市场力量的推动,企业的积极行动至关重要,但一定要符合市场规律,政府应当在引导推动、政策支持、提供服务和安全保障等方面更好地发挥作用;三是"各国自身利益和区域共同利益的关系","一带一路"沿线国家合作应秉持互利共赢原则,兼顾各方利益,保持参与各方利益大体平衡,尤其是要照顾到弱小和贫穷国家的利益;四是"区域内合作与区域内外合作的关系",要在加强沿线国家合作的同时,促进沿线国家与其他地区和国家之间的合作;五是"竞争与合作的关系",竞争和合作是相辅相成的关系,合作可以促进各国市场主体之间的良性竞争,竞争有利于提升效率和各方经济融合与合作水平;六是"着眼长远和务实推进的关系","一带一路"建设是一项长期事业和浩大工程,必须立足于长远发展大局统筹谋划,确立蓝图和共同愿景,凝聚发展共识和合力,同时还要注意务实推进,确保实际成效,走可持续发展的道路。

从国内来看,"一带一路"经济合作的政策环境的机制化建设刚刚起步,对外投资和经济合作管理体制还难以适应企业大规模"走出去"的实际需要,与沿线国家之间的贸易投资便利化、自由化安排覆盖面较小、水平偏低,跨境金融和生产性服务能力有限,基础设施和产业配套平台建设明显滞后等问题突出。加快完善"一带一路"经济合作的促进政策体系,需要重点做好以下六个方面的工作:一是积极灵活推进区域合作机制建设,营造良好合作环境;二是依托伙伴关系,做实经济合作;三是发挥制造大国优势,引领区域产业合作新格局;四是加强与资源国的双向合作,通过利益绑定的方式保障资源供应安全;五是加强软、硬件环境建设和设施联通,大幅降低区域合作成本;六是综合利用各种金融工具,有力支撑实体经济的国际化和竞争力升级进程。

2013年以来,国务院发展研究中心对外经济研究部服务于国家科学决策的需要,紧紧围绕"一带一路"倡议的实施和推进工作开展政策研究,完成了一批有价值的研究报告。2015年11月,我们将部分初步研究成果结集出版,推出了《聚焦"一带一路":经济影响与政策举措》(中国发展出版社,2015)一书,希望能够为"一带一路"有关研究提供参考。在这之后,我部承担的、根据2015年国务院发展研究中心年度重点课题研究计划开展的"一带一路"经贸政策研究项目也取得了很大进展,并于2016年4月初通过专家评审,顺利结题。为了尽早实现成果转化,在课题组成员的共同努力下,拟将近期完成的研究报告汇编成书。本书可以看作上一本书的续本,特点是继续聚焦于"一带一路"经济合作这一重要主题,从现状分析入手,立足贸易、投资和基础设施互联互通等广泛领域的合作方向和具体任务,同时从专家的视角提出推进合作的政策建议。如果说有所不同的话,本书和上一本书相比,应该说更加贴近经济合作政策制定和实施工作的实际需要,是政策研究的进一步深入。

本书第一章阐述了构建"一带一路"经济合作促进政策体系的相关背景;第二章至第九章分别是关于合作机制、贸易、投资、产能、基础设施建设、能源和境外产业园区合作等重要领域合作的专题研究报告;第十章为案例研究报告,是进一步针对中国和海湾国家合作关系,从推进双方制度性合作角度进行深入分析研究的成果。

本书能够以这种方式正式出版,首先需要感谢隆国强副主任的指导,感谢对外经济研究部的同事们做出的努力。罗雨泽研究员在"一带一路"区域合作研究方面有许多积累,他担任了本项研究的协调人,在课题策划、协调和评审答辩等方面做了许多工作。几位实习生为本书的文献检索、编撰和校对工作付出了辛勤劳动,借此机会对他们一并表示感谢。最后我还要对中国(海南)改革发展研究院和浙江大学出版社的相关同志表示感谢,本书的出版和他们的支持与努力是分不开的。我深知,由于时间紧、工作量大,再加上编著者水平有限,本书仍然存在许多不足和问题,在一些领域还需要开展更加深入的研究。这有待于我们在今后的研究中加以纠正和完善。

赵晋平

2016 年 4 月 12 日

目　录

第一章　加快构建"一带一路"经济合作促进政策体系

推进"一带一路"建设,有利于打造陆海内外联动、东西双向贯通的全面开放新格局,加强和深化与沿线国家之间的互利共赢合作关系,为促进中国和区域经济健康发展提供持久动力。将经济合作作为"一带一路"合作的优先领域和突破口,可以使沿线国家尽早分享合作成果,巩固和扩大合作共识,引领"一带一路"建设的长期持续发展。目前,中国与沿线国家之间的经济合作政策环境还存在许多不足和突出问题。进一步完善"一带一路"经济合作促进政策体系的重点应当放在加快双边和区域多边合作的机制化建设、推进对外投资和经济合作管理体制改革、扩大和沿线国家之间的贸易投资便利化自由化合作安排、提升跨境金融和生产性服务能力、加强境外产业合作平台建设等方面。

一、"一带一路"倡议的深刻内涵

共建"一带一路"是中国提出的合作发展倡议,既不同于联合国、世界贸易组织(WTO)这样的侧重某一领域的多边机制和G7(七国集团)、G20(二十国集团)、ACD(亚洲合作对话)等诸边高层或务虚对话平台,也不同于欧盟、东盟、北美自由贸易区(NAFTA)和上海合作组织(SCO)这样的边界清晰的经济一体化安排。

"一带一路"倡议具有以下特征:一是涉及面广,覆盖政治、经济、外交、文化等诸多领域;二是机制多样灵活,务虚务实相结合,既有政策层面的对话、文化领域的交流,也有基础设施、经贸、金融等领域的务实合作;三是虽为区域合作,但具有开放性,不排除域外国家,与中国奉行不结盟、坚持发展伙伴关系策略一脉相承,展现出更大的包容性,可在更广范围内开展共赢合作;四是需要标准的统一互认和规则的兼容对接,但不是以"交换"为基础,而是以"共商、共建、共享"为原则;五是尚未建立专有机制,但有诸多现有机制可依托,并为新机制的建立创造了需求、奠定了基础;六是目标多元,不仅在政治上寻求互信、经济上追求共赢,而且强调协调、共享和绿色发展。

从本质上讲,"一带一路"倡议是中国发展理念、经验和模式的向外延伸,是中国文明理念和发展价值观的对外传播。"一带一路"虽然涉及面广,涵盖领域宽,内涵丰富,但形散而神不散,核心还是区域合作,通过传承历史、深耕现实,旨在将发达的欧洲经济圈、增长潜力较大的亚非国家以及充满活力的东亚经济圈紧密联通起来,推动技术、资金、劳动力、能源资源、市场等要素的高效配置,实现共赢发展。

"一带一路"不但是中国目前转型的重要平台和未来拓展发展空间的重要方向,而且是亚欧非大陆摆脱困境,建设利益共同体、发展共同体和命运共同体不可替代的战略依托。面对各种乱象和困境,唯有通过更大范围的合作实现共赢发展才能破解。中国转型升级,需要重新布局产业链、价值链、供应链,必须进一步加大"走出去"力度;欧盟久困于债务危机,"去杠杆化"导致内部投资、需求两低迷,也必须寻求合作伙伴拓展外部市场,提高其优质资产和先进技术的利用效率;俄罗斯、中亚国家拥有丰富的资源、肥沃的土地,但资金、劳动力均比较缺乏,农业基础设施落后,土地闲置严重,需要引入外力加快提升工业化、现代化水平;中东地区油气资源丰富,但大国博弈集聚,宗教民族矛盾交织,战乱不断,成为恐怖主义滋生的沃土,需要加强政治对话,建立稳定的经济合作发展机制,根除恐怖主义基因;非洲相关国家发展滞后,生活、教育、卫生条件差,是流行疾病高发之地,是联合国2015年后发展议程关注的重点,但非洲的发展潜力也比较大,劳动力资源比较丰富且劳动力结构比较年轻,世界有责任帮助非洲加快发展,非洲也有条件加快发展。依托"一带一路"建设,沿线各国可实现优势互补,加快发展,消除不稳定因素,促进和平和谐、稳定繁荣国际新格局、新秩序的形成。

"一带一路"虽有突出的全球公共产品特征,但现有国际秩序以及中国目前所处的国际地位决定了"一带一路"区域合作具有地缘经济与地缘政治的双重属性。美国自然地认为其"领导者"地位受到了挑战,日、印等大国战略压迫感上升,越南、菲律宾等与中国存在领土争议的国家认为形势对之越来越不利。这些政治上的考虑会反映在经济领域的合作上,消极、牵制、阻挠、对抗都可能发生。中国内要转型升级,外要和平崛起,决定了"一带一路"区域合作担负着经济上实现互利共赢、政治上建立互尊互信的双重历史使命,但中国自身又是一个发展中国家,有诸多问题亟待解决。所以,推进"一带一路"区域合作一方面要积极主动,另一方面要量力而行,守好安全底线,在意愿和行动之间确立良好的路线图,实现资源的有效利用。

二、"一带一路"经济合作的背景和形势

(一)世界经济处于低迷期

自 2010 年以来,世界经济增速已连续五年(2016 年数据尚未发布)下行,这是近 20 年来第二次出现这种情况。第一次发生在 1988—1993 年,当时,世界经济政治危机迭出。1989 年年中,日本银行突然加息,收紧货币政策,1990 年 1 月,日本股市崩溃;1989 年东欧剧变,东欧社会主义国家的政治经济制度发生根本变化;1991 年苏联解体,世界政治体系动荡不安;1990 年后,美国也因高赤字和高负债等问题经济出现衰退;1992 年 9 月和 1993 年 8 月,中欧发生两次汇率危机。诸多因素导致了世界经济增速连续下行,直到 1993 年后,美、日等国均启动了信息技术网络建设计划和进行了一系列宏观经济政策的调整,世界经济才有了新的动力。一般情况下,经过 1~2 年经济即可恢复较高增长,2007 年国际金融危机发生后亦是如此,经过 2008 年、2009 年两次连续下探,2010 年出现高速增长,但随后便进入下行通道。虽然近五年来没有发生像 20 世纪 90 年代前后那样大的政治局势动荡,但 2008 年国际金融危机的影响并未根除,"去泡沫""去杠杆"在降低了风险的同时导致需求萎靡,大范围、大力度的货币量化宽松又不断积聚了金融风

险。近两年美国的加息政策又引领政策分化,使诸多新兴经济国家面临资本外逃压力,也进一步打压了大宗商品价格,使一些能源产出国雪上加霜。虽然近期石油价格有所回升,但受能源革命和地缘政治经济裂化的影响,低油价将是常态。世界经济要走出低迷增长,需要加强合作,共同寻找新的动力(见图 1-1)。

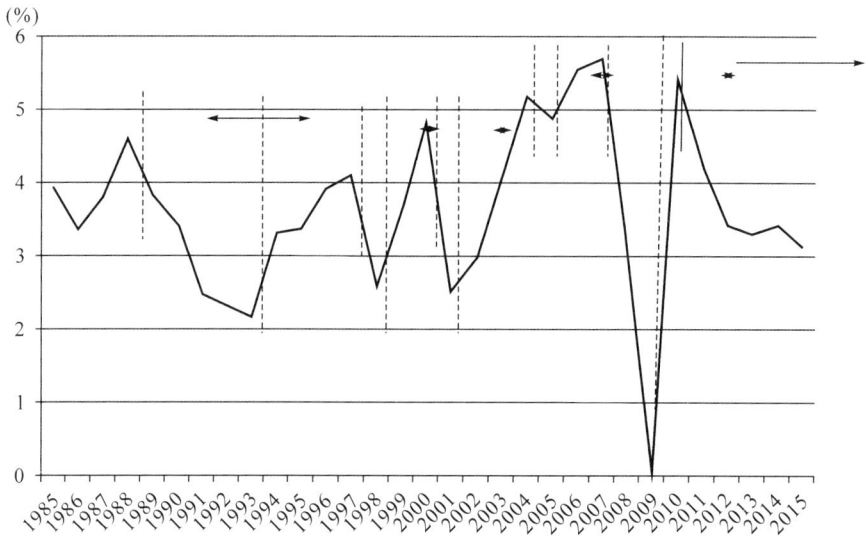

图 1-1　世界经济增速变化(1985—2015)
数据来源:IMF 数据库。

(二)国际贸易增速大幅下滑

过去 20 年世界出口贸易的平均增速达 5.7%,比世界 GDP 增速高出 2.1 个百分点,而近四年(2012 年至 2015 年),出口贸易增速均低于 GDP 增速,呈现出低迷状态。贸易对经济增长的带动作用大幅弱化。全球贸易增速放缓的原因有很多,如经济减速导致需求下降,国内产业萧条引发的贸易保护主义抬头,多边贸易机制建设受阻等,概括起来,是周期性因素和结构性因素共同叠加、传统贸易驱动力弱化的结果。经济萧条是周期性因素,全球分工的再调整则是结构性因素,如中国生产比较优势的弱化驱动对外直接投资由出口商品转向出口"生产能力",实施本地化生产和供应。美、日、欧在先进技术支持下的"再制造化"运动也会对进口产生部分替代。能源资源等大宗商品价格下跌,降低了经济活动成本,但经济放缓、需求下降导致了生产能力大量过剩,成本的降低并不能明显驱动产出增加,因而也不能带动大宗商品销售收入增长,甚至无法弥补价格下跌带来的损失,对资源型国家摆脱困境帮助不大。国际分工深化进入滞梗期,唯有推进贸易自由化和海关程序便利化,摒弃贸易保护主义,帮助欠发达国家发展生产能力,充分发挥其相对优势,优化区域乃至全球的分工格局,国际贸易才能彻底走出萧条低迷期(见图1-2)。

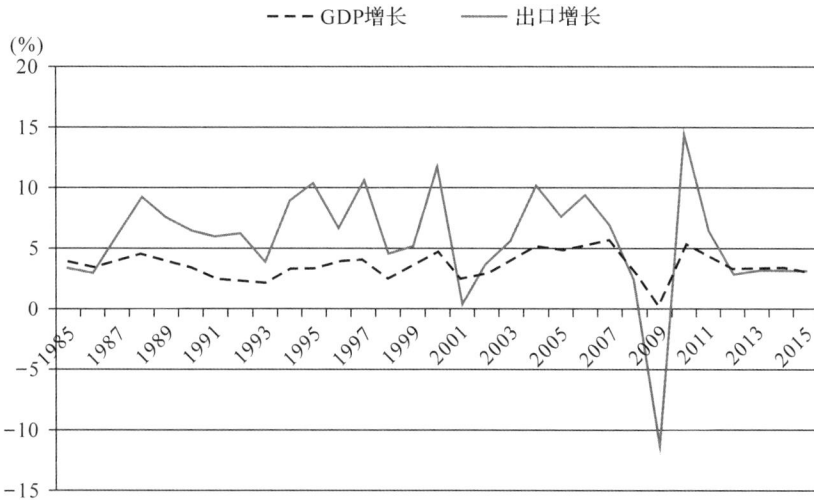

图1-2 世界出口增速变化(1985—2015)
数据来源:IMF数据库。

(三)中国持续崛起

邓小平南方谈话以后,尤其是2001年以来,中国经济持续保持快速增长,即使在两次大的危机(1998年亚洲金融危机和2008年国际金融危机)期间,中国GDP占世界的份额仍保持稳定上升势头。近10年,中国经济占世界份额平均每年提升 1 个百分点,与美国经济总量的差距越来越小。"十二五"期间,虽然中国经济增速放缓,但与全球相比仍表现突出,每年对世界经济增长的贡献均超过了 1/4,在全球经济中的地位更加凸显(见图 1-3)。

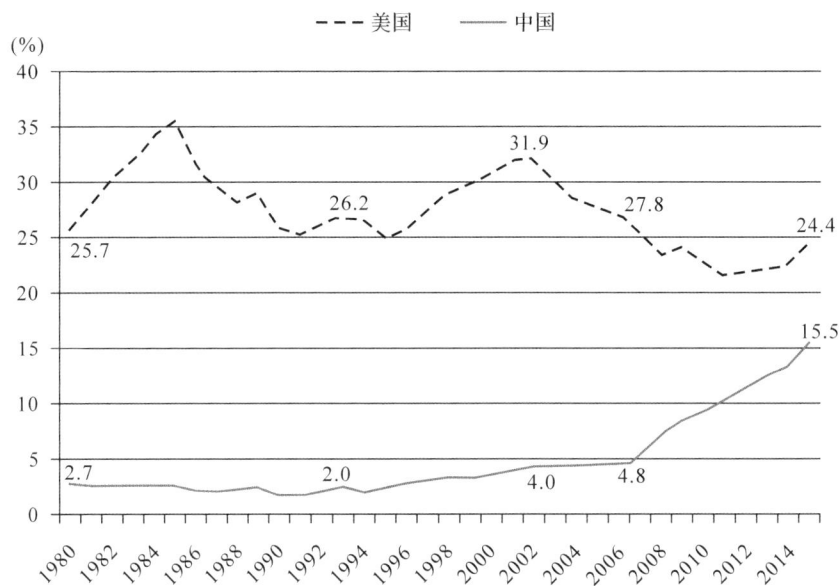

图 1-3　中、美 GDP 占世界 GDP 的份额(1980—2015)
数据来源:IMF 数据库。

相较经济地位,中国在全球中的贸易地位上升更快。中国出口占世界份额在 30 多年里一直保持快速增长,2001 年加入 WTO 后出现加速,2007年超过美国、2010 年超过德国成为世界第一大出口国。2014 年中国出口占世界份额为 12.3%,据商务部数据,2015 年中国出口市场份额进一步升至 13.4% 左右;中国市场的吸引力也不断增强,2001 年后,中国进口与美国进口占世界的份额表现出"一升一降"态势,中国进口占世界份额从2001 年的 3.8% 升至 2014 年的 10.3%,而美国则从 18.2% 降为 12.6%。中国已是世界第一货物贸易大国和 130 多个国家的最大贸易伙伴,数量上远远超过美国(见图 1-4)。

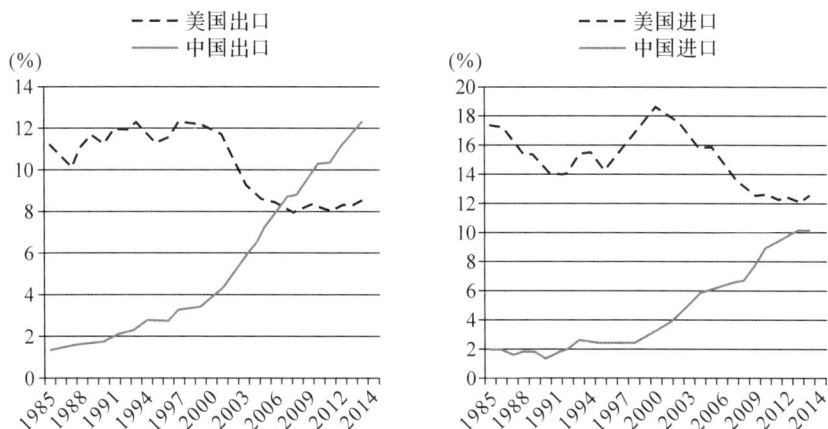

图 1-4　中、美贸易占世界贸易的份额(1985—2014)
数据来源：WTO 数据库。

随着国力的增强,中国也逐渐从输出产品向输出资本转变。2015 年,中国对外非金融类直接投资达到 1180.2 亿美元,连续两年超过千亿美元,连续 13 年增长,年均增幅高达 33.6%。2015 年年末,中国对外直接投资存量也首次超过万亿美元。与"一带一路"相关国家的投资合作进展良好,2015 年,中国企业共对"一带一路"相关的 49 个国家进行了直接投资,投资额合计 148.2 亿美元,同比增长 18.2%;与"一带一路"相关的 60 个国家新签合同额 926.4 亿美元,占同期中国对外承包工程新签合同额的 44.1%。

中国经济地位的显著增强产生了两方面的效果:一方面是对相关国家的吸引力上升,它们期待与中国合作,依托中国的大市场和高性价比商品的制造能力加快自身发展,分享中国发展的机遇;另一方面,一些国家对中国崛起变得更加警惕,采取竞争、遏制甚至对抗策略。

(四)国际秩序正经历大的调整

和平与发展仍是当今世界的主题,有利于和平稳定、发展繁荣的倡议和举措仍受到广泛欢迎。欧盟持续实施且不断改进的睦邻政策,美国力推的跨太平洋伙伴关系协定(TPP)、跨大西洋贸易与投资伙伴协定(TTIP)、日本强化的经济伙伴协定(EPA)建设,俄罗斯着力建设的欧亚经济联盟、东盟建设共同体等,均将"发展"作为重要目标。与此同时,随着发展中国家的群体性崛起和一些关键领域的重大技术突破,国际政治经济格局和全球治理体系正在发生深刻变化。美国页岩气技术日趋成熟,成本大幅降低,"能源独立"取得重大进展,中东地区的战略意义相对弱化,加上伊拉克、阿富汗等地的"维稳"成本只增不减,亚太地区中国强势崛起,迫使美国在中东等地区进行战略收缩并向亚太地区转移。美国是全球唯一的超级大国,其战略调整引发一系列矛盾的发生,中东地区的回撤留下权力真空,各种矛盾集中显现,恐怖主义活动迅速蔓延;其高调重返亚太,为盟友提供战略担保和依托,致使中美大国关系和中国周边形势复杂化。国际经济格局的变化要求全球治理做出相应变革,无论是发展中国家还是发达经济体,对现有机制都产生了"不满"。发展中国家经济地位和义务上升,积极寻求相应的话语权,要求少数发达国家主导的治理体制做出变革调整;而发达经济体认为,发展中国家尤其是中国长期"搭便车",实现了快速发展,对其主导地位的威胁越来越大。这种双重"不满"导致新一轮体制构建和规则制定竞争加剧,并推动国际秩序深刻调整和经贸规则加快重构。

三、"一带一路"倡导的合作理念

亚洲经济模式虽然在过去30多年取得了经济快速发展的成就,但是在当前国际金融危机的影响进一步深化、世界经济复苏进程曲折缓慢、全球市场剧烈震荡和风险频发的背景下,亚洲正面临许多严峻问题和挑战。倡导和推进"一带一路"合作是促进亚洲经济可持续发展的迫切需要。

2015年3月28日,中国国家发改委、外交部和商务部联合发布了《共建丝绸之路经济带和21世纪海上丝绸之路的愿景与行动》(以下简称《愿景与行动》),对中国推进"一带一路"合作的思路、目标和举措做出了全面、系统的阐述,为了解"一带一路"合作的深刻内涵和核心理念提供了重要依据。我们可以从五个维度来认识和把握"一带一路"倡导的理念、目标和行动模式。

(一)关于地区成员之间的相互关系

从地区成员之间相互关系的维度来看,"一带一路"的核心理念可以用三个关键词来表现:历史传承、开放包容、内外兼修。

1. 历史传承

丝绸之路是古代沿线各国人民为我们留下的珍贵历史和文化遗产,也是一个和平交往的符号和各国友好通商的象征。"一带一路"倡议是对古老丝绸之路精神的继承和发扬光大,"丝绸之路精神"就是秉持和平发展的理念,坚守友好交往的准则。近代亚洲曾经经历过一些外来势力使用炮舰打开一个国家大门,通过武力强迫其开展不平等贸易的年代。因此,亚洲更加向往丝绸之路所彰显的和平、平等、守望相助的交往理念。中国领导人提出这一倡议,也是基于世人对"丝绸之路精神"的普遍认知和共识。

2. 开放包容

"一带一路"区域合作坚持开放的地区主义,并不是排他性的。不论是区域内还是区域外经济体,都可以成为这一范围广泛的区域合作的参与者,并分享合作红利。参与方之间也需要坚持开放原则,积极推进市场融合和要素跨境流动。"一带一路"合作将更具包容性,不论是大国还是小国,不论是强国还是弱国,都有平等参与的机会和条件,也不会按照所谓的意识形态等各类标准画圈画线、区别对待。目前,美国、欧盟和日本等发达经济体主导的巨型区域贸易安排,对亚洲地区的大多数发展中经济体来说,将因此受到贸易和投资转移效应的冲击,难以从新一轮的区域经济一体化和全球化中分享贸易便利化和自由化的红利。为减少这一不利影响，通过更具现实性和舒适度的合作方式，加强和深化彼此之间的合作关系，对于维护亚洲区域发展中经济体的经济稳定与繁荣具有重要意义。亚洲地区在整体经济发展水平偏低的同时，国家之间的经济实力和发展水平差距巨大，发展不平衡问题十分突出，为了使大小不等、强弱不同的国家都能够分享合作的成果，开放、包容的发展合作是唯一的选择。

3. 内外兼修

按照古老丝绸之路的到达范围，"一带一路"沿线包括了中国在内的65个亚非欧国家，其中大多数是亚洲发展中国家。修好这些国家，也就是"区域内"成员之间的经济关系，是"一带一路"合作的重要目标之一。在过去很长的时间内，亚洲国家经历了多次经济危机的冲击和考验，主要原因之一在于区域内贸易和投资比重偏低，经济发展对外部市场的依赖性过强。因此，需要通过提升区域内经济的紧密程度来应对风险，加强彼此之间的合作则是必然的选择。但在全球化时代，任何一个区域的发展都难以独善其身，"一带一路"区域合作是开放的，修好与"区域外"国家之间的合作关系同样十分重要。全球任何一个经济体只要持有积极愿望，同样具有参与并分享合作红利的机会。亚洲基础设施投资银行（简称亚投行，即AIIB）意向创始国的构成，彰显了"一带一路"合作的开放性和全球属性。57个成员国家中既有沿线国家，也有欧洲、大洋洲、美洲和非洲国家，遍及五大洲。今后成员还存在着继续增加的可能性。

(二)关于地区合作的促进机制

从合作的促进机制来看，影响"一带一路"走向和进程的核心因素可以用以下三个关键词来总结：市场作用、企业主体、政策沟通。

"一带一路"倡议首先是由中国政府提出的，并得到了相关国家政府的广泛支持和积极响应。但是，推动"一带一路"合作，市场要起决定性作用，企业的参与和实际行动最为重要,也将成为评判区域合作成功与否的重要标志之一;政府必须按照市场规律办事,不能包办一切,更不能代替企业进行贸易和投资决策。毫无疑问,政府在推进合作方面负有不可推卸的责任,需要更好地发挥引导和推动作用,加强和完善政策支持手段,提供有效的公共服务和安全保障,需要完善市场竞争环境,维护正常的市场竞争秩序,为企业通过竞争获得收益提供良好的制度环境。从现实情况来看,亚洲国家的市场化水平存在较大差异,相互之间的政策沟通和协调明显不足,贸易和投资便利化水平偏低,各种风险也在不断积累。只有通过加强发展规划和战略对接,保持经常性的政策沟通和协调,才有可能形成各国企业平等竞争的区域市场格局,有效化解各类风险,营造稳定、透明、可预期和符合国际规范的营商环境。这既是其他地区国家长期积累的经验,也是近几十年以来,亚洲发展中国家不断面临的严峻挑战给我们带来的启示。

(三)关于合作的优先领域

从合作的优先领域来看,"一带一路"合作首先应当从三个方面开始起步:经贸先行、设施联通、资金融通。

1. 经贸先行

"一带一路"合作涉及的领域非常广泛,包括外交、经济、社会、文化、旅游等方方面面,贸易投资合作是其中重要的切入点。经贸合作不仅符合沿线各国的实际愿望和诉求,最容易达成共识,也是建设区域利益共同体的重要基础和纽带。经贸先行有利于让区域内各国人民尽早获得实实在在的好处,增强区域成员加强深度合作的信心和决心。根据世界银行(简称世行)数据计算的结果,亚洲地区经济增长对贸易和外资净流入的依存度分别达到35%和6.4%,远远高于全球平均水平。各国的贸易和投资增长作为地区经济增长的主要动力,推动效果大大超过世界平均水平。同时,沿线国家对外贸易和跨境投资实际增长也明显高于全球水平。这同时意味着对于参与国的企业而言,合作中蕴含着巨大的商业机遇。近10年来,中国对沿线国家贸易和投资年均增长分别达到20%和40%,占中国全部贸易投资的比重分别接近1/4和1/5。随着"一带一路"合作取得积极进展,贸易投资环境将不断得到改善,中国企业投资和双边贸易将保持快速增长势头。这在创造企业收益的同时,也将为促进东道国经济和就业增长做出积极贡献。

2. 设施联通

基础设施落后是制约亚洲大多数发展中国家经济发展和贸易投资增长的重要因素。加强基础设施互联互通,有利于改善基础设施条件,便利贸易投资和人员往来,而且可以创造出基础设施建设的巨大市场需求,为各国企业提供重要商机,促进沿线经济发展和市场繁荣。设施联通对中国企业的意义尤其重大。中国企业在国际工程承包领域具有较强的国际竞争力,全球排名前250位的国际承包商中,中国企业就有将近65家,高居世界国别排序第一位;电力、铁路、公路、电信设施、港口和城市管网等许多领域也都存在大量的商机。另一方面,沿线大多数国家基础设施严重落后,具有巨大的基础设施建设需求。根据亚洲开发银行2009年报告预测,2010—2020年的10年中,亚洲国家的基础设施建设需求将累计达到8.3万亿美元的规模。这些国家将普遍从"一带一路"的基础设施互联互通中获得巨大收益。

3. 资金融通

融资难是亚洲各国企业普遍面临的突出问题,每年大约有8000亿美元的基础设施建设资金需求难以得到满足,资金融通将成为沿线国家合作的关键支撑。面对巨大的基础设施建设需求,大批企业的贸易投资活动都需要有强有力的金融支持。亚投行的成立将为实现这一目标提供有效手段,各种基金的建立和商业金融机构的积极参与,将为企业提供更加便利的融资环境。股权融资、债券融资等金融创新工具也在不断诞生并受到鼓励、支持,企业的融资环境有望得到明显改善。亚洲金融危机以来,亚洲国家加快了地区金融合作的步伐,货币互换、本币跨境结算等金融合作举措也在进一步加强金融支持"一带一路"合作的能力方面发挥着积极作用。

(四)关于合作的目标

"一带一路"合作追求的目标涉及经济、社会发展的方方面面,内容十分丰富。这里我们主要关注以下三个方面的合作目标:互利共赢、绿色发展、民心相通。

1. 互利共赢

"一带一路"区域合作首先由中国提出,并得到沿线各国的高度关注和积极响应。毫无疑问,包括中国在内的所有参与方都会成为这一合作的受益者,从中分享区域合作与发展的红利。中国可以通过扩大面向沿线各国的贸易和投资,为自身经济可持续发展和结构调整拓展新的空间,形成新的发展动力;沿线各国也可通过巨大的中国市场和吸收来自中国企业的投资,为自身经济和就业增长创造更多机会。这一点在区域各国之间已经达成了广泛共识。

2. 绿色发展

亚洲大多数国家仍处在工业化的初、中级阶段,经济发展对能源资源的需求日趋扩大,在技术落后、管理效率低下和缺乏资源配置有效市场机制的背景下,发展和环境污染、资源浪费之间的矛盾十分突出。实现绿色发展目标是亚洲经济可持续发展的重中之重。在具体举措上,一方面,可通过利用新技术、新产品改造传统产业,促进结构优化调整,提高资源利用效率,减缓对环境造成的压力;另一方面,可通过产业合理布局和产业合作,在维护经济和就业稳定增长的基础上,最大限度提高现有产能的利用效率,减少资源和能源消费新增压力。亚洲一些国家在绿色发展领域积累了非常丰富的经验,通过合作更多分享这些成果也是"一带一路"合作的一项重要内容。截至 2015 年年底,中国推进的大型基础设施项目已经覆盖了沿线 44 个国家,严格的环保评估是启动这些项目的先决条件,中国的政策性和商业金融机构在面向"一带一路"投资企业的融资中已经全面采用国际上公认的"绿色金融"标准。"一带一路"倡导的是绿色发展的理念,要实现绿色发展的目标。用一句通俗的话讲,叫作"既要金山银山,也要绿水青山"。

3. 民心相通

亚洲地域广阔,人口众多,文化多元,民族复杂,各国之间经济发展水平差异悬殊,历史遗留问题和现实冲突时有爆发,达成普遍共识仍存在较多的困难。因此,倡导合作的根本目的在于增进相互理解和信任,通过促进沿线国家经济繁荣与稳定,提升经济发展和民生水平,使民众能够尽早分享合作与发展的成果,促进社会和谐稳定和人民友好交往,形成文化交融、民心相通的良好人文环境和社会基础。

(五)关于中国在合作中的作用

从中国在"一带一路"合作中应有的作用来看,可以用三个关键词来体现:大国责任、陆海统筹、东西双向。

1. 大国责任

中国作为新兴的经济大国,需要为全球提供更多的公共产品,为世界和区域发展做出积极贡献。这既是大国的责任和国际社会的期待,同时也是中国自身发展的需要。中国的 GDP 在"一带一路"沿线区域经济中的比重超过 40%,贸易的比重接近三成。作为区域最大的经济体,中国的积极参与和大力推动,对于"一带一路"区域合作具有至关重要的影响。"一带一路"区域合作构想,尤其是共建亚洲基础设施投资银行的倡议,正是中国担当大国责任的具体体现,也是中国向全球提供重要公共产品的实际行动。

2. 陆海统筹

以陆地和海洋国际大通道为重要载体,建设连接沿线各国的经济走廊,促进区域内外要素资源流动,是"一带一路"区域合作的重要作用之一。一方面,中国拥有1.8万多公里的海岸线,广阔的海洋将我们与世界主要国家和地区紧密联系在一起,为我们扩大对外开放和国际交往提供了重要通道,今后也将在中国推动"一带一路"区域合作中发挥重要作用。另一方面,中国还有2.2万多公里的漫长陆上边界线,与周边14个国家陆地相连。陆地通道是中国加强与周边各国经济合作的宝贵资源。统筹利用陆海通道对于便利和深化沿线国家经济合作具有重要意义。

3. 东西双向

中国过去30多年在向东开放方面取得了显著进展,东部地区充分利用沿海地缘优势,整合国际国内要素资源,加强与世界主要国家之间的贸易和投资关系,取得了率先发展的巨大成就。但是,广大的中西部地区作为"大后方",远离国际大市场,对外开放和经济发展长期落后于东部地区,成为中国地区经济结构失衡的主要原因之一。"一带一路"区域合作将为中国向西开放带来重大机遇。向西我们将面对一个人口更多、发展潜力更大、内容更加广泛的国际大舞台,广大的中西部地区,尤其是西部沿边地区,将由开放的"大后方"转变为开放的前沿,有助于提升这些地区整合国际国内要素资源的能力和经济发展水平,形成东西双向的全方位开放格局。

四、"一带一路"经济合作的机遇和挑战

(一)机遇

一是沿线大多数国家重视经济发展,并且合作潜力巨大。"一带一路"沿线大多数国家均将发展经济和改善民生作为第一要务。2015年11月,

东盟发布了《关于建立东盟共同体的 2015 吉隆坡宣言》和《东盟 2025：携手前行》等，规划了东盟 2015 年后发展愿景，希望通过加强经济合作，提升互联互通，维持经济的高速增长。另外，东盟还就银行、农林、交通、能源、旅游、电信等重点行业制订了未来五年或十年的发展规划；印度莫迪政府制订了雄心勃勃的"印度制造"计划，力求将高速增长变为印度的"新常态"；2012 年 12 月 4 日，哈萨克斯坦发布《哈萨克斯坦 2050》战略，提出跨入世界发达国家 30 强的远大目标；中东国家、俄罗斯深受经济结构单一、能源资源价格大幅下滑之苦，也在力推产业结构的多元化。

"一带一路"沿线国家有 44 亿人口，占世界人口的 63%，平均收入不到世界平均水平的一半，GDP 增速比世界总体增速高 2～3 个百分点，增长空间很大，发展态势较好。根据中国社会科学院工业经济研究所发布的《工业化蓝皮书(2016)》，中国对"一带一路"沿线其他 64 个国家的出口，目前主要集中于相邻或相近的周边国家，向外拓展的空间还很大。2015 年，中国企业共对"一带一路"相关的 49 个国家进行了直接投资，投资额合计 148.2 亿美元，同比增长 18.2%，比中国对外投资总体增速高出 3.5 个百分点。

二是基础设施建设需求大，投资空间广阔。对于大多数"一带一路"沿线国家，基础设施是制约经济发展的突出瓶颈。根据世界经济论坛 2015 年发布的全球竞争力指数报告，在给出数据的 54 个"一带一路"沿线国家中，只有 4 个国家(新加坡、阿联酋、克罗地亚和斯洛文尼亚)基础设施竞争力指数不低于基础竞争力综合指数。"一带一路"沿线国家的经济总体发展水平较低，部分地区又长期处于战争状态，基础设施较为薄弱。

中国在基础设施建设方面有着较强的国际竞争力。美国《工程新闻纪录》(ENR)发布的全球最大 250 家国际承包商排名显示，2015 年中国内地有 65 家企业进入榜单，数量列全球第一位，比美国的两倍还多。"一带一路"也是中国工程承包的重点区域，2015 年，中国企业与"一带一路"相关的 60 个国家新签合同额 926.4 亿美元，占中国对外承包工程新签合同额的 44.1%,完成营业额 692.6 亿美元,占同期总额的 45%。

三是金融环境改善,区域合作融资难问题得到缓解。中国与沿线国家和地区经常项下跨境人民币结算金额约 3 万亿元(估计数,2015 年前 10 个月中国为 3.55 万亿元,全年约为 4 万亿元,"一带一路"沿线国家占80%),与 16 个国家签署了货币互换协议(不完全统计,截至 2015 年 9 月)。除了亚洲基础设施投资银行和丝路基金外,中国还推动建立了金砖国家新开发银行、上合组织开发银行以及中国欧亚经济合作基金、中非基金、中国东盟投资合作基金、中欧共同投资基金、中哈产能合作基金等多双边金融机制。此外,人民币还加入特别提款权(SDR)篮子,在世界银行和国际货币基金组织的份额上升至第三位。中国工商银行、中信银行、中国银行等商业银行在海外设立分支和布点的步伐也在加快。

四是沿线各国重视区域经济一体化机制建设与合作,并且初见成效。在多边贸易投资机制建设进展缓慢的情况下,各国加强了对区域一体化机制建设的力度,这为中国推进区域经济合作创造了条件。"一带一路"提出两年多来,中国已与 20 多个国家签署了"一带一路"合作协议,与一些国家主导的区域合作已达成共识,如与俄罗斯就丝绸之路经济带和欧亚经济联盟的对接,与哈萨克斯坦、蒙古分别就丝绸之路经济带与"光明之路"和"草原之路"的对接,以及"一带一路"与韩国的"欧亚倡议"的对接等。2015 年12 月于郑州举行的上合组织成员国总理第 14 次会议,在加强区域经济合作方面也取得重大进展,通过了共建丝绸之路经济带的区域经济合作声明,签署了《2016—2021 年上海合作组织成员国海关合作纲要》。

在自由贸易区建设方面,完成了中国—东盟自贸区升级谈判,启动了中马(马尔代夫)自贸区谈判和中国—新加坡自贸区升级谈判。中斯(斯里兰卡)区域全面经济合作伙伴关系(RCEP)取得较大进展,结束模式谈判,进入实质出要价阶段,并在争取 2016 年结束谈判上达成共识。中国与海湾合作委员会(简称海合会,即 GCC)重启自贸协定谈判,争取在 2016 年签署协定。与格鲁吉亚正式启动自由贸易协定谈判,与欧亚经济委员会签署《关于启动中国与欧亚经济联盟经济合作伙伴协定谈判的联合声明》。"一带一路"自由贸易区网络建设几大支点已初步成形。

(二)挑战

一是建设资金缺口大,中国实力有限。据亚洲开发银行估计,亚洲基础设施建设的资金需求是每年7300亿美元,世界银行、亚洲开发银行等多边金融机构能提供的为300亿美元左右,各国自筹资金约3000亿美元,缺口仍达4000亿美元。即使新成立的亚洲基础设施投资银行和丝路基金达到世界银行、亚洲开发银行提供的资金规模,再加上日本承诺的5年共1100亿美元,每年增加的供给规模也不到1000亿美元,仍会有1000亿美元的供求缺口。"一带一路"沿线亚洲国家多为发展中国家,沿线欧洲国家发展水平一般也比较低,资金情况并不好于沿线亚洲国家。就中国自身实力来看,2015年中国经济总量虽然居世界第二,然而人均GDP在8000美元左右,远低于美国、日本、德国、英国等发达国家3.7万美元以上的水平,况且目前中国仍有7000多万贫困人口,可用于外部建设的资源有限。

二是恐怖主义势力集聚,恐怖活动频发。"一带一路"经过中东地区,而该地区号称是世界"战略不稳定弧"。目前,伊拉克、叙利亚、利比亚、也门、阿富汗都在发生局部战争或冲突,各国政府之间和一国之内政府、反对派和恐怖主义之间的冲突错综复杂。区外大国之间又存在不同程度的分歧,使该地区的问题解决起来更加复杂,弱化了共同打击恐怖主义的效果。近期,恐怖主义活动有向非洲、西欧、东南亚等地渗透蔓延的趋势,给"一带一路"沿线国家的经济活动带来了较大的威胁。

三是与部分国家的领土争端矛盾激化,威胁到经济合作。东亚、南亚和东南亚地区边界问题复杂,许多国家之间存在领土争端。通过外交努力,中国与14个陆上邻国的疆界问题大部分已经解决,目前只与印度、不丹两国还存在划界问题。海上问题则相对复杂,与海上邻国基本上都存在或多或少的领海或岛屿争议。一些大国的战略调整,如美国重返亚太、日本解禁自卫权、印度向南海渗透等,使中国海上争端、热点不断,对深化经济合作构成了障碍,增添了风险。

四是大国博弈加剧,政治风险大。中国的强势崛起,引发美、日、印等大国以及越南、菲律宾等邻国产生战略焦虑和担心,对中国的态度趋于强硬。如美国由"接触加防范"策略向"接触加遏制"转变,日本在地区基础设施建设方面与中国展开激烈争夺,印度对中巴经济走廊建设持抵触态度,并在外交政策上呈现出与中国竞争态势。该地区部分小国又采取了"两面下注"策略,在国际合作上处于摇摆状态。不少国家内部也面临体制转型、政党轮替、领导人交接、民主政治转型、民族冲突等多重矛盾,政治上不稳定,政策延续性差,签订的协议效力弱,协定、合约政治风险大。中国以能源、矿产资源等初级品为主的进口结构以及对"一带一路"贸易伙伴总体的高顺差①也易成为激起民粹主义的导火索。

五、推进"一带一路"经济合作的政策思路

(一)推进思路

"一带一路"是首次以中国为主提出的重大区域合作倡议,也是在世界经济形势萧条低迷、国际经济格局深度调整、贸易规则重塑等复杂背景下提出的,并且面临一系列挑战,如沿线各国发展水平不一,文化差异大,宗教冲突矛盾多,历史遗留问题复杂,大国博弈力量集聚,战略互信赤字严重等。"一带一路"区域合作不是中国的"对外"合作,而是中国深植其中的大

---

① 中国对"一带一路"贸易伙伴贸易顺差规模不断扩大,2014 年为 1577 亿美元,2015 年进一步上升至 1750 亿美元,是 2011 年的 8.3 倍。

区域合作,这也是不同于以往贸易往来和零散对外投资的主要特征。在复杂形势下,我们既要迎难而上,又要保持头脑清晰,厘清思路,抓住重点,科学选择路径、模式,顺势而为,调动沿线国家积极性,充分利用外部资源,提升风险控制和防范能力,扎实稳妥推进"一带一路"区域合作。

1. 顶层设计应注意的问题

首先,要有统筹内外的思维。国内发展战略必须考虑"一带一路"区域合作大背景,中国"一带一路"合作政策也必须基于我们自身的实力和需要,做到内外结合,互利共赢,软硬实力相辅相成。例如,将国际产能合作与供给侧改革结合起来,将贸易畅通与"优进优出"结合起来,将政策沟通、设施联通同建设全面型开放型经济体系结合起来,将民心相通和建设"美丽中国"结合起来。

其次,要有战略运作思维。"一带一路"经济合作是中国提供的全球性制度公共产品,但鉴于中国的大国身份,实难排除政治因素影响。面对复杂的博弈关系,我们一方面要坚持互利共赢导向,兼顾合作各方的利益平衡;另一方面,要尽量累积正能量,对意愿合作者积极沟通、协商,寻找共赢点,对中立者始终持欢迎态度,对竞争敌对者在开放包容的大原则下有策略地采取化解行为。在中国主导的投资机构运作上借鉴欧盟 NIF(Neighborhood Investment Facility,睦邻投资设施)运作经验,综合使用"一带一路"相关基金,撬动东道国资金,并建立"奖励合作"的管控,为项目合作和资金安全提供机制保障。

第三,要抓住重点,协调推进。伙伴关系建设、自贸区网络建设、基础设施互通建设、产业合作、能源合作、旅游合作、金融合作是重点。针对目前存在的信任赤字,我们一方面要承认分歧,表明坚定维护中国核心利益的立场;另一方面,要选择双边关系好、条件成熟国家确立典范,发挥带动作用。基础设施需求大,但障碍也比较多,在项目选择上不宜选择单边行动,一定要基于需求对接、利益共享,并同产业合作与贸易合作相结合,如对关联产业园区、经济开发区、商贸物流园区等进行整体性开发,充分发挥基础设施的作用,尽可能多地挖掘其经济效益。能源资源合作应尽力构建来源分散化、渠道多元化、使用多样化的合作格局,实现供应安全、利益均衡、长期可持续。

第四,要有防范风险意识。"一带一路"潜力很大,但充斥着政治风险、法律风险、文化风险、恐怖袭击风险等,兼之部分地区发展水平落后,政府的控制力、影响力较弱,中国重大项目建设必须要有从建设到运营及资金回收等系统的考虑,否则任何一个环节出错,都可能会给国家带来无法挽回的损失。我们一方面要建立和完善风险防范体系,另一方面在商业决策时也要考虑诸多风险附带的隐形成本。

2. 推进原则

在推进"一带一路"区域合作中,我们应遵循以下六字原则:一是"诚",中国是倡议国,在动机上无须遮掩对中国有利,在角色上也毋庸讳言我们的主导地位;二是"公",中国是主导者,也追求自身利益,但不寻求霸权,正当行事,公正分配,共建就有共享;三是"活",合作不拘框架,不拘形式,只要能实现"帕累托改进"或"卡尔多改进",我们就积极推进,并承担主导责任,确保效果;四是"实",态度要务实,结果要实惠,只有给各国人民带来福祉提升,才可持续;五是"稳",信息上做到知己知彼,谋划决策做到深思熟虑,实施推进要量力而行,积极主动但不要操之过急,顺应区域合作的发展趋势与规律,注意总结汲取区域合作的经验教训,遵从国际规则,减少阻力和风险;六是"新",重视合作框架、模式、机制的创新,既要超越一般区域合作的封闭性、排他性,展现出更大的开放性、包容性,又要避免多边合作的低效率,提高合作机制的针对性和有效性。

3. 需重点把握的六大关系

需重点处理好以下六个方面的关系:一是"全球大国角色和中国自身可持续发展之间的关系",中国的和平崛起需要我们主动承担大国责任和义务,积极参与全球治理,营造良好的外部环境,但同时也要认识到自身存在的差距,客观评估自身能力,谨防战略透支;二是"政府和企业之间的关系","一带一路"承担着发展经济与维护和平稳定的双重使命,既有商业利益也有政治利益,商业型项目企业应发挥主体作用,涉及政治利益的项目,政府应承担相应成本,两者可以密切协作但利益不能搅在一起,否则会产生严重扭曲;三是"各国特有利益和区域共同利益的关系",应特别注意照顾到小国、不发达国家等缺乏话语权国家的利益;四是"区域内合作与区域内外合作的关系",特别是要处理好与美国等区域外国家的关系,坚持开放包容的合作理念,欢迎国际组织和区域外国家参与合作;五是"竞争与合作的关系",合作并不排斥竞争,良性竞争能够促进资源优化配置和能力效率的提升,有助于激发区域经济发展的活力;六是"着眼长远和务实推进的关系",既要确立美好蓝图和共同愿景,便于凝聚发展合力,又要避免急躁冒进、一哄而上、重复投资、恶性竞争,应脚踏实地,务实推进,确保成效,走可持续发展的道路。①

(二)促进政策体系建设的重点举措

加强和深化"一带一路"经济合作,促进政策体系建设至关重要。重点需要做好以下六个方面的工作。

1. 积极灵活推进区域合作机制建设,营造良好合作环境

TPP 的宽领域、高标准代表着世界贸易投资自由化、便利化的大趋势,中国国内改革和对外开放都要有意识地向之靠拢。但同时也应注意到,目前大多数国家的发展阶段和具体国情尚不适合这一框架,TPP 不能满足这些国家开放合作、自主发展的现实需要。与 TPP"一刀切"和"拔苗助长"

---

① 本段内容参考了国务院发展研究中心李伟主任在"丝路国际论坛 2015 年会"上题为《把握四大关系,共建"一带一路"》的讲话。

的行为模式区别开来,中国应继续为区域乃至全球提供可以弹性、柔性合作的公共产品,从总体磋商机制构建到双边发展规划对接,从重点领域合作到服务支撑体系建设,从共同推进多边机制到商谈区域型的自由贸易投资安排,多途径、多层次地推动区域经济一体化。依托现有机制建设好"一带一路"区域合作的四大支撑点:一是依托上合组织推进中国—欧亚经济联盟自贸区建设;二是基于中国—东盟自贸升级版推进"10+1+X"合作;三是在中东地区加快中国—海合会自贸区谈判进程,带动西亚、北非参与合作;四是通过与欧盟合作带动中国—中东欧"16+1"合作,通过与中东欧合作撬动欧盟参与合作,强化中东欧的支撑能力。此外,借机推进亚太自由贸易区(FTAAP)和WTO等多边机制建设进程,在更大范围内营造良好合作环境。

2. 依托伙伴关系,做实经济合作项目

截至目前,中国共建立了约75对不同形式的伙伴关系,覆盖了欧洲、东盟主要大国和所有金砖国家,基本形成了覆盖全球的伙伴关系网络。依托伙伴关系,可以开展广泛的经济合作,有利于提升中国伙伴关系策略的吸引力,形成对国家外交战略的有力支撑。建议整合中国单方设立的各种国际合作基金,作为伙伴合作基金统一调度运作,一方面可以提升资金配置的灵活度和效率,另一方面也可以作为经济奖惩机制发挥作用。

3. 发挥制造大国优势,引领区域产业合作新布局

中国有"世界工厂"之称,产业体系完善,产品性价比高,市场渗透能力强。"一带一路"沿线国家有较强的工业化需求,中国也有转型升级重新布局产业的现实需要,可以此为契机,加强中国境外服务和安全保障能力建设,支持优势产业"走出去",充分利用邻国劳动力、能源资源优势,重点建设一大批跨境工业园区和境外工业园区作为重要支点,打造以我为主的区域生产营运体系。国际产业合作要用好四大抓手:一是沿海地区,利用产业基础好和海上运输便利、低成本、大吞吐量等优势,重点培育建设有全球影响力的先进制造业和现代服务业基地;二是沿边地区具有同相邻国家开展合作的地理优势,可加强与相邻国家和地区的发展规划对接,改善口岸和基础设施,制定更便利化的贸易投资政策,着力发展外向型产业集群,建设各具特色的对外开放基地;三是在内陆地区选择一批产业基础好、基础设施发达、人力资源丰富、交通便利地区,提升产业转移承接的便利化、积极性,打造一批国际化的制造中心、商业物流中心、研发创新中心;四是抓好境外工业园区、经贸园区建设,深入研究,做好顶层设计,制定专项规划,完善考核机制,围绕园区发展完善服务保障体系,打造企业"抱团出海"平台。

4. 加强与资源国的双向合作,通过利益绑定的方式保障资源供应安全

一方面,继续推进资源进口来源渠道多元化,以多方供货的方式分散风险,平抑价格;另一方面,要通过加强利益绑定的方式巩固安全纽带。此轮资源价格的大幅下调使资源依赖型国家深受"资源诅咒"之苦,产业结构多元化的动机很强,而中国比较优势发生变化,亟须在全球范围进行产业布局。可将两者结合起来,加强在资源国能源开发项目上的合作,配套基础设施建设、上下游产业合作,以及金融合作。鼓励企业到资源国投资炼化、物流运输等中下游环节,生产基础化工和衍生产品,并帮助东道国提高能源化工产品的外送、出口能力,缓解制成品贸易失衡问题。同时,以市场换资源,鼓励产油国石油公司来华投资炼化、销售等中下游业务,通过产业、投资、贸易等综合手段巩固与资源输出国之间的关系,促进利益共同体、命运共同体的形成。

5. 加强软、硬件环境建设和设施联通,大幅降低区域合作成本

确立设施联通大概念,除了铁路、公路、电线电缆、管道等硬件相互连接、布局成网外,还包括通关政策的便利化以及设施标准、技术标准和运营模式等软件的兼容。中国在"一带一路"设施联通中,应更多地强化引领者和组织者角色,在区域基础设施合作机制、重点项目选择、平衡各方利益方面发挥带头作用。其重点工作方向：一是为该区域基础设施建设和互通提供基础研究公共产品，如从资源分布、经济发展、经济合作、分工趋势等维度出发加强综合性、基础性研究，向相关国家展示设施联通的现状、瓶颈、问题、难点以及未来发展蓝图和建设路径，提出关键大通道和重要设施支点建设的建议和实施方案，发布可行性评估报告，并做好宣传共享；二是整合中国在该区域已设立的多双边基金中的基础设施投资业务模块，建立统一的基础设施互通基金，利用PPP等模式发挥对其他资金的撬动作用，对符合区域经济一体化趋势、条件比较成熟的重点项目给予优先支持；三是加强对基础设施落后国家的技术援助，分享中国模式、经验，输出中国标准，提升该区域基础设施规划、建设、运维以及物流、海关管理能力，使设施软、硬两方面的能力都有很好的对接。

6. 综合利用各种金融工具，有力支撑实体经济国际化和竞争力升级进程

除了国家开发银行、中国进出口银行等政策性银行外，中国主导成立亚洲基础设施投资银行、金砖国家新开发银行、上合组织开发银行等多边银行机构，同时设立丝路基金、中国—欧亚经济合作基金、中非基金、中国—东盟投资合作基金、中欧共同投资基金、中哈产能合作基金等平台，各种平台应各有定位，有所侧重，相互补充配合，协调发挥作用。时机成熟时，可对现有多双边基金进行整合，统一调度使用，创新投融资模式和工具，调动利用东道国、国际金融机构等多方资源，通过广泛合作、发挥互补优势，降低成本，分散风险。

此外，要放宽经营业务限制，提高跨境资本运作便利化水平，鼓励商业银行"走出去"，开展本地化运营，提高服务覆盖面。继续推进人民币国际化，扩大人民币互换协议规模①，利用国内自由贸易试验区先行开放优势，加快发展跨境投融资服务，加强对"走出去"企业的金融支持。

---

① 张帆等(2016)的研究表明，签订人民币互换协议对"一带一路"贸易具有显著影响。

第二章 "一带一路"区域合作机制建设

　　"一带一路"建设规划是中国提供给世界的一种公共产品,是旨在通过深化与沿线国家的经贸投资合作,共创和共享发展机遇,促进区域乃至全球经济繁荣的战略倡议和行动。这一倡议已经得到国际社会的高度关注和积极响应,逐步成为区域各国的广泛共识和实际行动。加快沿线区域的合作机制建设,是解决"一带一路"推进过程中的实际问题、实现上述目标的重要途径,值得关注和深入研究。"一带一路"合作机制建设,不会替代现有区域或次区域合作机制,也不应与既有机制相竞争,而是着力于为这些机制注入新内涵、增添新活力、提升新高度,促进"一带一路"沿线国家和区域更快、更好地发展。为此,我们从推进"一带一路"建设的必要性,目前沿线区域合作,特别是机制合作面临的问题和解决思路,以及未来完善区域合作机制的政策建议等方面进行分析和探讨。

一、推进"一带一路"建设具有重要的现实意义

(一)应对全球经济深度调整,适应区域合作新趋势

目前,世界经济面临持续低水平增长局面,全球国际贸易和跨境投资形势严峻。金融危机后,世界经济复苏缓慢,各国都面临经济转型和结构性变革压力,经济增长预期和市场信心普遍下降。全球货物贸易连续四年负增长,预计短期内不太可能出现2008年金融危机之前世界经济推动全球贸易迅猛增长的情景,即被有些学者称为世界贸易发展的"超全球化"(hyper-globalization,指国际贸易以两倍于全球经济增长速度增长)时代。全球跨国投资远没有恢复到危机前的水平,2014年比危机前降低近40%,2015年虽因跨国并购超预期增长,但绿地投资没有明显起色(仅增0.9%)。未来世界经济复苏前景尚不明朗,分化趋势明显,仍面临国际金融市场动荡、需求持续疲软和地缘政治风险等诸多不确定因素。

区域经济合作已成为参与国际竞争与合作的新热点。随着信息技术

与全球化深入发展,各国经济融合不断加深,协同合作成为恢复信心、应对危机和解决全球性议题的关键出路。多边谈判长期受阻,区域合作成为各国参与国际竞争与合作的重要内容和新趋势,进一步增强合作的意愿显著增强。在此背景下,区域和双边自由贸易协定(FTA)持续快速增长。据世贸组织统计,到2016年2月世贸组织累计收到625个区域贸易协定(RTA)通报(将货物贸易、服务与市场准入分开统计),形成454个区域贸易实体(将货物贸易、服务新签协定与接纳新成员合并统计),其中267个已经实施。与此同时,各个领域、多种方式的区域、次区域合作应运而生。

推进"一带一路"建设是顺应新形势发展的需要,通过深化与沿线国家的经贸投资合作,有助于中国与沿线国家共创和共享发展机遇,拓展经济发展空间,促进沿线各国、区域乃至全球经济繁荣发展。

(二)推动沿线地区经济稳定和贸易投资发展,为中国新常态下的转型升级提供新的机遇

"一带一路"区域经济与贸易投资发展已成为亮点。金融危机后,在中国等新兴经济体群体性崛起的带动下,发展中国家日益融入经济全球化和国际生产网络,"一带一路"相关国家在推动世界经济增长和跨境贸易投资中的作用日趋显现。一是沿线国家经济呈现较好发展态势,经济增长指标高于世界平均水平,对推动世界经济增长做出了巨大贡献。根据世界银行数据计算,1990—2013年,丝路区域整体GDP年均增速达5.1%,相当于同期全球平均增速的2倍,2014年高于全球(2.49%)约2.3个百分点;丝路地区对全球经济增长的贡献率明显提高,2010—2013年高达41.2%,2014年贡献率进一步提高到45.1%。二是丝路沿线国家的对外贸易增长

明显快于全球平均水平。据世行数据①计算,1990—2013年,全球贸易、跨境直接投资年均增长速度分别为7.8%和9.7%,同期"一带一路"沿线国家的年均增速分别达到13.1%和16.5%。2014年,受严峻的国际贸易形势影响,丝路地区货物贸易仅取得不足1%的增长,但仍高于全球货物贸易增长水平。三是这一地区具有吸引外国跨境投资的较强优势,互联互通成为改善投资环境的重要因素。1990年,丝路地区的外国直接投资净流入相对于GDP的比例是1.5%,低于1.8%的全球平均水平;2010年以后,这一地区的引进跨境直接投资能力指数不仅大幅提高,也开始超过全球平均值。跨境直接投资净流入增长对这一地区经济增长的带动作用明显加强。根据《2015世界投资报告》,亚洲一些区域合作倡议加强了有关国家在高速公路、铁路、电力等基础设施上的联通及经济一体化程度,成为改善投资环境的重要因素。2014年,亚洲发展中经济体FDI(外商直接投资)流入量逆势增长9%,再创新高。沿线国家开展区域合作,特别是贸易投资合作具有广阔的发展前景。

"一带一路"框架下加强经济合作,将为中国结构升级和提升在全球价值链中的地位提供重大机遇。按现有"一带一路"沿线涵盖65个国家的口径,沿线人口多达44亿,占世界人口的63%,经济总量占全球GDP的29%。长期以来,中国十分重视与沿线国家的经济往来与合作,相互之间保持了密切的经贸关系并且发展日益深入。

据中国商务部统计,过去10年中国对沿线其他国家的跨境贸易年均增速达19%,高于中国对全球贸易的平均增长水平;2014年增长7%左右,是中国进出口总体增速的3倍;在中国进出口中的比重分别达到24.2%和27.3%(见图2-1)。

---

① 数据来自世界银行数据库。因资料所限,汇总了包括中国、俄罗斯、土耳其、蒙古、东盟10国、南亚5国、中亚5国,以及西亚、中东欧国家等共57个主要国家的数据。

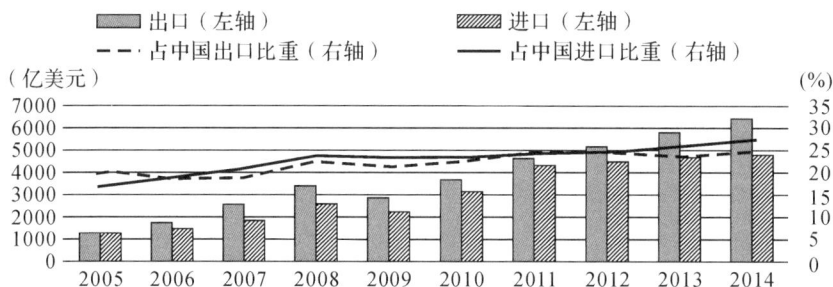

图 2-1　中国与丝路沿线地区贸易发展趋势

数据来源:海关总署(贸易中只包括货物,全部按现价美元计算)。

虽然处于起步阶段,中国与丝路沿线国家的相互投资也取得较快发展。据中国商务部统计,2015 年,沿线国家对华实际投资额增长 23.8%,远高于全球对华投资 6.8%的增速;中国企业共对"一带一路"相关的 49 个国家进行了直接投资,投资额合计 148.2 亿美元,同比增长 18.2%,高于中国对全球投资 14.7%的增速。

过去 10 年,中国在"一带一路"沿线国家和地区开展对外工程承包营业额增长 6.9 倍,明显快于在全球范围 5.4 倍的增速。2014 年,沿线国家在中国对外工程承包总营业额中的占比也从 2005 年的 37.7%提高到 45.3%(见图 2-2)。

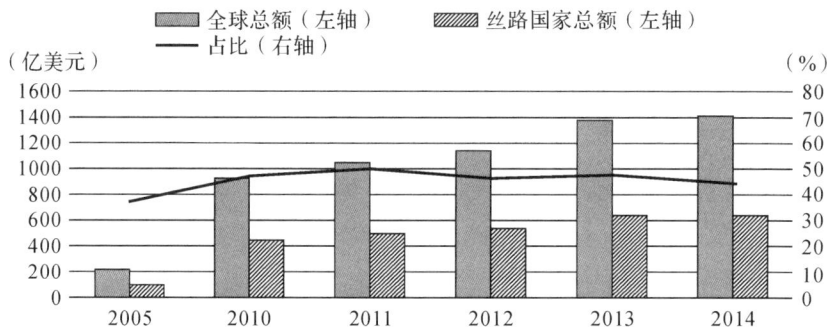

图 2-2　中国对外工程承包发展及丝路国家占比

数据来源:国家统计局。

随着中国加快经济发展方式转变,创新驱动将成为新常态的主要特征之一。在此基础上,如何实现经济结构转型升级和产业布局调整、构建新的区域生产网络,关乎提升全球价值链地位的战略大局。未来在"一带一路"框架下进一步加强合作,将有助于推动沿线地区经济稳定与可持续发展,更有助于为中国对外贸易与投资拓展新的空间,为中国结构升级和提升在全球价值链中的地位提供重大机遇。首先,中国在全球生产网络中总体处于中低端位置,但在"一带一路"沿线具有相对较强的价值链领先优势。特别是,相比处于工业化初、中期阶段的沿线多数国家,中国具有较为成熟的产业体系和较强的价值链获益能力。通过加强区域合作和面向沿线地区的投资布局,可以利用市场、技术、资金等优势,构建由中国掌握核心环节的价值链,依托区域生产网络提升在全球价值链中的地位。其次,中国将通过对"一带一路"沿线投资,转出部分国内传统产业,在土地、资源和人才等要素稀缺、成本上升的背景下为发展高端产业腾出空间,促进国内生产制造向价值链高端环节移动,这有利于促进中国国内产业结构升级。

(三)满足中国新常态下构建开放型经济新体制的需要

在中国改革开放进程中,采取东部沿海地区先行开放的策略取得了巨大成就。尽管近年来,随着东部地区增长放缓、中部崛起和西部大开发等战略的实施,中西部地区在吸引外资和对外贸易发展中取得了积极进展,有时增长速度甚至高于东部地区,但东部地区在中国 GDP 增长、对外贸易和吸引外资中仍占据 80% 以上的份额。

党的十八届三中全会提出"构建开放型经济新体制",五中全会提出"完善对外开放战略布局,推进双向开放""打造陆海内外联动、东西双向开放的全面开放新格局"的战略。"双向开放"的目标是构建广泛的利益共同体、命运共同体,谋求与世界经济的互利共赢。推进"一带一路"建设契合了中国进入经济发展新常态背景下,打造全面开放新格局的发展需要。即,在进一步深化沿海地区对外开放模式创新的同时,通过发挥关键节点的作用,加大力度推进中西部和内陆地区开放型经济的发展。例如,将云南、广西、新疆等地打造成向西开放的桥头堡,加速推进沿边地区国家重点开发开放试验区建设,通过提高边境经济合作区、跨境经济合作区发展水平,打造区域开放发展的新高地,带动周边省份和地区开放发展,满足中国经济转型发展、构建全面开放的高水平开放型经济新体制的需要。

(四)破解国际贸易投资体系重塑带来的压力

近年来,发达国家加快新一轮国际经贸规则重构,加快构建跨地区自贸安排。美国力推的 TPP 谈判完成,美欧之间的 TTIP、日欧 FTA 加快推进,区域一体化出现大型化趋势。发达经济体将自由化重点转向投资和服务市场开放。例如,美国制定 2012 年投资协定模本,部分国家以设立更加开放的服务贸易新规则为目标,发起新的服务贸易协定(Trade-In-Services Agreement,简称 TISA)谈判;全球贸易投资规则出现高水平、高标准的自由化趋势。TPP、TTIP 和 TISA 等欧美主导的区域贸易投资制度性安排或国际协定谈判,自由化标准更高,涵盖范围更广,排他性增强,并将涉及成员国经济管理体制与监管协调的"新议题",纳入多双边 FTA 或国际经贸规则谈判;跨境投资领域竞争合作日益活跃,各国也在积极商签或修订涉及投资的国际协定。根据联合国贸发组织(UNCTAD)的资料,国际投资体系中双边、区域以及诸边投资协定(IIA)已达 3271 个,2014 年至少有 50 个国家或地区在重审或修订其国际投资协定范本。

新形势下,中国市场开放和经济管理制度改革面临前所未有的压力。加快实施 FTA 战略是中国改善经贸关系、发展高水平开放型经济的重要举措。党的十八届三中全会提出"构建高水平自贸区网络",中国积极参与区域经济合作,自贸区战略取得了较大实际进展。目前,中国已对外签署了 14

个自由贸易协定,涉及 22 个国家和地区,2014 年贸易覆盖率达到 38%。

当然,FTA 是区域一体化重要而非唯一的驱动力,应促进多种方式协调发展双边经济合作,如产业合作、研发与创新合作、投资与金融合作、基础设施建设和能力建设等功能性合作领域,都能够在提升发展水平、密切经贸关系、凝聚区域共识等方面发挥十分重要的作用,也能够促进区域更高层级、更大范围的一体化进程。包容开放的区域合作,有利于破解新一轮国际经贸规则重塑带来的压力(见图 2-3)。

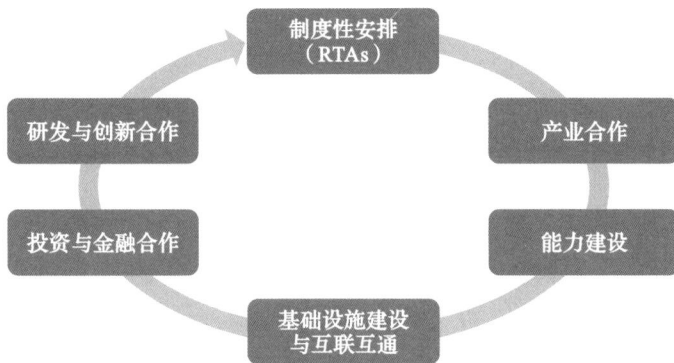

图 2-3 区域合作的主要内容

(五)适应中国参与全球治理、承担更多国际责任的新要求

国际金融危机发生后,在全球治理领域出现了两个方面新的变化。一方面,全球化深度调整,世界经济格局发生深刻变革,与全球治理相关的全球性议题明显增加。深化合作共同抵御风险的意愿不断增强,世界各国希望改革和完善国际经贸规则、加强全球治理的呼声不断提高。但从发展现状看,全球治理呈现碎片化趋势,全球性议题增多,治理主体多元化,各方矛盾利益交织复杂,政策目标不一致,全球治理的难度逐步加大。另一方面,各方对中国所起作用和承担责任的期待也发生了变化。随着经济的快速发展和综合实力的显著提升,中国给世界经济发展注入了新活力、带来

了新的增长动力,同时对国际经贸格局变化的影响力也逐步加大。与此同时,国际社会对中国在全球治理中承担更多责任、扮演更重要角色的期待显著增强,特别是新兴经济体希望中国引领其获得与实力提升相匹配的话语权等期盼增加。

作为一个崛起中的新兴大国,中国需要相应地承担更大、更多的国际责任。"一带一路"倡议是引领中国未来对外开放的重要战略,更是中国参与全球治理的一个重要突破口。一方面,"一带一路"可以为沿线国家,特别是亚欧国家之间搭建有效的沟通与合作平台,既有助于解决区域发展中的瓶颈问题,也有助于为区域乃至世界经济增添活力。另一方面,"一带一路"所倡导的"开放包容、互利共赢",也将为构建更加公正合理的全球治理体系提供新的理念和合作模式。此外,在发达国家主导国际合作机制的背景下,中国通过着力完善"一带一路"区域合作机制,将为提升中国国际影响力和治理能力提供试验平台,是中国提供全球性公共产品的有益尝试和补充。

二、"一带一路"合作机制构建面临的现实困难

"一带一路"沿线有 65 个国家,这是一个前所未有的跨区域合作构想。据奥巴马"2015 贸易议程"(2015 Trade Agenda),到 2030 年 66% 的中产阶级将来自亚洲。从趋势上看,未来"一带一路"沿线国家经济发展前景良好,仍有较大市场拓展空间,世界经济陷入深度调整也使各国增强区域合作的意愿进一步增强,贸易投资合作潜力巨大。

加强合作机制建设,是实现中国"一带一路"倡议宏大目标的重要途径和保障。就目前情况来看,"一带一路"建设还面临诸多现实困难和问题,需要在区域合作机制建设中有针对性地予以解决。

(一)沿线多数国家经济发展水平较低,各国发展差距较大

根据世行国别数据计算[①],"一带一路"沿线国家 2013 年人均 GDP 仅为 5050 美元,不到世界平均水平(10500 美元)的一半。其中,约占区域人口数量 90.8% 的 35 个国家人均 GDP 为 3862 美元,仅相当于全球平均水平的 35.7%,与区域内最高 10 个国家人均 GDP 达 35400 美元的水平相差几近 10 倍。发展水平的巨大差距,发展阶段和增长目标的不同,将影响整个区域的合作进程。世行中蒙韩局局长 Hofman 就曾表示,"只有每一部分(或至少很大一部分)都建立起来,好处才会累积起来"。

(二)对外贸易严重依赖区域外市场,居全球价值链中低端

由于经济发展水平差异巨大、地缘政治复杂等,"一带一路"沿线地区缺乏以本地区成员为主、具有广泛代表性的多边或区域自贸安排等高效合作机制。与欧盟、北美自由贸易区相比,亚洲地区的区域内贸易比重相对较低,区域内贸易强度指数自 2002 年后逐年下降(见图 2-4),沿线国家面向区域内的进出口在全部对外贸易中的比重相对较低。

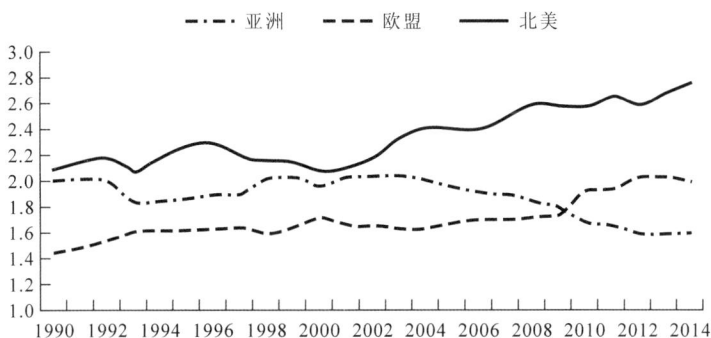

图 2-4 区域内贸易强度指数比较

注:贸易强度指数越大,表示区域内贸易关系越紧密。

资料来源:亚洲开发银行:《亚洲区域经济一体化监测报告》,2014 年 11 月。

---

① 根据 57 个主要国家的统计计算,见赵晋平:《"一带一路"沿线区域的贸易投资合作》。

过度依赖于外部市场,加上包括中国在内的大多数沿线国家仍处于全球价值链的中低端,受区域外经济波动冲击的风险较大,同时亦可能加剧区域内经济体之间的竞争,压低区域整体贸易收益水平。

(三)部分国家开放度不足,建立高水平区域安排难度较大

"一带一路"沿线多为发展中国家或转轨经济体,有些刚刚加入WTO(俄罗斯 2012 年 8 月正式加入,也门和哈萨克斯坦分别于 2013 年和 2015 年获批加入),乌兹别克斯坦、阿富汗、伊朗等尚在 WTO 之外。而且,沿线国家相互之间的口岸合作机制尚未形成,基础设施建设标准与规范不一致,通关程序不统一,便利化程度有待提升,物流成本偏高。开放进程滞后,开放程度不足,短期内在沿线区域建立高水平区域贸易投资一体化机制安排的难度还比较大。

(四)多数地区基础设施建设难以满足实际发展需要

沿线部分国家由于经济发展水平较低,交通、通信、港口等基础设施建设落后,互联互通程度及便捷度严重不足,大大影响了跨境贸易和投资的规模与效率。特别是,相对于基础设施建设的巨大需求,目前区域内国家依靠自身或亚行等现有多边发展银行的资金投入规模和融资能力等差距巨大。据亚行估算,2010—2020 年亚洲基础设施建设所需投资每年为7300 亿美元,现有多边开发银行能力有限,世行和亚行每年可提供资金不足 200 亿美元;各国经济相对落后,投资能力较弱,东盟成员国每年能够筹集的基础设施基金投资不到 10 亿美元;私人金融机构投资意愿尚弱,需引导推动。

(五)多重风险和非经济因素影响交织存在,地区战略互信有待增强

沿线绝大多数国家对"一带一路"倡议积极响应,很多也主动要求支持

和加入中国倡议的亚投行,不少具体项目已经在规划和实施当中。但"一带一路"沿线国家覆盖范围广泛,地缘政治风险、国家风险、市场风险和金融风险等并存,在日趋复杂和竞争激烈的国际经济背景下,文化多元性、宗教多元性以及区域外大国干扰等非经济因素影响更不容忽视。

(六)多种机制并存,需着力推进后续落实与通力协作

由于发展中国家众多,不少国家法律法规尚不健全,政策沟通不充分,更无法达到发达国家倡导的监管一致性等高水平区域合作要求。就目前情况看,"一带一路"机制建设的总体目标明确,但在"一带一路"沿线有多种合作机制并存,涵盖国家范围、合作范围等相互交叉重叠:有的中国已参与,有的中国未参与;有的全部在"一带一路"沿线范围内,有的只是部分覆盖;有的合作紧密,有的则较为松散。现实情况的复杂,导致沿线及区域外国家对于"一带一路"的合作机制和推进思路尚不清晰,如果不能清晰地阐述和明确,将难以达到助推和引领区域深化合作的作用和效果(见表2-1)。

表 2-1　"一带一路"沿线国家参与的合作机制

涉及国家全部在"一带一路"沿线		涉及国家部分在"一带一路"沿线	
东盟		77 国集团	
亚洲合作对话	*	亚欧会议	*
南亚区域合作联盟		东亚峰会	*
大湄公河次区域经济合作	*	环印度洋联盟	
欧亚联盟		阿拉伯石油输出国组织	
海湾阿拉伯国家合作委员会		阿拉伯国家联盟	
上海合作组织	*	中非合作论坛	*
		金砖国家合作	*

注:＊表示中国参与的合作机制或倡议。
资料来源:作者整理。

三、推进"一带一路"合作机制建设的基本思路

构建合作机制,是推进"一带一路"建设的重要保障。在构建合作机制过程中,基本思路包括五个方面:一是要遵循"一带一路"建设"开放包容"的基本原则;二是在整体谋划的同时突出重点、循序推进;三是以重点领域的合作机制创新,加强解决现实问题的针对性;四是中国要勇于承担大国责任,发挥引领与促进作用;五是要处理好五大关系。

(一)坚持开放包容、务实灵活

"一带一路"是中国新阶段推进对外开放的重要构想,更是中国提供给世界的一种公共产品。习近平主席讲"一带一路"建设不是中国一家的独奏,而是沿线国家的合唱,是需要所有参与其中的国家共同来完成的历史性任务。"一带一路"机制建设,不是要强化中国对外一对一的双边合作,而是要搭建区域合作机制与平台。因此,在合作中要体现开放、包容的原则,强调自愿参与,保持合作空间开放、合作方式开放(同时促进制度性安排与功能合作)、合作领域广泛。

如此大范围的跨区域合作,成功的关键是找到中国和其他沿线国家的利益交汇点,努力超越一国利益和诉求,共同商议,共同建设,共同发展,共享成功。当然,"一带一路"跨区域广泛,沿线国家发展水平差距大,贸易投资环境参差不齐。为此,"一带一路"区域合作既要符合全球化发展趋势,又不能照搬欧盟或北美自贸区等其他区域的一体化发展经验,更需有别于当前高水平区域贸易投资制度性安排的新趋势。推进"一带一路"建设,需要正视沿线各国、各次区域的发展现状和水平,适应其发展需要和诉求,在求同存异的同时寻找利益交汇点,通过灵活务实的合作挖掘发展潜力,促进沿线经济增长与繁荣。

(二)注重整体谋划,突出重点,循序推进

"一带一路"建设是一个系统、庞大的工程,既需要整体谋划,也需要在顶层设计的指导下突出重点,先易后难地循序推进,突显合作机制的实效和示范效应。

中国已提出倡议和行动方案,下一步还需要和所有的成员国共同商讨,与沿线国家和区域做好发展规划的对接。在合作领域上,可以区域合作发展需求强烈的基础设施互联互通为突破口,以贸易投资合作为纽带。为此,可通过成功合作的示范性项目,使沿线国家和人民获得实实在在的合作收益,提高参与区域深度合作的意愿;在国别选择上,应该选择那些政治上比较稳定、发展基础比较好、潜力大、区域影响力较大的节点国家,优先开展国际合作。值得注意的是,"一带一路"建设也是长期、动态的过程,顶层设计与整体谋划并非一成不变,需要随着形势和需求的变化而不断丰富、不断拓展。

(三)机制合作需针对和解决现实问题

未来"一带一路"区域合作机制的构建和完善,应着力针对区域发展的特点和存在的问题,增强针对性和有效性。例如,针对沿线国家对区域外贸易高度依赖和产业网络发展不足的问题,应加强区域内产业合作与贸易投资合作机制建设,通过构建区域内市场和生产网络,优化资源配置,增强国际竞争力和抵御外部风险的能力,提升在全球价值链中的地位和实际收益。针对区域内国家开放不足、构建高水平自由化安排存在较大困难的问题,合作机制的首要任务应是通过开放合作与政策协调,积极消除贸易投资壁垒与障碍,促进区域内商品、服务和生产要素等自由流通。针对投融资缺口巨大的问题,应加快构建区域内投融资平台与合作机制,通过合作增强金融服务与支持。针对非经济因素的困扰,则应通过政策沟通机制,

努力增强沿线国家的命运共同体意识,消除疑虑,以合作共赢促进区域稳定与繁荣。

在覆盖范围如此广泛又缺乏统一的区域合作机制下,"一带一路"合作机制建设,就是要注重实效,以解决现实问题为重。

一方面,应与区域合作的重点领域相匹配,起到引领和促进作用。另一方面,应充分利用和发挥现有机制。《愿景与行动》强调,推进"一带一路"建设,不会另起炉灶,将充分依靠中国与沿线国家既有的多边、区域和双边机制,增添新的合作内容,激发新的活力,着力避免合作机制构建多而后续落实不力的问题。

沿线各国的发展战略、各类区域或次区域合作机制之间应加强协调对接,最大限度发挥合力。

要积极采取具体行动加以落实、推动,正如中国领导人所言,"这些措施不是在试探,而是堂堂正正把计划和倡议放在桌面上,不仅有规划、项目,还有资金支持,是中国对世界的承诺"。

(四)中国要勇于发挥大国引领和促进作用

从历史经验看,区域集团的市场核心和主导者,都曾在区域发展进程中积极构建合作机制与平台,促进区域合作拓展领域、提升水平。

经过改革开放 30 多年来的努力,中国已经成为全球排名第二的经济大国。中国发展受益于经济全球化的良好外部环境,也为推动世界经济发展做出了巨大贡献。金融危机后,中国经济对世界经济增长的贡献日益突显,不仅超过美国,而且在近两年全球经济陷入深度调整后仍是贡献最为突出的经济体。据中国财政部副部长朱光耀的讲话,2014 年中国对世界经济增长贡献 27.8%;据亚行预测,在 2015 年全球经济增长的 3.1 个百分点中,中国贡献了 1.15 个百分点,贡献率达 30% 以上,远超印度(0.55 个百分点)、美国(0.52 个百分点)和其他国家。

　　中国市场规模和需求潜力巨大,在促进来自"一带一路"相关国家的进口,满足自身生产和消费需要的同时,也为其他成员提供巨大的商品和服务市场。我们以贸易增加值核算方法,测算中国和美国的最终需求增长对APEC主要成员的经济增长(增加值)的拉动作用。测算结果表明,APEC成员间经贸关系紧密,经济相互拉动作用日益增强;过去十年间中国对其他成员的拉动作用影响显著提升;对多数成员来讲,中国需求对其GDP增长的拉动效应已超过美国需求(见图2-5)。未来5年内中国的累计进口将超过10万亿美元规模,如果按目前"一带一路"国家占中国进口1/4的保守估算,将会为这一地区提供超过2.5万亿美元的出口机会,对这些国家的发展将发挥重要作用。

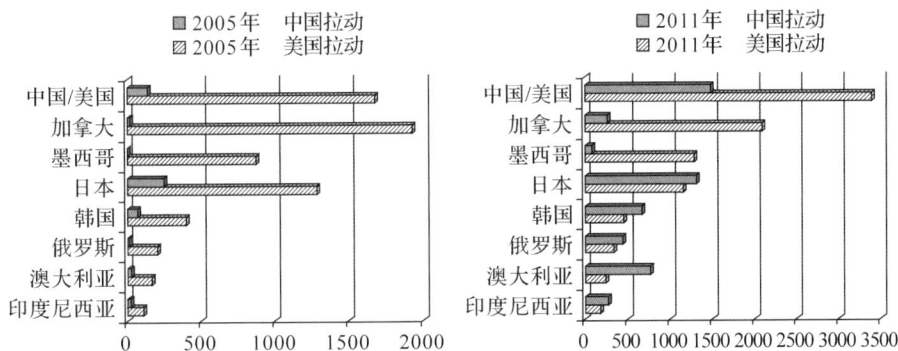

图2-5　中国(不含港澳台)和美国需求对亚太国家或地区的拉动作用对比
资料来源:赵晋平、张琦:《APEC经济体贸易增加值核算的政策含义与对策研究》,2015年。

　　加快实施FTA战略是中国为改善对外经贸关系、发展高水平开放型经济的重要举措。进入21世纪以来,中国积极参与区域经济合作,大力实施自贸区战略,取得了较大的实际进展。目前,中国已对外签署了14个自由贸易协定,涉及22个国家和地区,贸易覆盖率已达38%。数据分析表明,中国与FTA伙伴的双边贸易增长明显高于平均增长水平,贸易自由化安排对促进双边贸易加快增长发挥了积极的作用。

在今后一个相当长的时期内,中国需要继续通过持续发展解决自身存在的问题和不足,良好的外部环境至关重要。而随着中国经济大国地位的逐步上升,中国有能力也需要在世界经济发展和全球治理中承担更多与自身发展水平相适应的责任,实现与世界各国的共同发展。中国政府不仅提出了"一带一路"倡议,且率先准备在这个倡议实施过程中做出尽可能多的贡献,发挥引领和促进作用,即发挥一个主要的倡导者、贡献者的力量。

(五)处理好五大关系

作为国际合作模式的重大创新,"一带一路"是崛起中的中国为世界提供的公共产品,引发了国际社会的高度关注。正如国务院发展研究中心李伟主任所说,未来"一带一路"贸易投资合作也要处理好五大关系①:一是"着眼长远和务实推进的关系";二是"各国特有利益和区域共同利益的关系",即在推进过程中应特别注意顾及小国、不发达国家,特别是最不发达国家的利益,要让这些国家从区域合作中享受发展的好处;三是"竞争与合作的关系",以良性竞争促进相关各方的合作与发展,以开放包容让更多国家和地区分享合作成果和收益;四是处理好政府引导、民间参与和市场为主之间的关系;五是"区域内合作与区域内外合作的关系",特别是要处理好与美国等区域外大国的关系,释疑解惑,积极邀请、吸引更多的国家参与"一带一路"建设,为区域发展和世界经济注入新活力、新动力。

四、"一带一路"区域合作机制构建的建议

在"一带一路"推进过程中,如何构建与完善合作机制,为沿线各国所关心,也为世界所关注。客观上讲,随着全球化深入发展与经济格局变化,区

---

① 李伟主任讲的是处理好四个关系。

域合作机制需要不断创新。从实践上看,中国提出筹建的亚洲基础设施投资银行,作为现有多边发展银行和跨国投融资合作的有益补充,已经取得积极成效,为中国在经济领域真正参与并主导全球治理探索出了有效路径。

当然,为了避免在初期刺激某些国家、改变大国博弈格局,中国提出"一带一路"不以构建新机制为目标,这是符合当前国际形势与实力对比的明智选择。值得注意的是,从沿线区域现有的多个合作机制来看,其地域的代表性和合作的内容都难以实现"一带一路"全方位合作倡议的目标,且各机制的宗旨与合作目的已经固化,再调整确属不易。为此,长期来讲,随着"一带一路"建设推进与区域合作深化,需要不断完善合作机制。正如2008年金融危机促使 G20 成为全球经济治理首要平台一样,也不排除客观上形成覆盖沿线国家、新的合作机制的可能性。例如,构建"一带一路"沿线国家的领导人非正式会议机制,通过对话沟通、共议共商,促进区域合作凝聚力的形成,适应"一带一路"合作与发展的需要。

推进"一带一路"机制建设,应遵循先易后难的原则,从具有共同利益的领域入手,通过机制构建推动沿线国家合作取得切实的成果,扩大合作的影响力和号召力,为进一步推进合作奠定有利基础和机制保障。为此,建议当前从四个方面着力加以构建和推进:与现有各国发展规划和区域合作机制对接,在重点领域注重合作机制创新,加强服务支持机制构建,逐步建立区域一体化的机制安排(见图 2-6)。

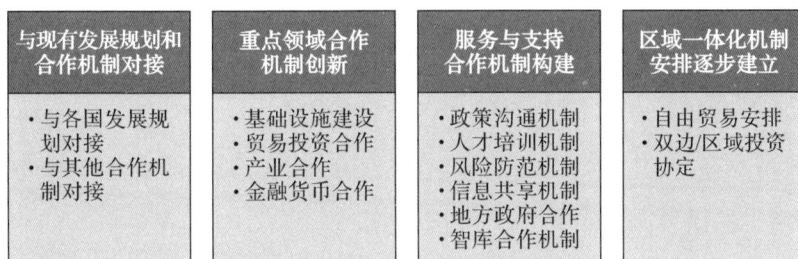

与现有发展规划和 合作机制对接	重点领域合作 机制创新	服务与支持 合作机制构建	区域一体化机制 安排逐步建立
·与各国发展规划对接 ·与其他合作机制对接	·基础设施建设 ·贸易投资合作 ·产业合作 ·金融货币合作	·政策沟通机制 ·人才培训机制 ·风险防范机制 ·信息共享机制 ·地方政府合作 ·智库合作机制	·自由贸易安排 ·双边/区域投资协定

图 2-6 "一带一路"区域合作机制架构

(一)加强与其他国家发展规划及现有合作机制对接,寻找利益共同点

《愿景与行动》强调,"一带一路"建设不仅不会与既有合作机制相互竞争,还将充分依靠中国与有关国家既有的双多边机制,借助既有的、行之有效的区域合作平台,为这些机制注入新的内涵和活力。

一是以双边合作为加快推进的着力点,加强与沿线国家和关键区域的共同商讨,做好发展规划与总体目标的对接。这样就不仅不会与"一带一路"沿线国家争夺发展资源,还会起到优化资源配置、优势互补、相互促进的作用。

二是以现有多边、次区域合作机制为重要框架,鼓励区域成员之间加强对话与政策协调,着力充实和深化已有合作机制。例如,中国—东盟合作机制以实质性的一体化合作框架为基础,通过自贸区升级版磋商与建设、搭建更高水平合作平台,为区域内成员之间更为紧密的贸易投资制度性合作机制建设提供了示范和经验借鉴。

三是加强与区域内大国的协调沟通,更好地发挥引领作用。中国、俄罗斯、印度和土耳其都是沿线区域内举足轻重的国家,对周边地区具有较强的影响力。2014 年四国占沿线地区经济总量的 64%(见图 2-7)、外国直接投资净流入的 2/3,贸易额比重也在 40% 以上,是区域内其他成员的主要出口市场和跨境直接投资流入的主要来源。这些主要国家的自身发展与相互合作,事关区域整体的发展大局和未来前景。为此,中国不仅要更多地承担推动地区发展的重要责任,还应加强与这些区域大国的协调合作,通过共商、共建、共享,加快培育区域内的核心市场,为处在全球经济深入调整中的沿线国家带来新的增长动力。

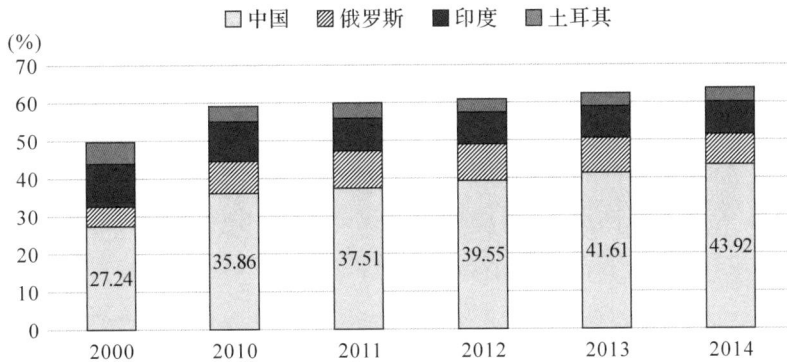

图 2-7 大国在"一带一路"沿线区域的地位（GDP 占比）
数据来源：世界银行数据库。

（二）加强重点领域机制建设，以机制创新探索高水平区域合作新模式

虽然"一带一路"并非意在构建新机制，但在推进合作过程中，应以机制创新为重要手段，特别是在基础设施互联互通、贸易投资、产业合作和金融合作等重点领域，探索高水平合作新模式，让沿线国家人民更快、更多地体会到实实在在的合作收益，也为区域内成员之间的机制建设提供示范和经验借鉴。

首先，探索互联互通建设合作的新模式。基础设施联通是大多数沿线国家比较薄弱的环节，更是加强沿线国家合作的必要条件和重要基础，有助于降低物流与交易成本，增强区域竞争力。近年来，沿线各国推进工业化发展、加快基础设施建设的需求和愿望日益强烈，中国资金实力相对较强，企业在基础设施建设方面经验丰富，工程机械装备性价比高。应在对接沿线国家发展规划与基础设施建设需求的基础上，探索创新互联互通建设合作机制，尤其是如何整合各方优势、构建国际化投融资平台和 BOT/PPP 等国际基础设施融资建设新模式，共同提升沿线基础设施互联互通水平,为深化区域经济合作奠定基础。

其次,构建更紧密的货币与金融合作机制。加强区域货币金融合作与创新,有利于拓展服务功能,缓解资金瓶颈,提升服务水平,促进资金有效配置,增强区域抗金融风险能力。在货币合作上,中国需继续与沿线国家签署并扩大货币互换协议、本币结算协议等,提高贸易便利度,降低汇兑风险。在投融资机会上,既有"市场导向、企业利润驱动的投资,也有国家战略导向、整体利益驱动的投资"。[①] 为增强对"一带一路"经济合作的支持,在构建投融资合作机制时需着力解决好底子薄、基础差、需求多等经济社会发展的综合性、长期性问题,充分发挥好战略性投资的作用,通过制度创新完善投融资平台。例如,在以多边发展银行(如亚投行)、主权投资基金(如丝路基金)等补充现有资金投资缺口的基础上,设立一批多双边共同开发合作基金(如中国—中东欧投资合作基金),或以专业基金服务于产业合作或中小企业合作等,以政府投入作为引导基金,提供国家信用担保,吸引包括区域内外资金在内的多元化融资渠道或融资合作机制(见图2-8)。

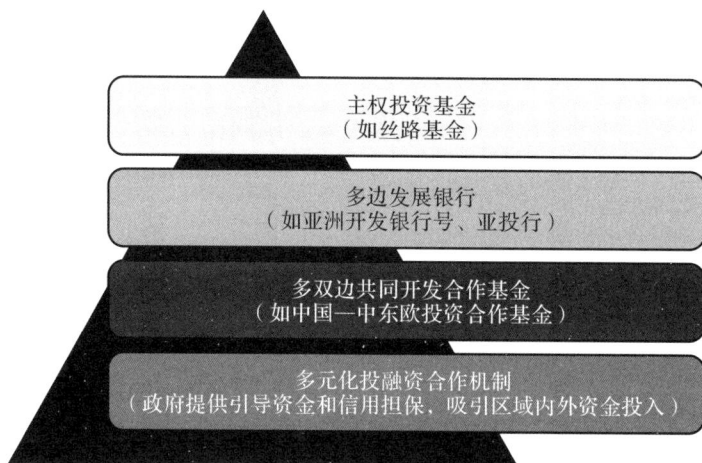

图2-8 "一带一路"投融资合作机制构想

---

① 史正富:《论"一带一路"投资机制创新》,《开放导报》2015年第4期。

再者,以跨境经济合作区和产业合作园区为纽带,构建国际产能合作新平台。跨国产业合作,不能静等企业决策和市场驱动,而应通过机制创新积极发挥政府的引导和促进作用。从实际效果来看,有两种方式较为有效:一是加大沿边地区跨境经济合作区建设,发挥边境两侧的资源互补优势,带动产业发展和区域经济增长;二是鼓励和支持中国企业到沿线国家开展跨境直接投资,与东道国合作建立境外合作贸易区或生产园区。据商务部消息,截至2015年8月底,中国在境外基本形成了一批基础设施完备、主导产业明确、公共服务功能健全,具有集聚和辐射效应的产业园区。有69个项目分布在全球33个国家,涵盖加工制造、资源利用、商贸物流、科技研发等多种类型,入驻企业910家,累计投资97.4亿美元,解决当地就业14.8万人。这两类区域,为跨国贸易投资合作提供了重要平台,在制造成本增加的形势下,也有利于中国企业转变贸易方式、开拓海外市场,形成贴近市场的产业链和产业集群,也有利于带动相关国家的制造能力建设和更快融入区域生产网络。

(三)构建服务支持合作机制

区域合作要以企业意愿和市场需求为导向,充分激发企业在资源配置和区域合作中的积极性和创造力。同时,应充分发挥政府的引导和推动作用,要为企业创造自由、便利、公平、稳定的市场环境,制定积极有效的促进政策和提供制度保障。为此,应在服务支持领域积极发挥作用,构建政策沟通机制、信息共享机制、风险防范机制和能力建设机制。

一是构建政策沟通与协调机制。"一带一路"相关国家,在广泛达成共识的基础上,加强相互之间的政策沟通与协调,是促进贸易投资发展的重要保障。可充分利用现有合作对话平台增加定期政策沟通环节,就各自政策规划取向和地区重大合作问题展开磋商,增强沿线各国经济发展规划和政策的协调性;努力消除合作中存在的问题和障碍,提高贸易投资便利化和自由化水平,为促进市场融合、要素有序流动和资源高效配置创造良好的政策环境;不断完善多层级的政策沟通与协调机制,为维护稳定、友善的商业环境和促进贸易投资发展提供重要保障。

二是构建地方政府合作机制。根据尼尔·汉森曾提出的"中心边境区"(central border region)理论,可以"通过有效的地方支持与企业的活跃作用,促进边界双边的市场开展合作,激活跨境次区域的市场潜力,吸引企业投资和人力资源向边境区域集聚,促进边境双方的经济增长,成为新的'中心区'"。跨区域合作的制度障碍和门槛较低,也具有地理相近、市场流通和人文相通的优势,将在国家间合作中打破边界的阻隔作用,促进生产要素和产品的自由流动,发挥更加积极的先行沟通、先行合作等试验和集聚作用,可通过凝聚共识,逐步发挥对腹地区域的带动作用,成为对外开放的桥头堡。为此,应充分挖掘地方政府积极性和创造性,构建次区域,特别是边境地区政府之间的合作机制,将跨境贸易投资便利化、区域产业合作落到实处。

三是加强智库合作,提供决策咨询与支持。世界经济已进入大调整、大变革时期,随着全球化和信息化的深入发展,全球性议题不断增加,影响决策因素日益庞杂,不稳定和不确定因素增加。加强智库合作,特别是加强在政策取向和合作方式上的沟通交流与合作研究,将为政府决策提供重要的智力支持,有助于互学互鉴、分享发展理念与经验,有助于消除误解、减少误判,营造良好的合作氛围。例如,中国国务院发展研究中心倡议构建的"丝路国际智库网络"(SiLKS),就是以机制性合作加强智库沟通的有益尝试,已得到"一带一路"沿线国家的积极响应,共有 27 个国家的 40 个成员智库以及联合国开发计划署等 3 个伙伴机构作为发起成员与合作伙伴。近期还有其他智库表达了参与的强烈意愿,未来也应遵循开放包容原则,吸收其他国家和地区感兴趣的智库参与。

(四)以一体化为目标,逐步实现区域贸易投资制度性安排

2015 年年底颁布的《国务院关于加快实施自由贸易区战略的若干意见》

（以下简称《意见》）提出，要"积极推进'一带一路'沿线自由贸易区"。也就是说，要鼓励区域成员之间展开对话协商、建立双边或次区域自由贸易或投资协定，以构建涵盖范围更为广泛、水平更高的贸易投资制度性安排为更高层级的目标，通过多种方式逐步推进沿线区域的经济一体化与深度合作。

从实现路径来看，要加快发展区域贸易投资关系，但一体化的制度性安排宜逐步推进和提升。

从理论上讲，建立覆盖更大区域的贸易投资安排，对于提高区域内资源流动效率和经济活力具有重要作用。在世界经济大调整和全球化深入发展的背景下，"一带一路"沿线国家日益重视区域合作与贸易投资自由化的制度性安排。但就目前发展来看，一方面，沿线国家的实际经济水平、发展需求和参与一体化程度参差不齐；另一方面，区域内各种次区域的制度化安排多，涵盖亚洲区域或更多成员方参与的大型一体化进程缓慢。这些次区域自贸协定之间，在成员、市场开放水平、规则标准、涵盖领域等方面，既存在交叉重叠，也存在很大差异，不利于更大范围内商品、资金和人员的自由流动，难以大幅降低企业交易成本。目前，协调整合这些不同发展水平成员之间达成的、水平与涵盖范围各异的自贸协定，达成高水平、高质量的亚太区域自贸协定，既不符合现实条件和需要，也并非易事，不可能一蹴而就。

《意见》提出的目标任务强调，近期是"在具备条件的情况下逐步提升已有自贸区的自由化水平，积极推动与中国周边大部分国家和地区建立自贸区"，而中长期将"形成包括邻近国家和地区、涵盖'一带一路'沿线国家以及面向全球的高标准自由贸易区网络"。

为此，在推进步骤上的建议包括以下几个层面：基础设施互联互通是关键的基础性工作，通关便利化合作更有助于改善投资环境；要加强区域内的贸易和投资合作，提升产业发展能力和国际竞争力，进一步融入国际分工和全球价值链（中国曾经的经验）；有了产业基础和紧密的经贸投资合作，就有足够的动力寻求和促进贸易投资便利化和自由化的制度性安排，促进区域深度融合。与此同时,相关区域和次区域自贸区建设,对于促进区域内生产要素流动、推动区域经济一体化,特别是沿线国家更好地融入全球价值链也具有积极的作用。中国已与东盟完成双边自贸区升级版谈判,正在加快与南亚国家、西亚海湾合作委员会成员国家、中亚国家和中东欧等区域的国家探讨及商签自由贸易协定和投资协定的进程,积极促进区域经济一体化深入发展,进一步探索以更大范围、更高水平的贸易投资制度性安排,提升区域一体化水平的可能性和实现路径(见图 2-9)。

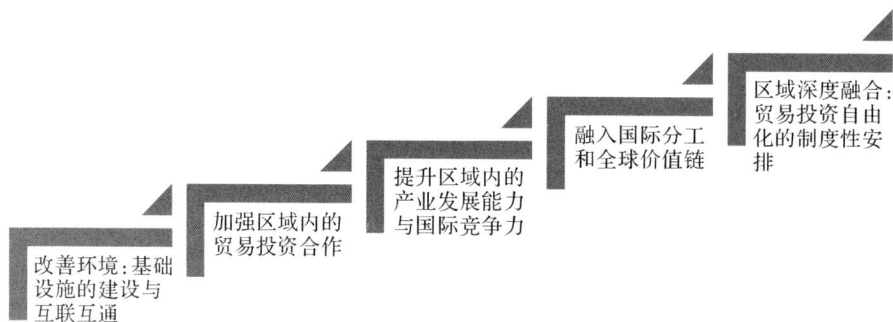

图 2-9　沿线区域一体化制度安排的实现路径

(五)结语

"一带一路"倡议的提出不仅是中国经济实力跃升的体现,更表明中国希望深度融入世界经济、参与全球治理、承担大国责任、谋求互利共赢的态度和决心。

总体而言,"一带一路"合作机制建设,不仅不会替代现有区域或次区域合作机制,也不应与既有机制相竞争,而是着力于为这些机制注入新内涵、增添新活力、提升新高度。通过完善合作机制、提供区域公共产品,促进"一带一路"沿线国家和区域更快、更好地发展,可以为中国可持续发展创造更好的国际环境,促进区域乃至全球经济进一步向前发展。

第三章　中国与"一带一路"区域货物贸易发展的未来

　　"一带一路"区域已成为中国最重要的出口市场，中国在"一带一路"国家的市场占有率显著提高。"一带一路"国家在中国进口当中的份额已经相当高，但中国还不是"一带一路"国家的主要出口市场。"一带一路"内部不同次区域对华贸易关系存在较大差异。中国对"一带一路"的出口和进口最主要集中在东盟和西亚。"一带一路"正在成为中国自由贸易区战略的重点，但大部分"一带一路"国家还没有将中国作为对外商签 FTA 的重点国家。这主要有三点原因：一是它们的主要出口市场并不在中国，所以并不急于通过签订 FTA 扩大对华出口；二是不少"一带一路"国家也重视发展制造业，与中国存在竞争关系，担心签订 FTA 后造成来自中国的进口激增，冲击其国内制造业；三是中国国内特定产业对于进口冲击的担忧。综合考虑进口额的绝对规模和增长速度，"一带一路"地区无疑是未来中国货物出口增长的最大希望所在。为了推动双方贸易往来的可持续发展，需要同时采取多种措施，形成合力，有效缓解中国对"一带一路"国家的贸易失衡。

一、中国对"一带一路"区域货物贸易的发展现状和趋势

(一)"一带一路"国家已成为中国最重要的出口市场

2014 年,中国对"一带一路"国家①的出口额已达 6370 亿美元,占中国货物出口总额的 27.2%,与 1999 年相比翻了一倍。对"一带一路"国家的出口在中国出口总额中的比重持续上升,说明"一带一路"国家的进口需求增长快于全球,经济增长更具活力。

"一带一路"沿线国家多达 64 个(见专栏 3-1),几乎包括了欧亚大陆的所有发展中经济体。在进入 21 世纪之前,作为一个整体,"一带一路"国家在中国主要出口市场中的地位是明显低于发达经济体的。1995年,中国对"一带一路"国家出口额与中国对西欧的出口额大致相当,但

---

① 注:除有特别说明之外,本章及其他章节提到的"一带一路"国家(或"一带一路"沿线地区/区域/国家),均指除中国以外的其他 64 个"一带一路"沿线国家作为一个整体;本章及其他章节图表统计中的"中国"均不含港澳台地区。

明显低于中国对东亚其他国家(包括日本和韩国)和对北美(包括美国和加拿大)的出口额。但是到了2005年,中国对"一带一路"国家的出口已经与对东亚或西欧的出口处于同一水平,仅次于对北美的出口;在2007年,"一带一路"国家跃升为中国第一大出口市场并将这一地位保持至今;2014年,"一带一路"国家吸纳的中国出口大约比排名第二的北美市场多出50%(见图3-1)。

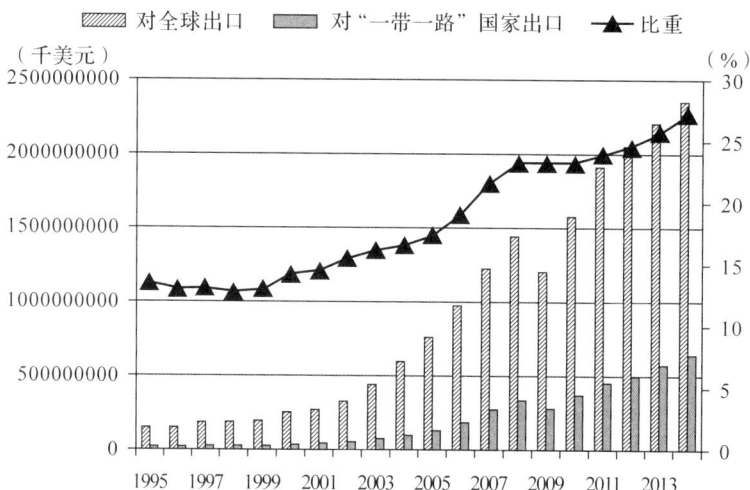

图3-1 对"一带一路"国家出口占中国对全球出口的比重
资料来源:UNCTAD数据库。

【专栏3-1】

"一带一路"包括的国家

对于"一带一路"包括的国家,目前似乎并无精确的官方口径。但根据中国商务部发布的信息,2015年一季度中国对"一带一路"沿线国家出口1445亿美元(参见新华网,http://news.xinhuanet.com/fortune/2015-04/28/c_1115121148.htm),而

2015 年一季度中国对表 3-1 中所列 64 个国家的出口额之和恰好为 1445 亿美元,因此,本书以这 64 国作为除中国以外"一带一路"区域的整体。

表 3-1　"一带一路"沿线国家名单

东盟 10 国	中东欧 17 国	西亚 15 国	前独联体 11 国	南亚 8 国	其他国家
印度尼西亚	波兰	沙特	俄罗斯	印度	东帝汶
泰国	罗马尼亚	阿联酋	乌兹别克斯坦	巴基斯坦	蒙古
马来西亚	捷克	阿曼	哈萨克斯坦	孟加拉国	格鲁吉亚
越南	斯洛伐克	伊朗	白俄罗斯	斯里兰卡	
新加坡	匈牙利	以色列	吉尔吉斯斯坦	阿富汗	
菲律宾	拉脱维亚	埃及	塔吉克斯坦	尼泊尔	
缅甸	立陶宛	科威特	阿塞拜疆	马尔代夫	
柬埔寨	斯洛文尼亚	伊拉克	摩尔多瓦	不丹	
老挝	保加利亚	卡塔尔	亚美尼亚		
文莱	爱沙尼亚	约旦	土库曼斯坦		
	克罗地亚	也门共和国	乌克兰		
	阿尔巴尼亚	叙利亚			
	塞尔维亚	黎巴嫩			
	波黑	巴勒斯坦			
	马其顿	巴林			
	黑山				
	土耳其				

相比之下,近年来中国对拉美和非洲的出口虽然也有较快增长,但目前的规模还远小于中国对"一带一路"国家的出口。2014 年中国对前两个区域的货物出口额分别为 1300 亿美元和 1000 亿美元左右,分别只相当于中国对"一带一路"国家出口额的 1/5 和 1/6(见图 3-2)。

（千美元）

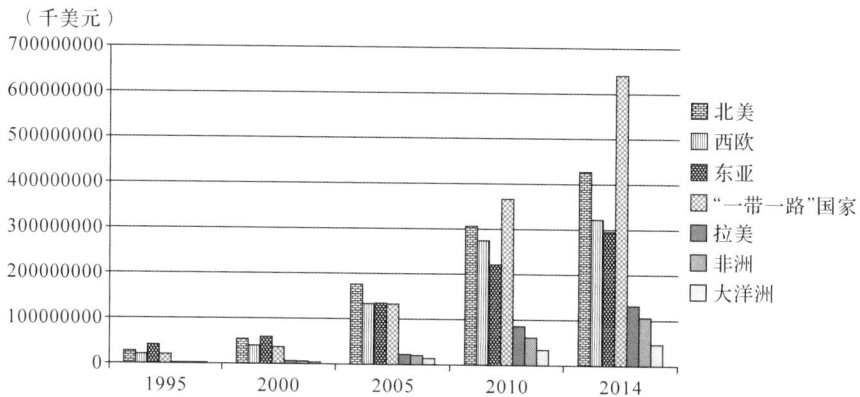

图 3-2　中国对主要市场的出口

注:图中东亚包括日本、韩国等;西欧指 1996 年之前加入欧盟的 15 个成员;拉美包括墨西哥、中美洲和南美洲;以下同。

资料来源:UNCTAD 数据库。

中国在"一带一路"国家的市场占有率显著提高。据相关国家统计,2014 年"一带一路"国家从中国的进口额为 5980 亿美元(略低于中方统计的金额)。1995 年以来,从中国的进口额在"一带一路"国家进口总额中的比重不断上升,2014 年达到 14%,而 1995 年仅为 2.5%(见图 3-3)。

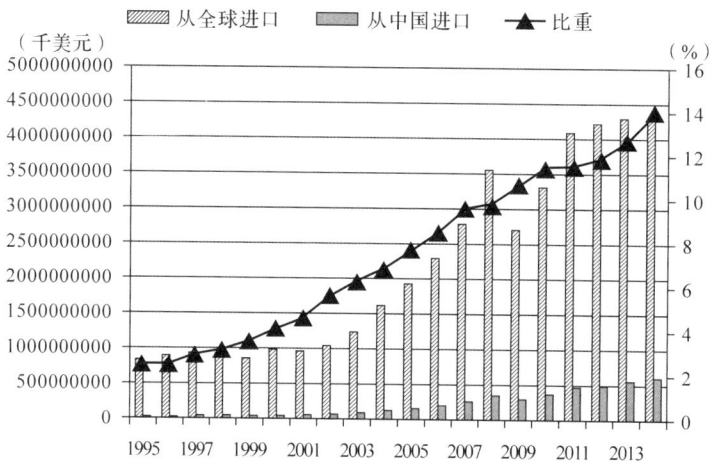

图 3-3　从中国进口占"一带一路"国家从全球进口的比重

资料来源:UNCTAD 数据库。

在 2014 年"一带一路"国家从全球的进口中,中国的市场份额已经超过了北美(6.1%)和东亚(10.1%),升至第三位,仅次于"一带一路"国家总体(37.6%)和西欧(22.3%),见图 3-4。

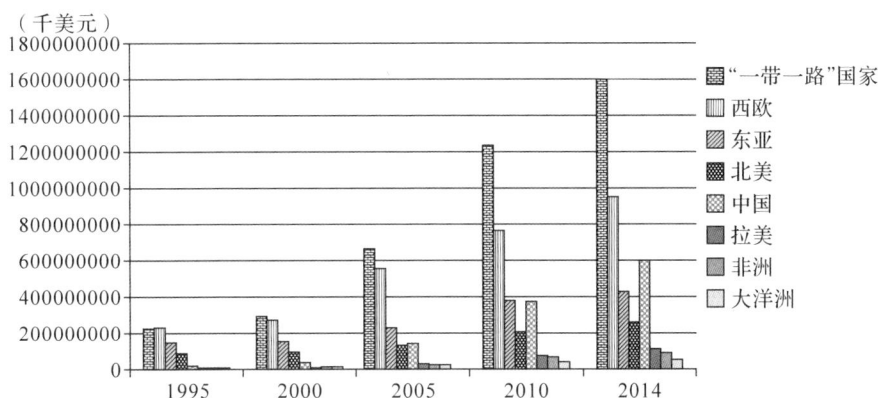

图 3-4 "一带一路"国家的主要进口来源
资料来源:UNCTAD 数据库。

(二)中国还不是"一带一路"国家的主要出口市场

应当说,中国市场对"一带一路"国家的重要性已经有了显著提升。进入 21 世纪以来,"一带一路"国家的对华出口在其出口总额中的比重不断上升,2014 年达到 8.9%,而 1999 年仅为 2.5%。

不过,与"一带一路"国家在中国出口市场中首屈一指的地位形成反差的是,中国还算不上"一带一路"国家的主要出口市场。2014 年,对中国的出口额在"一带一路"国家对全球的出口总额中所占比重已经超过了北美(7.2%),但还是明显低于"一带一路"国家总体(36.5%)、西欧(22.7%)及东亚(14.5%)。这说明对于"一带一路"国家的出口来说,其区域内部市场和发达经济体的重要性还远高于中国(见图 3-5、图 3-6)。

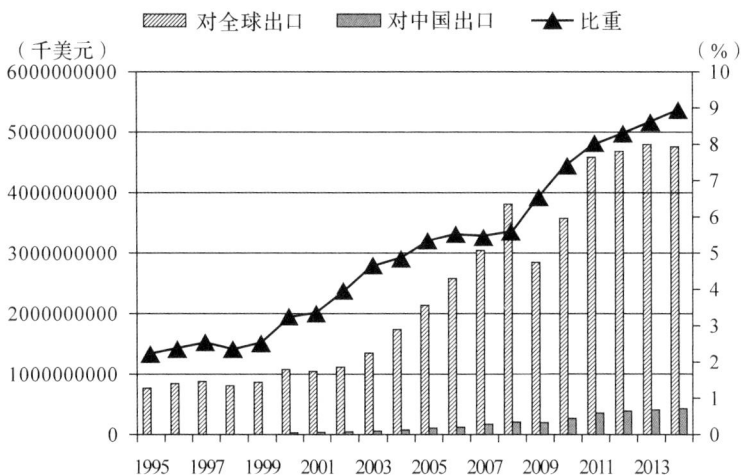

图 3-5　对华出口占"一带一路"国家对全球出口的比重
资料来源：UNCTAD 数据库。

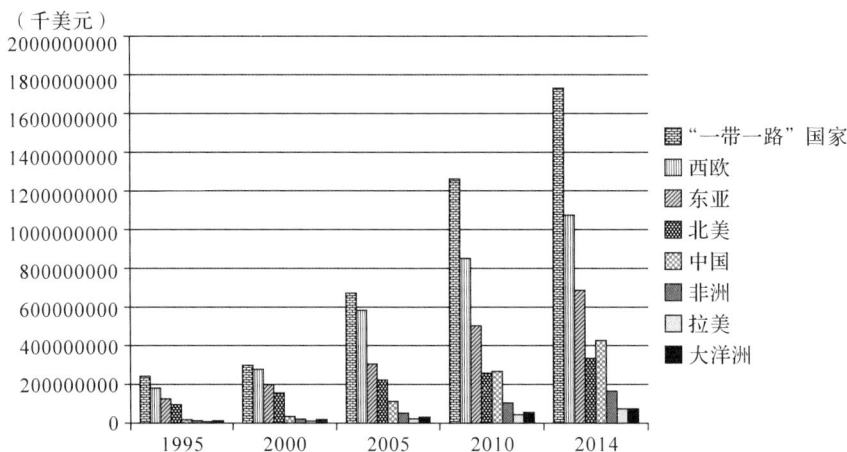

图 3-6　"一带一路"国家的主要出口市场
资料来源：UNCTAD 数据库。

　　但与此同时，"一带一路"国家在中国进口当中的份额却已经相当高了。进入 21 世纪以来，从"一带一路"国家的进口在中国进口总额中的比重不断上升，2014 年达到 24.7%，比 1999 年提高了 9.2 个百分点(见图 3-7)。考察 2014 年中国从全球进口总额中所占的比重，"一带一路"国家已经超过了西欧(11.6%)和北美(9.4%),升至第二位,仅次于东亚(25.8%),见图3-8。

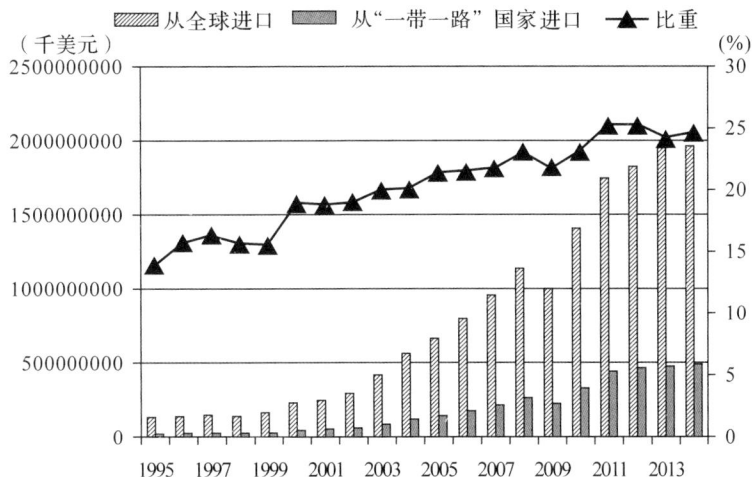

图 3-7　从"一带一路"国家进口占中国从全球进口的比重
资料来源:UNCTAD 数据库。

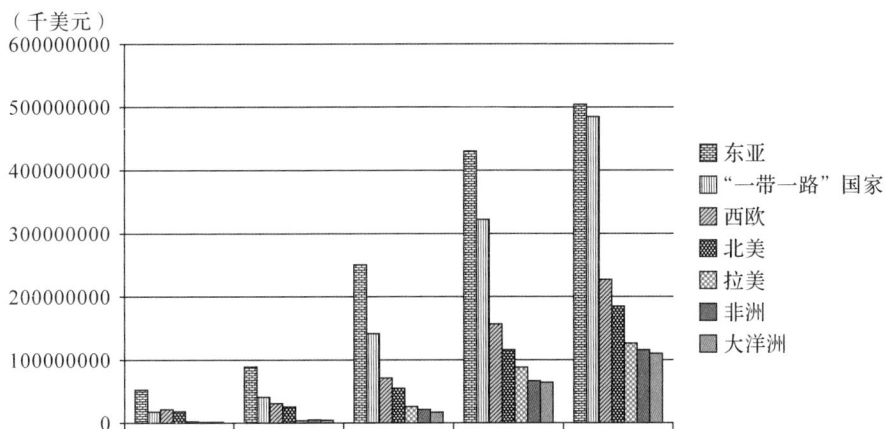

图 3-8　中国的主要进口来源
资料来源:UNCTAD 数据库。

　　中国从"一带一路"国家的进口已经不少(按比重计算),但中国在"一带一路"国家对全球出口中的比重却明显偏低,这应该与中国尚不是全球最主要的市场有很大的关系。从图 3-9 中可见,虽然近年来中国的货物进口额上升很快,但目前的规模与欧盟、"一带一路"国家总体以及美国相比,还有不小的差距。也就是说,中国从全球进口的总规模限制了中国从"一带一路"国家进口的扩大。

（百万美元）

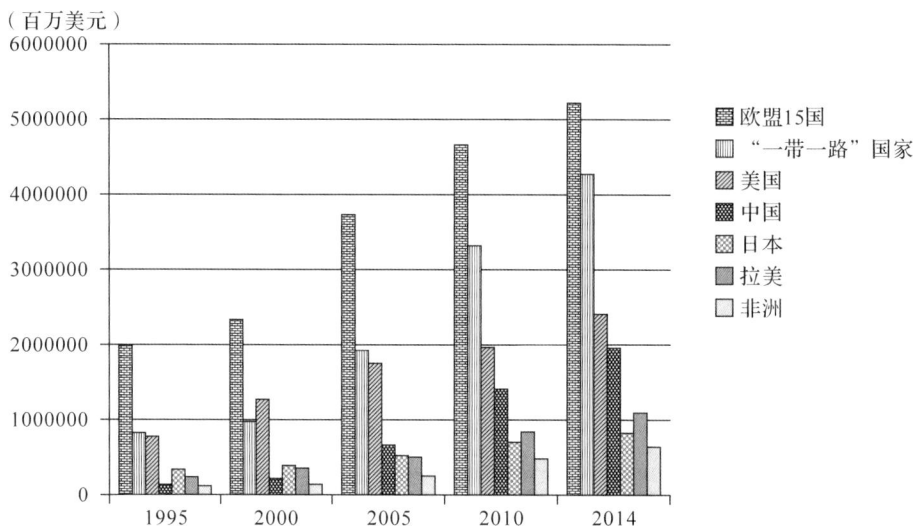

图 3-9　全球各主要经济体的货物进口额
资料来源:UNCTAD 数据库。

（三）中国对"一带一路"国家的贸易顺差正在扩大

2005 年之前的多数年份,中国在对"一带一路"国家的贸易中都处于逆差地位,2006 年以后则转为持续顺差,2012 年以来顺差额持续上升,2014 年已达 1536 亿美元,是 2006 年的 10.6 倍(见图 3-10)。按"一带一路"国家的统计,目前对华贸易每年给"一带一路"国家造成 1750 亿美元的贸易逆差(资金流出),而"一带一路"国家对全球的贸易则处于顺差地位,2014 年顺差额为 4700 亿美元。

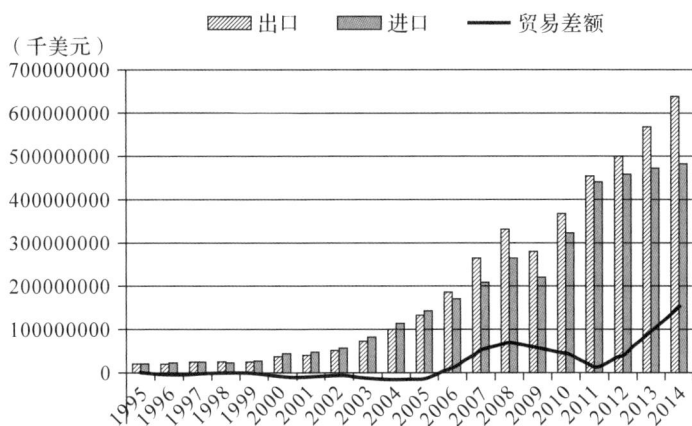

图 3-10　中国对"一带一路"国家的贸易差额
资料来源：UNCTAD 数据库。

从贸易的商品结构来看，中国对"一带一路"国家的出口绝大多数都是工业制成品，1995 年的比重就已高达 80.7%，2014 年进一步上升到 92.4%（见图 3-11）。

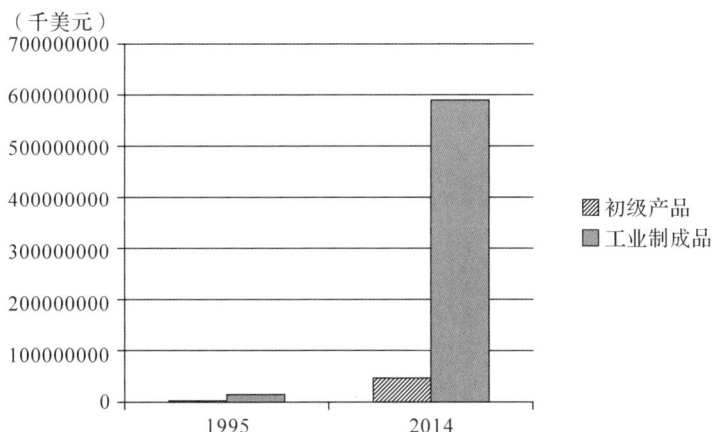

图 3-11　中国对"一带一路"国家的出口结构
资料来源：UNCTAD 数据库。

中国从"一带一路"国家的进口则多数为初级产品，1995 年初级产品和工业制成品还是各占一半，到 2014 年前者的比重已升至 61.8%（见图 3-12）。

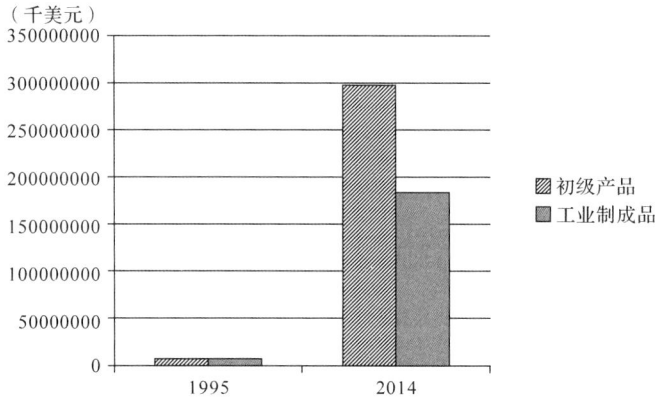

图 3-12　中国从"一带一路"国家的进口结构
资料来源：UNCTAD 数据库。

　　由此可见，中国对"一带一路"国家的出口增长主要靠工业制成品拉动，而从"一带一路"国家进口的增长则主要靠初级产品拉动。过去 20 年来，初级产品的进口增长虽然很快，但工业制成品出口的增长更快，所以中国对"一带一路"国家的贸易顺差迅速扩大（见图 3-13）。

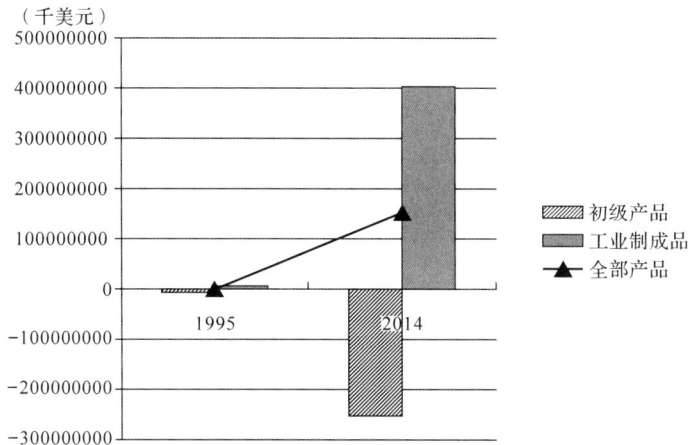

图 3-13　中国对"一带一路"国家的贸易差额
资料来源：UNCTAD 数据库。

　　中国对"一带一路"国家的出口结构与中国对全球的出口结构是基本吻合的，都是工业制成品占绝大部分（见图 3-14）。

（千美元）

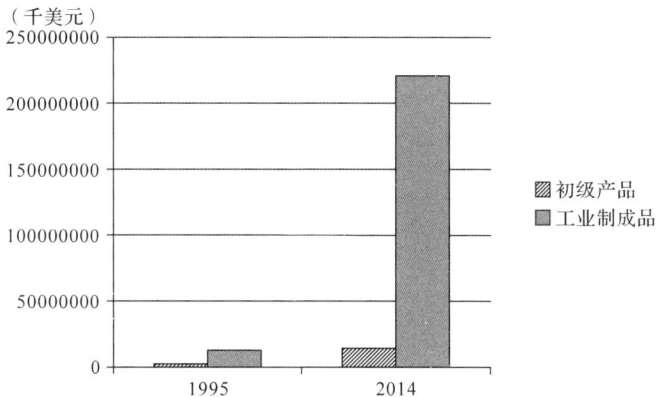

图 3-14　中国对全球的出口结构
资料来源：UNCTAD 数据库。

而与"一带一路"国家对全球出口相比,其对华出口中初级产品的比重明显偏高。"一带一路"国家对全球的出口结构中,初级产品和工业制成品基本上是各占一半(见图 3-15)。

（千美元）

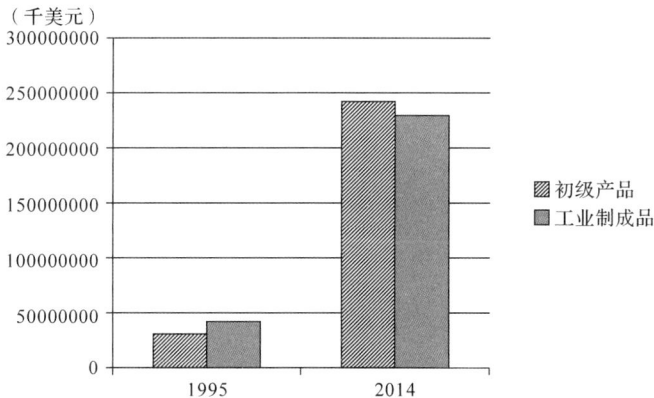

图 3-15　"一带一路"国家对全球的出口结构
资料来源：UNCTAD 数据库。

也就是说,过去 20 年中,相对于全球来说,"一带一路"国家的出口结构并无显著变化,但相对于中国来说,其出口结构中的工业制成品比重明显下降,而初级产品比重明显上升。

(四)"一带一路"内部不同次区域对华贸易关系存在较大差异

由于"一带一路"国家的对华贸易关系存在较大差异,我们按照地理方位以及贸易数据的可获得性,把除中国以外的 64 个"一带一路"国家大致分成了 5 个次区域,即中东欧、东盟、南亚、西亚、前独联体国家(见专栏 3-1 和表 3-1),分别加以考察。

从主要出口方向上看,中国对"一带一路"国家的出口最主要是集中在东盟,其次是西亚,2014 年这两个区域占中国对"一带一路"国家出口总额的比重分别为 43% 和 20%。南亚、前独联体国家、中东欧所占份额较小,比重分别为 13.5%、13.3% 和 10%(见图 3-16)。1995—2014 年,除东盟所占比重明显下降外(降幅为 9 个百分点),其他几个主要区域(西亚、南亚、前独联体国家、中东欧)的比重都有所上升,但升幅都不大,平均都在 2~3 个百分点。

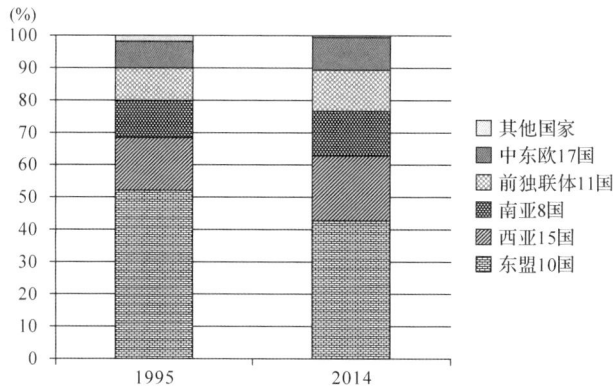

图 3-16　中国对"一带一路"内部主要次区域的出口方向
注:"其他国家"包括蒙古、格鲁吉亚、东帝汶,以下同。
资料来源:UNCTAD 数据库。

从进口方向上看,中国从"一带一路"国家的进口同样主要来自于东盟和西亚,2014 年所占比重分别为 43% 和 34%。

1995—2014 年,中国从"一带一路"国家进口的三个主要来源的比重出现了明显变化,西亚的比重猛升了 22 个百分点,从 12% 升至 34%,东盟和前独联体国家的比重则明显下降,前者从 54% 降至 43%,后者则从 25% 降至 14%,降幅都达 11 个百分点(见图 3-17)。

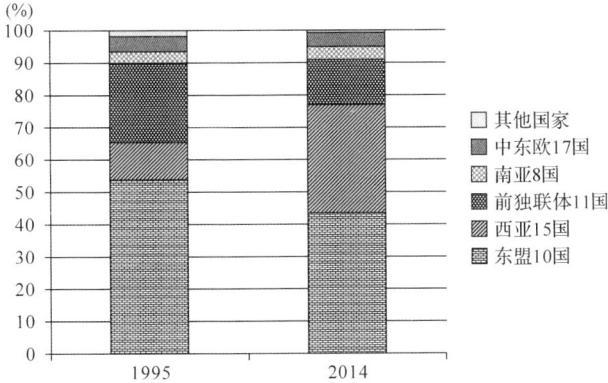

图 3-17　中国从"一带一路"内部主要次区域的进口方向
资料来源:UNCTAD 数据库。

中国与东盟之间的贸易以相互出口工业品为主,在按原料分类的制成品、杂项制品方面中国享有较大顺差,但在机械和运输设备方面双边贸易大体平衡(见图 3-18)。

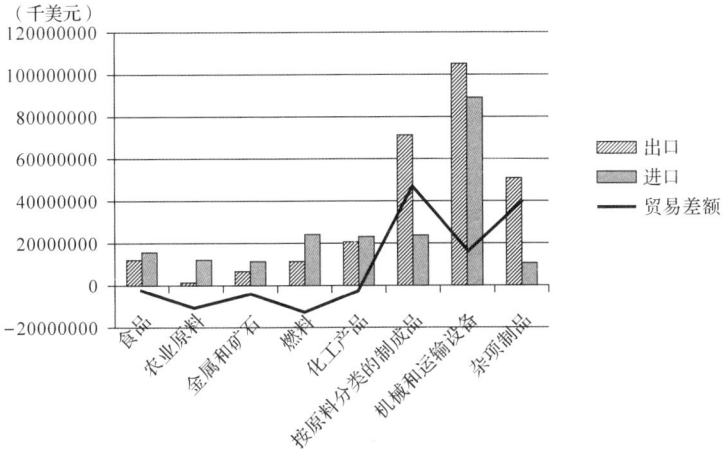

图 3-18　2014 年中国对东盟 10 国的贸易结构
资料来源:UNCTAD 数据库。

中国与西亚、前独联体国家之间的贸易,则主要是中国用工业品换取后两者的燃料,中国在工业品方面享有大量顺差,西亚、前独联体国家则在燃料方面享有大量顺差(见图 3-19、图 3-20)。

（千美元）

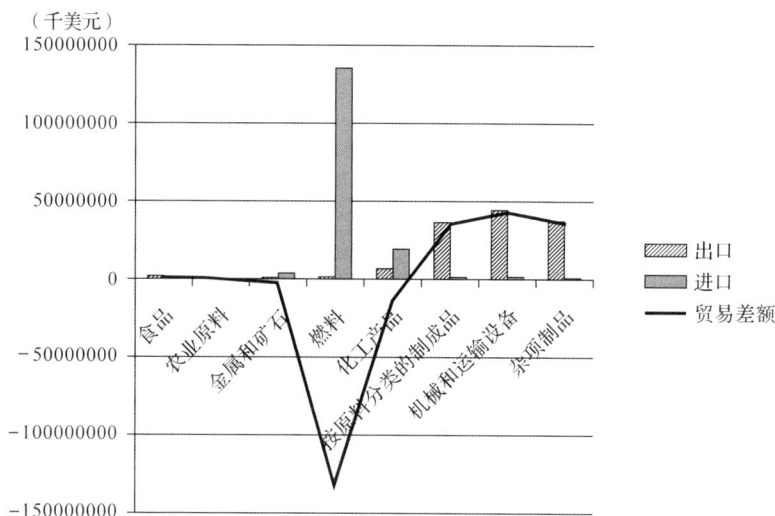

图 3-19　2014 年中国对西亚 15 国的贸易结构
资料来源:UNCTAD 数据库。

（千美元）

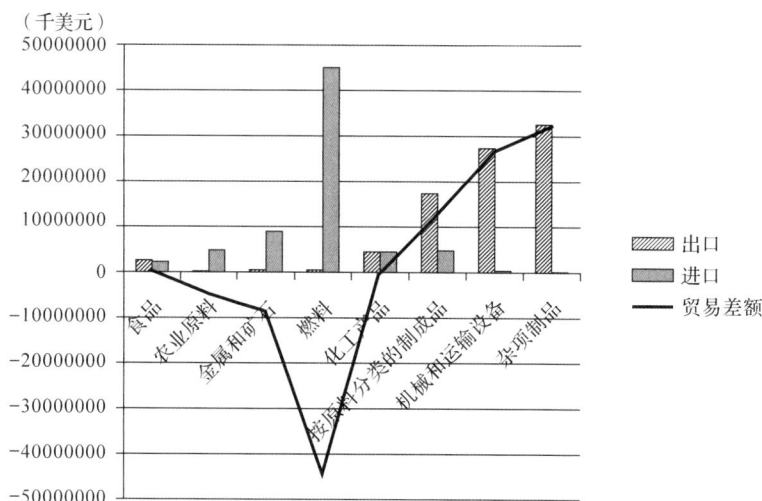

图 3-20　2014 年中国对前独联体 11 国的贸易结构
资料来源:UNCTAD 数据库。

中国与南亚、中东欧之间的贸易也是以相互出口工业品为主,中国处于明显的顺差地位(见图 3-21、图 3-22)。

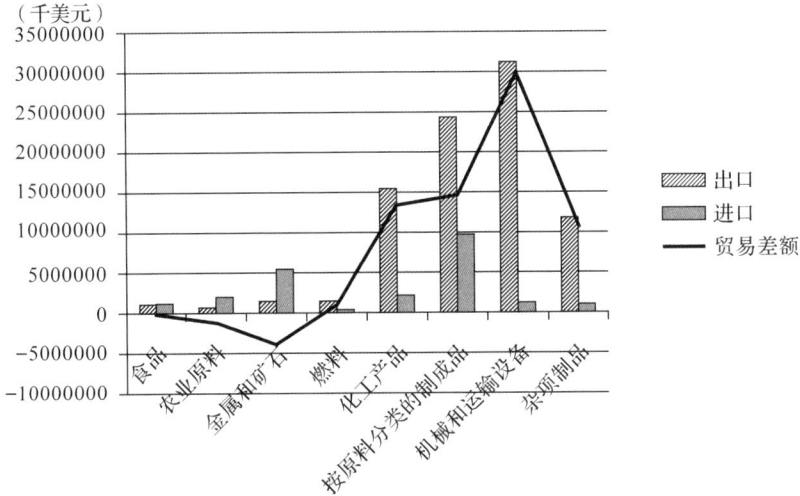

图 3-21 2014 年中国对南亚 8 国的贸易结构

资料来源:UNCTAD 数据库。

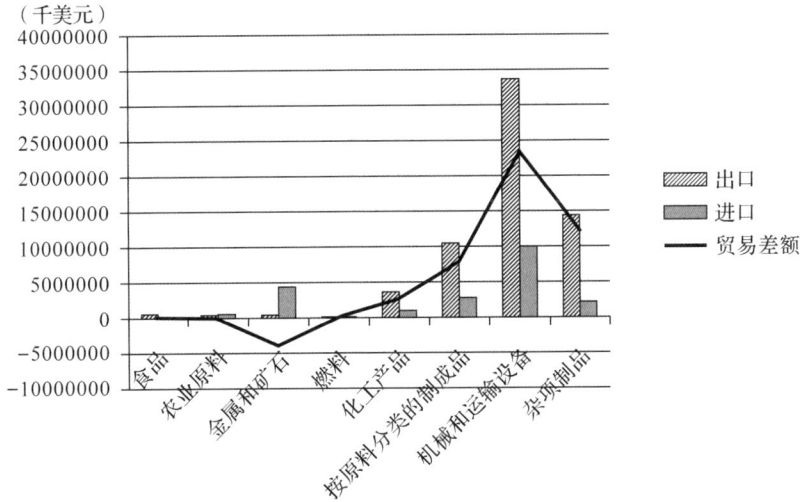

图 3-22 2014 年中国对中东欧 17 国的贸易结构

资料来源:UNCTAD 数据库。

通过计算主要工业品的贸易专业化指数(TSI)可以看出:中国对南亚、中东欧、西亚和前独联体国家在制造业方面总体都是垂直分工关系,而与东盟之间则既有水平分工关系,也有垂直分工关系(见图3-23)。

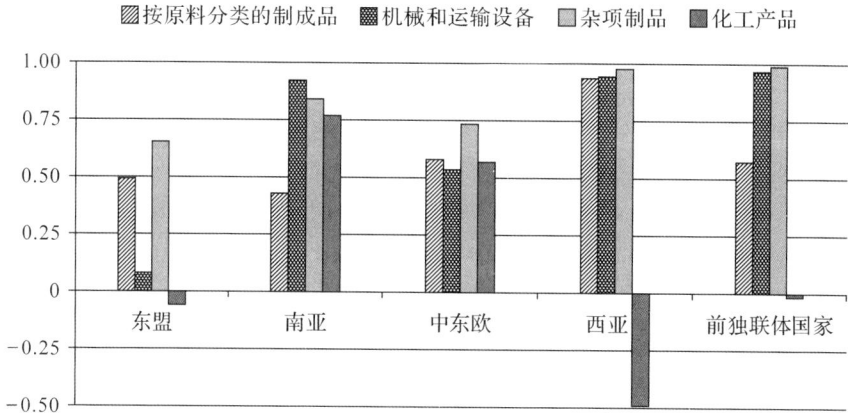

图3-23 2014年中国对"一带一路"主要次区域的贸易结构(贸易专业化指数,TSI)

注:TSI=(出口-进口)/(出口+进口),取值介于-0.75~-1和0.75~1为高度垂直分工,-0.75~-0.5和0.5~0.75为垂直分工,-0.5~-0.25和0.25~0.5为水平分工,而介于-0.25~0.25为高度水平分工形态。

资料来源:作者根据UNCTAD数据库数据计算。

具体来说,中国对东盟在机械和运输设备、化工产品方面的TSI值都接近于零,显示双方在这些产业为高度水平分工关系,在杂项制品方面中国的TSI值为0.65,显示中国对东盟为垂直分工关系,中国享有一定的竞争优势。

中国对西亚在按原料分类的制成品、机械和运输设备、杂项制品这三个大类工业品上的TSI值都大于0.9,说明双方属于高度垂直分工关系,中国享有较大的竞争优势。但是,中国在化工产品上的TSI值接近为-0.5。位于水平分工和垂直分工的临界点,显示西亚在这类产品上对中国具有一定的竞争优势。

中国对南亚在机械和运输设备、杂项制品、化工产品这三个大类工业品上的TSI值均大于0.75,说明双方属于高度垂直分工关系,中国享有较大的竞争优势。

中国对前独联体国家在机械和运输设备、杂项制品这两个大类工业品上的 TSI 值都大于 0.9,说明双方属于高度垂直分工关系,中国享有较大的竞争优势。中国在按原料分类的制成品上的 TSI 值略大于 0.5,显示中国享有一定的竞争优势。中国在化工产品上的 TSI 值接近为 0,说明双方属于水平分工关系。

中国对中东欧在按原料分类的制成品、机械和运输设备、杂项制品、化工产品这四个大类工业品上的 TSI 值都大于 0.5,说明双方属于垂直分工关系,中国享有一定的竞争优势。

从本部分的分析中可以看出,中国与"一带一路"国家之间总体上已经形成了以工业品换取初级产品的贸易格局,这是造成中国对"一带一路"国家贸易存在较大顺差的重要原因。

二、"一带一路"区域货物贸易自由化的发展特点

(一)中国的关税水平偏高

中国目前的关税水平高于大多数"一带一路"国家。除了中国制造业的竞争力更强之外,市场开放水平偏低也可能是造成中国对"一带一路"国家贸易顺差较大的原因之一。2014 年,在 WTO 有关税数据的 47 个"一带一路"国家中,按工业品计算,只有 9 个国家的简单平均最惠国关税率高于中国(见图 3-24);按农产品计算,只有 12 个国家高于中国(见图 3-25);按全部产品计算,只有 12 个国家高于中国。

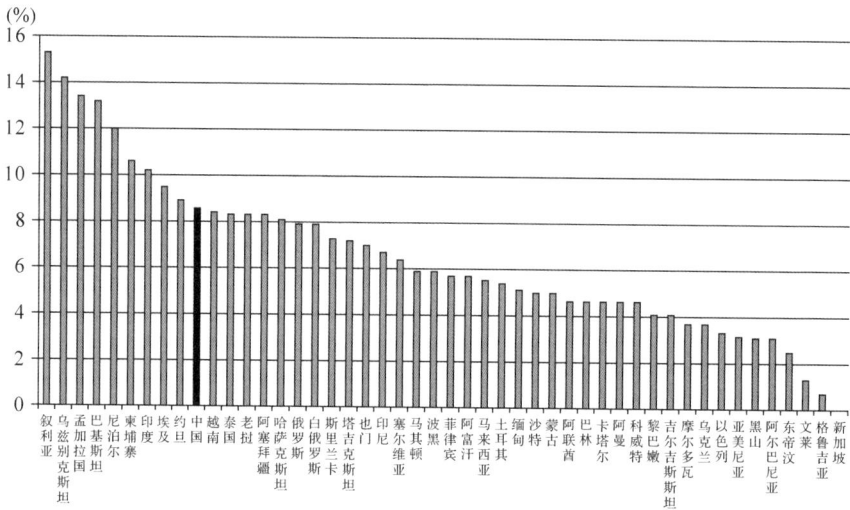

图 3-24 "一带一路"国家最惠国关税水平(工业品,简单平均值)
资料来源:WTO 数据库。

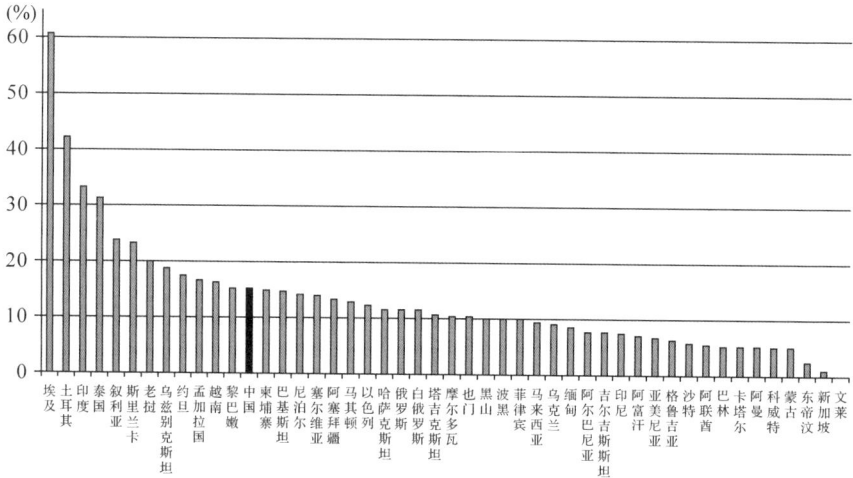

图 3-25 "一带一路"国家最惠国关税水平(农产品,简单平均值)
资料来源:WTO 数据库。

与"一带一路"国家的其他主要出口市场相比,中国的关税水平也是偏高的。除了国内市场规模的因素之外,这也可能是造成中国在"一带一路"国家对全球出口中比重偏低的原因。从图 3-26 中可见,2014 年,美国、欧盟、日本的工业品简单平均最惠国关税率基本都在 4％ 以下或高出一点，中国则为 8.6％，高出一倍还多。中国的农产品简单平均最惠国关税率为 15.2％，大大高于美国，与欧盟和日本相差不大，但中国仍然是这四大市场中关税水平最高的。较低的市场开放程度显然也会限制中国从"一带一路"国家进口规模的扩大。

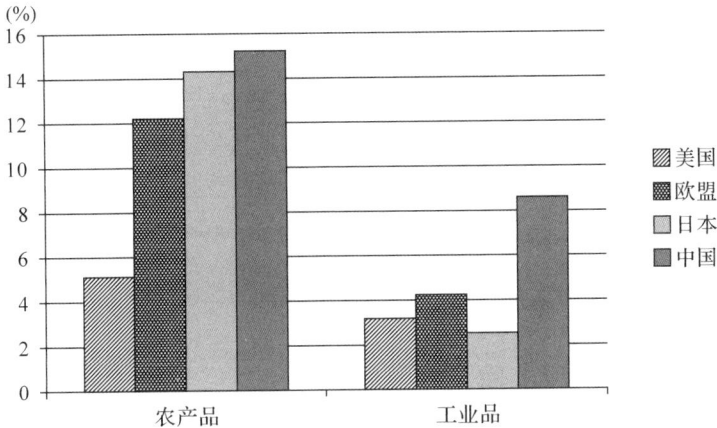

图 3-26 2014 年中国、美国、欧盟和日本最惠国关税水平对比（简单平均值）
资料来源：WTO 数据库。

（二）中国目前还不是"一带一路"国家商签 FTA 的重点国家

截至目前，大部分"一带一路"国家还没有将中国作为对外商签 FTA 的重点国家。中国只是在东盟找到了 2 个 FTA 伙伴（东盟作为一个整体、新加坡），在南亚找到了 1 个 FTA 伙伴（巴基斯坦），而在西亚、前独联体国家、中东欧都还是空白。相比之下，欧盟在中东欧和西亚都各拥有 7 个 FTA 伙伴，日本在东盟拥有 8 个 FTA 伙伴，印度在南亚拥有 8 个 FTA 伙伴，俄罗斯在南亚拥有 13 个 FTA 伙伴。也就是说，"一带一路"地区对外商签 FTA 的重点伙伴仍然是欧盟、美国、日本这样的发达经济体，以及印度、俄罗斯这样的在各自次区域内拥有强大影响力的新兴经济体（见图 3-27）。

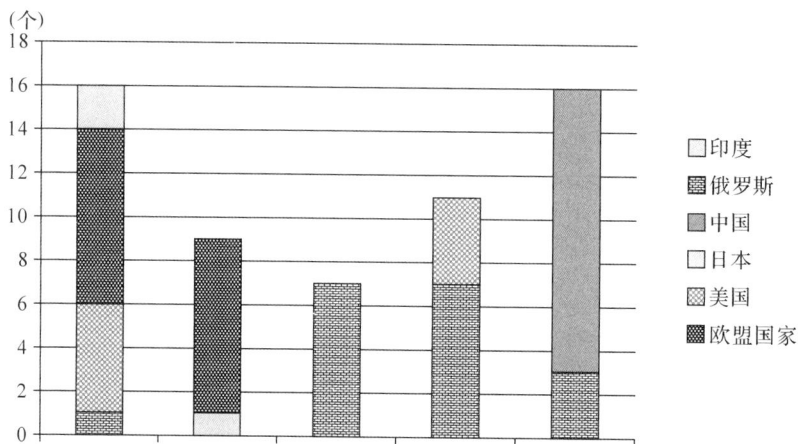

图 3-27 "一带一路"五大次区域签订 FTA 的主要伙伴国
注：伙伴国只考虑大型经济体。
资料来源：作者根据 WTO 数据库数据整理。

　　"一带一路"国家对和中国签订 FTA 不够积极的原因之一，如前文所述，是它们的主要出口市场并不在中国，所以并不急于通过签订 FTA 扩大对华出口。原因之二，则是不少"一带一路"国家也重视发展制造业，与中国存在竞争关系，担心签订 FTA 后造成来自中国的进口激增，冲击其国内制造业。从图 3-28 中可以看出，"一带一路"国家中对华发起反倾销次数较多的国家，如印度、巴基斯坦、土耳其、东盟部分国家（印度尼西亚、泰国、马来西亚）以及俄罗斯、乌克兰、埃及，都属于自身制造业有一定实力的国家。不过，东盟是一个例外，这是因为东盟制造业与中国形成了密切的产业内分工关系，二者合作生产，然后向全球出口。正是在这一互利共赢的背景下，东盟才在 2001 年与中国签订 FTA，并于 2004 年、2006 年和 2010 年通过三次修订，以使其中的货物贸易协定得到逐步完善。

　　除了上述两个因素外，中国国内特定行业对于进口冲击的担忧，也是妨碍中国与部分"一带一路"国家商签 FTA 的重要原因。例如，中国—海合会 FTA 实际上早在 2004 年就已经启动谈判，之所以迟迟未能达成协议，除了海合会方面的原因外,中国国内石化行业的反对也是重要原因之一。

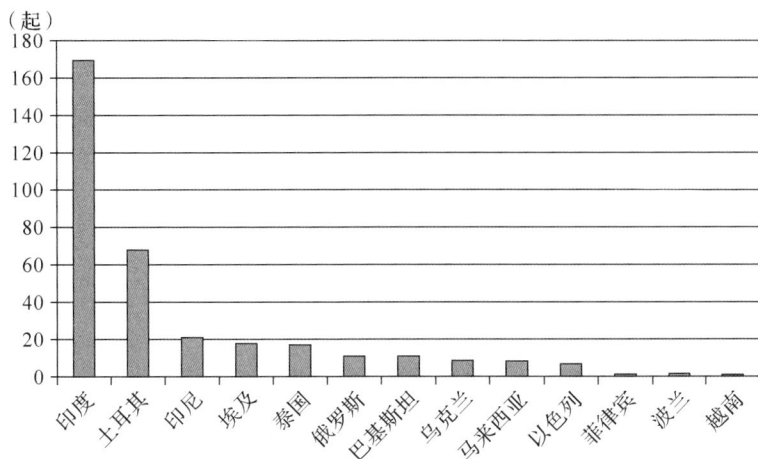

图 3-28　1995—2014 年"一带一路"国家对华发起反倾销案件数
注:虽然中东欧已有 11 国加入欧盟,但图中未将欧盟对华反倾销数量列入。
资料来源:作者根据 WTO 数据库数据整理。

(三)"一带一路"国家正在成为中国自由贸易区战略的重点

在中国已经签订的 13 个自由贸易区协定中,只有 3 个涉及"一带一路"沿线国家,即中国—新加坡 FTA、中国—东盟 FTA、中国—巴基斯坦 FTA。但是,在中国正在谈判的 8 个 FTA 中,则有 6 个涉及"一带一路"国家,即《区域全面经济合作伙伴关系协定》(RCEP)、中国—海合会 FTA、中国—斯里兰卡 FTA、中国—巴基斯坦 FTA 第二阶段谈判、中国—马尔代夫 FTA、中国—格鲁吉亚 FTA;同时,在中国正在研究的 4 个 FTA 中,也有 2 个涉及"一带一路"国家,分别是中国—印度 FTA、中国—摩尔多瓦 FTA。这说明中国正在日益把发展对外制度性经济合作的重点转向"一带一路"地区,2015 年年底颁布的《国务院关于加快实施自由贸易区战略的若干意见》更是明确将"一带一路"区域作为中国构建全球自由贸易区网络的重中之重。

该《意见》明确提出,要“积极推进‘一带一路’沿线自由贸易区”,同时要“力争与所有毗邻国家和地区建立自由贸易区”,“争取同大部分新兴经济体、发展中大国、主要区域经济集团和部分发达国家建立自由贸易区”。显而易见,中国周边国家的绝大部分都属于“一带一路”区域,同时“一带一路”区域也包括了大量的新兴经济体(如土耳其、沙特、波兰、泰国、马来西亚、印度尼西亚等)、发展中大国(如印度、俄罗斯)和重要的区域经济集团(如俄哈白关税同盟、海湾合作委员会)。

三、扩大中国对“一带一路”区域贸易往来的思路与政策

(一)“一带一路”地区是中国出口希望所在

在 21 世纪的头 10 年,“一带一路”地区无疑是全球进口增长的亮点。从 2000 年到 2005 年,从 2005 年到 2010 年,该地区进口额的复合平均增长率都是两位数;在全球范围内,只有中国和非洲的成绩可以与之相媲美。如果考察进口的绝对规模,“一带一路”地区早在 2005 年就已经超过美国,成为全球进口排名第二的区域。虽然近几年增速有所放缓,但“一带一路”地区在 2014 年的进口额仍高达 4.2 万亿美元,稳居世界第二。“一带一路”地区与排名第一的欧盟 15 国(5.2 万亿美元)相比,进口规模虽然小一些,但其在 2010—2014 年的年均复合增长率则明显高于后者,前者接近 10%,后者则低于 5%(见图 3-29)。综合考虑进口额的绝对规模和增长速度,“一带一路”地区无疑是未来中国货物出口增长的最大希望所在。

(二)多管齐下,促进中国对“一带一路”国家贸易平衡发展

通过前文的分析可以看出,中国与“一带一路”国家之间的货物贸易存在明显的不对称性。中国已经把“一带一路”国家变成本国重要的货物出

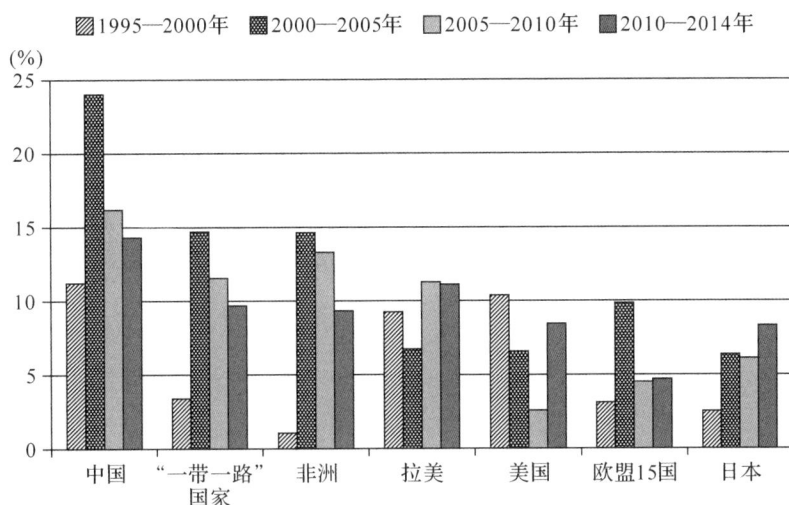

图 3-29　全球各主要经济体的货物进口年均复合增长率
资料来源：UNCTAD 数据库。

口市场（比重达 27%），而"一带一路"国家虽然也在中国进口中占了较大份额（25%），但中国还远不是"一带一路"国家的重要出口市场，比重还不到 9%。这其中，有中国自身市场容量不足的因素，有中国市场开放程度偏低的因素，有"一带一路"国家工业竞争力较弱的因素，也有中国国内部分产业反对开放市场的因素。在这种情况下，中国对"一带一路"国家不断扩大的贸易顺差以及不断增多的贸易摩擦，造成后者对扩大对华贸易心存疑虑，影响到其对华实行双边或区域贸易自由化的积极性，妨碍到双方贸易往来的进一步扩大。针对这一特点，需要同时采取多种措施，形成合力，才能有效缓解中国对"一带一路"国家的贸易失衡，推动双方贸易往来的可持续发展。

（三）积极帮助"一带一路"国家增强出口能力

归根结底，只有"一带一路"国家的出口创汇能力增强了，它们才有能力购买更多的中国商品。因此，建议借助亚洲基础设施投资银行、金砖银行、丝路基金、南南合作援助基金这样的机构和平台,选择政治风险较低的国家,通过发放中长期优惠贷款、赠款等形式推动其基础设施建设,因地制宜,发展东道国具有比较优势的产业,比如农林牧渔及其产品加工、轻纺工业、石油化工等。由于中国在国际工程承包、轻纺、石化方面已经具备较强的国际竞争力,上述措施将有助于带动中国相关机械设备的出口。

(四)通过非对等开放扩大从"一带一路"国家的进口

针对不少"一带一路"国家对与中国商签 FTA 心存疑虑的情况,应放弃什么东西都想由自己生产的观念,转而在贸易谈判中贯彻"多予少取"的原则,通过多种形式提高中国市场的吸引力。比如,通过"早期收获",在正式签订 FTA 前就先行降低部分产品进口关税;又如,在中国具备较强竞争力的产品种类上,我们的降税速度可以比 FTA 伙伴国更快一些,降税幅度可以更大一些,过渡期可以更短一些。对于同"一带一路"国家的合作,应着眼于拓展中国国际发展新空间的战略大局,着眼于长远回报,而不应过于计较一时的得失。同时,扩大自身市场开放,与中国经济由主要依赖出口、投资拉动向由出口、投资、消费共同拉动的转型方向是一致的。

(五)帮助"一带一路"国家开展贸易便利化能力建设

除了自由化水平,贸易便利化程度也对国际贸易往来有着举足轻重的影响。与大部分"一带一路"国家相比,中国的贸易便利化水平已经处于领先地位,应发挥这一优势,主动帮助"一带一路"国家开展通关流程优化设计和人员培训。即使是在东盟这样的贸易自由化水平较高的经济体,贸易便利化水平也仍然有很大的提升空间。尤其需要强调的是,中国应帮助"一带一路"国家发展国际电子商务,这既可以帮助内陆发展中国家打开国际市场通道,同时也可以使其国民有机会以更低廉的价格买到中国的产品。

第四章 "一带一路"的投资促进政策研究

"一带一路"建设是中国下一阶段发展的重大历史机遇。沿线地区潜在市场规模较大,与中国经济高度互补,具有广阔的投资前景。在中国经济进入新常态的背景下,促进对"一带一路"地区投资有利于打开中国对外投资的新格局,培育国际竞争新优势,推动金融服务国际化,也有利于深化中国对外经济关系,提升国际话语权。

"一带一路"建设倡议提出以来,中国在推动到沿线地区投资方面已经取得了积极进展。《愿景与行动》已经制定了与沿线地区合作的路线图,亚洲基础设施投资银行和丝路基金等机构的成立建立了资金保障,境外经贸合作区等则提供了企业投资和集群发展的平台,各省市纷纷出台相关措施对接建设。

下一阶段,对沿线地区的投资应把握好明确投资总体目标,构建区域投资布局,优化投资模式,以及完善国内投资政策和国际协调机制四个战略重点。政府应给予科学的投资规划和引导,加快推进投资管理制度改革,加大政策支持和服务保障,加强国际协调与沟通,将促进中国对"一带一路"沿线地区投资的政策落到实处,保障投资安全和投资方权益,提升中国对外投资的国际竞争力和影响力。

一、投资"一带一路"地区为中国带来的重要机遇

"一带一路"建设倡议的提出恰逢中国经济进入新常态和对外投资的黄金增长期,为中国打开对外投资新格局、打造国际竞争新优势、推动金融服务国际化、深化对外经济关系和提升国际话语权带来了重要的机遇。

(一)打开对外投资新格局

自 2001 年实施"走出去"战略以来,中国对外投资快速发展,当前已进入了对外投资的黄金增长期。2015 年,中国境外非金融类直接投资流量和存量分别达到 1180.2 亿美元和 8630.4 亿美元,分别为 2002 年的 43.7 倍和 28.9 倍。2014 年,中国利用外资与对外投资首次接近平衡,加上第三地再投资,中国已经成为投资净流出国。中国对外投资进入黄金发展阶段,"一带一路"建设倡议的提出可谓恰逢其时,给对外投资带来了新的增长点。

沿线大多数国家经济发展水平较低,但经济增长较快,跨境投资活跃,

潜在市场规模较大。"一带一路"沿线主要覆盖 65 个国家,有 44 亿人口,经济总量约为 21 万亿美元,分别约占全球的 63% 和 29%。1990—2013 年,沿线 57 个主要国家的 GDP 和外资流入年均各增长 5.1% 和 13.1%,分别高于世界平均水平 2.4 个和 5.3 个百分点。同时,"一带一路"地区资源能源丰富,对基础设施建设和制造业等领域需求旺盛,与中国经济高度互补。沿线国家普遍具有加强合作关系的强烈愿望和积极性,对中国企业到当地投资持欢迎态度。

金融危机以来,中国对沿线地区投资增长较快,但 2013 年投资存量占其吸收外资存量比重还仅为 3.7%。充分发挥中国优势,促进对沿线地区投资和产能合作,可以加快中国在全球投资、贸易格局中的调整步伐,构建区域生产网络和以中国为首的区域"新雁阵",全面带动产品、设备、零部件、劳务和文化输出,保障中国资源能源安全,为中国深度拓展对外投资的地理和产业空间,打开新的发展格局。

(二)打造国际竞争新优势

金融危机以来,全球经济复苏缓慢,发达国家加快推动再工业化和制造业回流,对新兴经济体的贸易需求大幅下降。中国经济进入了中高速增长的新常态,传统竞争优势不断弱化。中国亟须提升在全球价值链上的位置,由要素增长型向创新驱动型转变,形成新的国际竞争优势。

加快对"一带一路"沿线投资能够为中国培育和打造国际竞争新优势提供载体和平台。沿线大部分地区处于工业化的初中期,有研究表明,其中 44 个国家工业化水平低于中国,14 个国家工业化水平高于中国。[①] 中国工业体系较为成熟,相对大部分工业化初中期国家和地区具有明显的价值链优势。中国在钢铁、核电、电力设备、工程建筑等领域已经达到国际先

---

① 中国社会科学院工业经济研究所:《工业化蓝皮书:"一带一路"沿线国家工业化进程报告》,2016 年。

进水平,培育出了一批具有自主知识产权、自主品牌和较强国际竞争力的优势企业。同时,包括一些优势产业在内的部分领域也出现了产能过剩,这些产能大都符合"一带一路"沿线地区发展的需求。沿线大部分国家工业体系不健全,基础设施平均水平较低,但劳动力较为充裕,要素成本较低,不少国家具备接受这些产能的条件。

加快向沿线投资和产生转移,一方面,可以实现中国优势和富余产能的跨境延伸,充分利用当地劳动力、市场等优势,拓展中国跨国公司在该地区乃至其周边地区的生产和营销网络,提升企业技术、品牌影响力和国际竞争力,保持在区域价值链中的领先地位;另一方面,可以充分带动设备、装备、零部件、原材料、生产性服务等国内和出口需求增长,推动中国的标准、技术、装备、服务全产业链"走出去",盘活过剩产能,做强优势产能,借助区域生产网络提升在全球价值链中的位置,为中国由劳动密集型向资本、技术密集型的产业升级提供良好的空间和载体。

(三)推动金融服务国际化

长期以来,中国金融业开放程度不高,"走出去"步伐较慢,国际竞争力整体不强。随着中国经济实力的显著增强,加快提升金融服务能力和国际化水平成为服务业开放的重要目标之一。金融服务是价值链的高端环节,对外投资在带动全产业链"走出去"的同时,既需要金融服务的支持与保障,也对推动金融业的国际化具有重要作用。

资金融通是"一带一路"合作的重要内容,促进对沿线地区投资能够促进中国金融资源的优化配置,提升中国在全球价值链高端环节的竞争力和地位。一方面,沿线基建领域投资需求旺盛,资源能源丰富,加强对沿线投资不仅有利于扩大人民币的使用,而且从长远来看,有利于加快推进人民币对大宗商品计价功能,进而提升人民币在国际货币体系中的地位。另一方面,有利于促进中国金融业"走出去"。亚投行、丝路基金等金融机构和平台为"一带一路"投资提供各类金融服务,金融机构也将加快海外布局,提高服务保障能力,中国金融业的竞争力和地位将从中得到提高。

(四)深化对外经济关系,提升国际话语权

作为全球第二大经济体、第一大发展中经济体,中国的发展需要良好的外部环境,并亟须获得与经济实力相匹配的国际话语权。对此,"一带一路"的投资建设提供了重要的平台和机遇。

一是通过对"一带一路"地区投资,构建紧密的区域生产网络,有助于深化中国的对外经济联系,创造友好的外部环境。英国经济政策研究中心的监测表明,2008年金融危机爆发以来,全球40%左右的贸易保护主义措施是针对中国的。明确和秉持"和平发展、兼容并包"的共建原则,加强对沿线地区投资,不仅能够带来当地就业和税收的增加,规避和化解贸易摩擦,还能够帮助当地建立工业体系,提升国家经济水平和人民生活水平。在现有经贸合作基础上,通过投资与沿线地区形成更紧密的区域生产网络,加强互利共赢和利益绑定,有助于形成良好的周边经济关系,以实际行动击破"中国威胁论"的论调,为中国的和平崛起提供良好的外部环境。

二是当前全球治理与新一轮经贸规则处于重构期,全球贸易投资规则出现高水平自由化趋势,绝大多数发展中国家将被排除在外。加强对"一带一路"地区投资,建立以发展中国家为主的投资合作机制,有利于抢抓新一轮经贸规则重构的机遇,积极应对TPP、TTIP等跨地区大型自贸安排的挑战,缓解其对中国贸易投资的挤出效应影响,在全球治理中发出代表发展中国家的声音,更好地维护国家利益和投资权益,提高中国在全球经贸规则制定中的话语权。

二、中国对"一带一路"地区投资的主要情况与进展

"一带一路"沿线地区在中国对外投资中具有重要地位,近年来,尤其是"一带一路"倡议提出以来,中国对沿线地区投资有了较快增长,投融资平台建设取得积极进展。

(一)投资地位重要,区位相对集中

截至 2014 年年末,中国对"一带一路"沿线国家的直接投资存量为 924.6 亿美元,占中国对外直接投资存量的 10.5%,2015 年占比升至 12.6%。如果排除在前三位的往香港地区、英属维尔京群岛和开曼群岛等地的投资,则 2014 年年底中国向"一带一路"沿线国家投资存量约占中国剩余投资存量的约 1/3。可见,沿线地区在中国对外投资中占有重要地位。

中国对"一带一路"沿线国家均有投资,但投资相对较为集中。2014 年中国对外直接投资流量居前 20 位的国家中,有 7 个国家为沿线国家,分别为新加坡、印度尼西亚、老挝、巴基斯坦、泰国、阿联酋和俄罗斯(见表 4-1)。2014 年中国对外直接投资存量居前 20 位的国家中,有 6 个为"一带一路"沿线国家,分别为新加坡、俄罗斯、哈萨克斯坦、印度尼西亚、老挝和缅甸(见表 4-2),这 6 个国家存量占中国在沿线地区投资的 56.3%。此外,中国对东盟投资占中国对沿线国家投资的一半以上。2014 年年末,中国对东盟投资存量为 476.33 亿美元,占中国对沿线国家投资的 51.5%。截至 2014 年年底,中国对沿线地区投资存量超过 1 亿美元的国家达到 40 个,其中超过 10 亿美元的有 16 个国家。

表 4-1　2014 年中国对外直接投资流量居前 20 位的"一带一路"沿线国家

国　　家	投资流量(亿美元)	排　　名
新加坡	28.14	7
印度尼西亚	12.72	10
老挝	10.27	12
巴基斯坦	10.14	13
泰国	8.39	15
阿联酋	7.05	18
俄罗斯	6.34	20

资料来源:《2014 年度中国对外直接投资统计公报》。

表 4-2　2014 年中国对外直接投资存量居前 20 位的"一带一路"沿线国家

国　　家	投资存量(亿美元)	排　　名
新加坡	206.40	6
俄罗斯	86.95	9
哈萨克斯坦	75.41	12
印度尼西亚	67.94	13
老挝	44.91	17
缅甸	39.26	20

资料来源:《2014 年度中国对外直接投资统计公报》。

　　根据中国 2014 年对亚洲和欧洲直接投资存量的行业统计数据,中国对"一带一路"沿线国家投资行业主要分布在租赁和商务服务业、批发零售业、金融业、采矿业、交通运输、仓储和邮政业、制造业等领域。沿线地区是中国优势突出的"中国制造""中国建造"的重要市场。

(二)投资增速较快,发展空间较大

　　自 2013 年"一带一路"建设倡议提出以来,中国对沿线地区投资稳步增长。2014 年,在全球直接投资流量下降 16% 的情况下,中国对"一带一路"地区直接投资流量同比增长 8%,达到 136.6 亿美元,是 2008 年的 3 倍多,占中国同期对外直接投资流量的 11.1%。2015 年,中国企业共对"一带一路"地区直接投资 148.2 亿美元,同比增长 18.2%,高于同期非金融类直接投资近 4 个百分点,占中国同期对外直接投资流量的 12.6%(见图 4-1)。

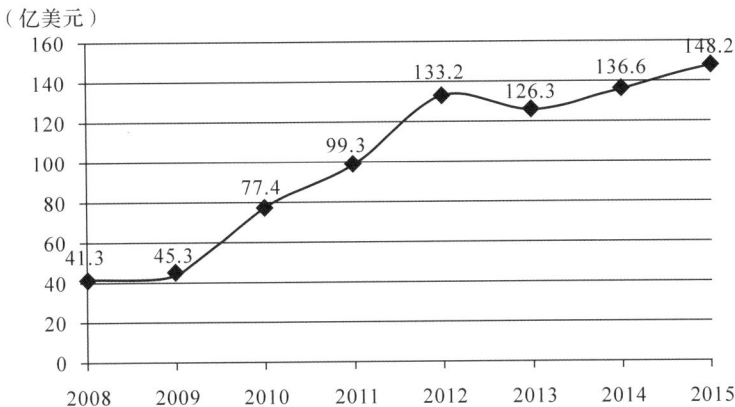

图 4-1 中国对"一带一路"沿线国家的投资流量情况
数据来源:UNCTAD 的 FDI 数据库,商务部。

中国对"一带一路"沿线地区投资规模占其吸收外资总量比例增长较快,占比从 2008 年的 1% 上升到 2013 年的 3.7%。但是,相对于沿线市场的潜在规模以及沿线地区与中国经济较强的互补性而言,中国投资占比还不高,还具有较大的发展空间。

(三)平台建设成效显著

"一带一路"建设倡议提出以来,中国在区域融资平台建设上取得了显著进展。2013 年 10 月,习近平主席提出了筹建亚洲基础设施投资银行的倡议,2015 年 4 月确定了 57 个国家为亚投行意向创始成员国,2015 年 12 月 25 日亚投行正式成立。亚投行是首个由中国倡议设立的多边金融机构,初期投资的重点领域主要包括能源、交通、农村发展、城市发展和物流五大方向,将在推动"一带一路"区域融资上发挥重要作用。2014 年 12 月,丝路基金成立,重点在"一带一路"地区寻找投资项目并提供投融资服务。亚投行和丝路基金将为促进"一带一路"地区的投资提供重要的资金支持。

境外经贸合作区和跨境产业区在"一带一路"建设中以点带面,是推动中国企业集群"走出去"与国际产能合作的重要载体和平台。中国正在 50 个国家建设的 118 个经贸合作区中,有 77 个位于沿线的 23 个国家。其中,有 35 个位于丝绸之路经济带上,42 个位于海上丝绸之路沿线。一些合作区在吸引企业入驻,促进产业链抱团投资,推动与当地合作方面已经发挥了积极作用。

三、中国对"一带一路"地区投资的主要问题和挑战

"一带一路"建设已由顶层设计进入推进和落实阶段,需要以更加务实的态度,切实解决存在的问题。制约中国对沿线地区投资的问题和挑战主要来自两个方面:一是沿线地区营商环境的挑战;二是国内投资促进机制的问题。

(一)沿线地区营商环境的挑战

"一带一路"沿线地区多为发展中国家,人口约为全球一半,但 GDP 总量仅为全球的 1/5,大多数国家的经济发展水平在区域平均水平以下,营商环境相对较差。

一是沿线地区基础设施和产业配套平均水平较低。受经济发展水平的限制,沿线大多数地区交通、通信、物流等基础设施和配套条件较为薄弱,原材料进口、产品生产和运输均存在不同程度的困难,与部分产业投资落地条件仍有较大差距。在世界银行物流绩效指数的基础设施指标中,沿

线国家平均为2.7分,70%的国家低于全球平均水平(2.91分)。沿线大多数国家铁路里程与国土面积之比(即铁路网密度)在1%以下,而欧盟、日本等地区和国家则超过5%。

二是沿线地区资金缺口较大,融资条件较差。基础设施建设投资需求旺盛,对资金需求量大,除了来自亚投行、丝路基金等的支持,仍需要沿线国家提供配套资金。但沿线国家大多数经济发展水平较低,融资机制不发达,能够提供的配套资金也很有限。

三是沿线地区政治风险普遍较高,人员和投资安全堪忧。不少国家治理能力较弱,政局不稳,政策法律多变,政府随意变更合同甚至政府换届后不承认上届政府承诺项目的情况经常发生。在一些地区,不仅投资进入和成本收回具有较大不确定性,人员安全也难以得到保障。

四是尽管"一带一路"倡议明确和平发展和兼容并包的共建原则,仍有国家对于中国大国地位戒心重重,担心中国投资影响其政治和经济安全,从而对中国投资设置了各种门槛。

五是缺乏高水平的投资促进、国际沟通与协调机制。沿线国家经济发展水平和文化、制度差异非常大,地缘政治复杂,区域层面的高水平经济一体化建设滞后,缺乏以本地区成员为主的、具有广泛代表性的多边自贸安排和高水平的投资促进、国际沟通与协调机制。中国与沿线地区的大多数国家虽然签署了双边投资协定、避税协定,但大都签署时间较早,已经不适应当前促进和保护投资的需要。

(二)国内投资促进机制的问题

在"一带一路"建设的推进与落实阶段,着力解决好国内投资促进机制的问题不仅有助于对沿线投资的顺利开展,也有利于发挥倡议提出国的示范作用,更好地推进区域合作机制建设。目前,制约中国对沿线地区投资的机制主要在投资管理、融资服务、风险保障和信息人才服务等方面。

一是投资管理制度"重审批,轻监管"。一方面,中国目前实施的"备案为主,核准为辅"的境外投资管理制度,以事前审批备案为主,管理便利化水平仍有较大提升空间。企业投资仍需经多部门重复审批,周期较长。企业对外投资仍需留足至少七个工作日的审批时间,在国内完成所有管理流程至少需要一个月。另一方面,中国的境外投资管理主要注重事前管理,投资后的监管比较薄弱。对企业的境外行为管理主要依赖文化、社会责任等领域的一些规范和引导性文件,对企业行为缺乏硬性约束和有效监管。尤其是在基础设施建设领域,海外恶性竞争现象普遍存在。部分企业违背社会责任,与东道国的矛盾冲突事件也时有发生。中国作为全球最大的发展中国家,尤其是作为倡议提出国,出现类似问题容易造成误解,不利于多双边合作机制的推进,也难以实现互利共赢。

二是融资机制不能满足需求,国际竞争力低。沿线大多数地区资金不足,融资机制落后,中国企业投资主要依赖国际资金和中资银行。然而,中资银行在沿线地区布点不足,融资产品品种少、费用高,与企业实际需求有较大差距。此外,中国的融资竞争力也不具备国际竞争力,如中国的优惠利率为2%~3%,而日本为其企业提供的海外援助的低息贷款利率仅为0.2%。

三是风险保障机制严重不足。沿线地区的投资风险普遍高于发达地区,保障人员和投资安全成为企业投资沿线区域的首要考虑。一方面,中国未与沿线国家建立有效的投资补偿制度,与一些国家签署的双边投资协定等制度框架历时已久,对投资补偿的约定已经不适应当前需求。另一方面,中国针对海外投资的商业保险机制也非常不健全,境外投资保险机构单一,保费率较高,品种较少,难以为企业在沿线国家的投资安全提供充分保障。

四是对沿线地区投资的信息服务和人才服务严重缺乏。沿线国家经济发展水平和国情差异较大,不少国家政局、政策变动快,对投资信息的需求水平较高。目前,中国投资信息的服务水平与企业需求仍有较大差距,中介机构、行业协会发挥的作用也比较有限。此外,沿线国家与中国语言差异较大,语种繁多,投资企业对语言、管理、技术人才需求较大,国内还没有建立起相关人才培养促进机制,缺乏国际化人才。国内也还没有形成人员签证等方面的便利化服务措施。

四、促进中国对"一带一路"地区投资的战略重点

应把握好投资的总体目标、投资布局、投资模式,以及国内投资促进政策和国际协调机制等战略重点,务实推进中国对"一带一路"地区的投资。

(一)明确投资总体目标

在中国与世界经济的关系深度融合、中国对外投资快速发展的当前阶段,促进对"一带一路"地区的投资不是一般意义上的低端产能转移。作为倡议提出国,中国对沿线投资应率先以"合作、共赢"为出发点,倡导"科学投资、规范投资、绿色投资",以引领区域经济发展,提升中国在全球价值链中的位置,实现全面提升中国对外投资国际竞争力的总体目标。

(二)构建区域产业布局

一是促进国际产能合作和基础设施投资,加快中国投资在沿线区域有序布局。"一带一路"沿线大多数地区经济发展程度较低,基础设施水平低,工业体系较不完善,进口依赖程度较高,但是近年来城镇化发展速度较快,可以发挥中国在制造业和基础设施建设领域的优势,促进建筑业、装备制造业、基础设施材料、交通运输设施的建设运营等部门"走出去",加快推动中国钢铁、建材、化工、汽车、机械、轻纺等优势和富余产能在这些地区进行有选择的布局。沿线地区资源能源充裕,可推动电力、水利、石油、矿产

等资源能源部门在沿线地区投资,推进开展就地就近加工转化等合作。应加快农林牧渔等领域和新兴产业的投资合作。

二是推进人民币国际化,推动金融机构加快"走出去",提升在沿线地区的金融服务能力。加强与沿线地区的金融合作,推进贸易投资的人民币结算,逐步建立和完善外币与人民币直接挂钩的汇率形成机制,强化人民币参与大宗商品的计价功能,扩大人民币的使用流通范围。放宽对中资金融机构境外投资的限制,鼓励金融机构到沿线地区投资设点,推动国内外企业的信用体系建设,惠及更多民营企业,提高金融服务的便利化水平。

三是促进文化、旅游、教育等服务领域投资。沿线地区历史文化丰富,加强对这些领域的投资不仅能获得经济效益,而且有助于增进文化融合,促进民心相通,增强国家间的政治互信,有利于减少摩擦,形成中国对外投资的友好环境,并与其他产业投资相互促进,相得益彰。

(三)优化投资模式

一是鼓励产业链配套和企业抱团"走出去"。大型企业应带动产业链上下游企业共同"走出去",促进原材料、零部件、设备和服务的国内国外联动发展,提升全产业链的国际化水平。中资企业间应加强协调合作,避免恶性竞争,有序投资,形成合力。

二是以重点项目带动一般投资"走出去"。充分发挥重点项目的示范引领作用,打造良好口碑,在沿线地区形成对中国投资的友好环境,带动更多中国投资"走出去"。

三是加强与当地企业共建、共享、共赢。东道国当地企业除了能够给中国企业带来当地知识和经验,对于增强互信、减少矛盾、降低风险也有重要作用。尤其是容易引发东道国抵制的大型资源能源投资,应重视发挥当地合作方的作用。

(四)完善国内投资促进政策和国际协调机制

一是根据对沿线地区投资的特点和需求,加快推进国内投资体制改革,在投资规划、管理、支持、服务等领域进行更好的制度安排,实施更加务实的投资促进政策。

二是推进与沿线地区的投资促进、保护与沟通协调机制建设。全球投资趋势正向高水平自由化发展,在区域层面的投资促进和沟通协调机制具备成熟条件之前,中国可在现有合作机制的基础上,加强协调沟通,加快与沿线地区全面建立多双边投资促进机制,提升投资的便利化程度,切实保障投资方权益。

五、促进中国对"一带一路"地区投资的政策建议

在现有顶层设计的基础上,对"一带一路"地区的投资促进政策应结合中国对外投资管理制度改革,针对"一带一路"投资特点,加强科学规划和引导,建立和完善便利化的监管制度、有力的政策支持和服务保障,以及有效的国际协调与沟通机制。

(一)加强科学规划和引导

一是加强科学规划。《愿景与行动》确定了"一带一路"沿线地区经贸合作的方向。在此基础上,建议有关部门制定"中国对'一带一路'投资指导规划",更新"对外投资国别产业导向目录",明确中国与沿线地区投资合作的主要方向、领域和重大项目安排。通过科学规划,加快与沿线国家形成高效合作的产业梯度和区域生产网络。

二是推动一批重点项目建设,发挥示范引导作用。以重点项目为突破口,能带动各类产业有针对性地"走出去",在沿线区域有序布局。应明确

国家级、省市级重点投资项目的清单和时间表,项目安排应充分考虑国别分布和东道国需求、产业优势和协同作用等因素,避免一哄而上,也要避免项目过度集中在少数国家。既要发挥中国在制造业和基础设施建设领域的优势,也要推动文化、教育、旅游等领域的企业"走出去",促进民心相通,增强与东道国的政治互信,创造良好的投资环境。

三是完善投资信息服务体系。沿线地区国情差异较大,政局和政策不确定性较强,企业对投资信息服务的时效性、深度等均有较高要求。应鼓励科研院所、驻外机构、行业协会等加强对"一带一路"国别的深入研究,对投资环境和政策变动保持深度跟踪,利用好公共服务平台定期发布国别研究报告和国情监测报告,帮助企业掌握情况、规避风险。还应大力培育和发展中国的咨询、会计、法律等中介行业,鼓励中介机构"走出去",为企业提供高水平的专业化服务。

(二)推进投资管理制度改革

一是审批制度应逐步向"事后备案制"过渡。中国目前建立了"备案为主,核准为辅"的境外投资管理制度,以事前审批备案为主,管理便利化水平仍有较大提升空间。未来在对统计、融资、外汇管理、风险管理等制度进行更系统化的统筹安排的基础上,可以逐步实施以"事后备案制"为主的审批制度,明确各审批备案部门的权责,允许企业投资后再备案,提升投资管理的效率,帮助企业抢抓投资机遇,降低投资成本。

二是建立切实有效的投资监管体系。中国的境外投资管理偏重于事前管理,投资后的事后监管体系比较薄弱。尽管在文化、社会责任等领域已经出台了一些规范,但主要是引导性质,对企业行为的约束力非常有限。随着中国经济地位的提升,尤其是中国作为"一带一路"建设的倡议提出国,加强对本国企业境外投资的监管,不仅能够发挥示范作用,更有利于提升中国投资企业的国际形象和影响力,减少投资摩擦和矛盾。建议明确境外投资的监督机构,加强对企业投资行为的约束:一方面,加快信用体系建设,记录企业在国内外的信用情况,将其与企业的国内外融资、税收等体系挂钩;另一方面,在倡导海外中资企业加强社会责任意识的情况下,仍需完善黑名单制度,对于投资行为严重影响中国投资形象的企业加大处罚力度。此外,还应充分发挥行业协会在行业监督自律方面的作用。

(三)加强政策支持与服务保障

一是加大金融支持。"一带一路"沿线国家的金融业平均发展水平较低,应在人民币国际化、融资支持等金融服务上给予企业更大支持。应扩大人民币在沿线地区的流通和使用,加快与沿线国家签署货币互换协议、跨境本币结算清算合作协议,加快推进人民币对资源能源的计价功能。扩展资金渠道,吸引私人资金投资,丰富投融资模式。调整海外援助计划,扩大向沿线区域的援助范围。继续完善海外投资的政策性贷款,继续拓展利率优惠空间,增强国际竞争力。充分发挥亚投行和丝路基金等机构和平台的资金支持作用,扩大企业受惠面。支持金融机构在沿线地区设立网点,拓展服务范围,为企业提供清算、汇兑、融资等便利化服务。

二是加大税收和通关支持。建立鼓励企业到沿线地区投资的税收机制,加快双边避税协定在沿线国家的全覆盖。对企业境外投资所需的重要零部件、设备和技术的出口采取税收优惠和通关便利化等鼓励性措施。

三是加强跨境和境外投资平台建设。目前,国内各省市和企业建设跨境和境外产业园区的积极性很高,但由于这类园区建设存在组织协调和运营管理的风险,各园区的发展水平存在较大差异。下一阶段应对园区建设进行产业规划与引导,出台合作区建设的制度规范和政策指导,实现园区的科学规划和合理布局,全面提升境外园区的经营管理水平。还应加大对园区在金融、通关便利化等领域的政策支持,通过投资协定等多双边制度保障境外投资平台的权益。

四是加强风险管理。沿线地区平均风险水平较高,保障人员和投资安全至关重要。必须加快完善境外投资的风险管理机制,增强对境外投资风险预警和应急处理的能力。应鼓励和支持保险机构"走出去",提高境外商业保险的便利化服务水平,为企业提供种类丰富、成本较低的保险服务。要加强风险评估,控制重大项目风险。

五是加强人才保障。"一带一路"沿线地区国情差异较大,投资环境各具特点,企业对熟悉沿线国家语言、经济社会制度等领域的人才需求旺盛,同时,与沿线的产能合作也需要大量的管理和技术领域人才。因此,应加强对相关领域的人才培训,引导高等教育、职业教育提供专业和技能培训,建立和完善与沿线国家的联合培养制度,为企业提供丰富的人力资源。

(四)加强国际协调与沟通

一是加强各层面的沟通与联系。"一带一路"沿线各国制度差异大,项目衔接难度较高,要使投资顺利推进,必须加强与沿线国家全方位的交流、沟通与合作,建立和完善政府间多双边常态化联合工作机制,提高政治互信和合作水平。推进各类非政府在文化、教育等领域的交流,促进民心相通、相融,营造良好的投资氛围。

二是加快推进多双边投资促进制度建设。加快商签和全面升级与沿线国家的双边投资协定,提高投资自由化和权益保障的水平。对条件成熟的国家,可以实行准入前国民待遇加负面清单的高水平自由化规则。加快推进与沿线国家签署自贸协定,构建中国与沿线地区的自贸区网络,提升贸易和投资自由化水平。随着区域治理的不断成熟,可在现有区域和次区域合作机制的基础上,推进沿线区域层面的合作机制建设。

三是加快沿线大通关机制、国际物流大通道和人员绿色通道建设。推进沿线区域在通关、认证、标准等领域的合作,提升区域生产网络的运营效率。协商出台简化与沿线地区在人员签证等方面的便利化措施。

第五章 中国与"一带一路"沿线国家产能合作研究

随着新一轮基础设施建设与工业化浪潮在全球的兴起,以产业融合、能力共享、文化互通、政策协调等为特征的国际产能合作在世界各国深度互融的大背景下顺势发展起来。中国与"一带一路"沿线国家的产能合作是这波国际新浪潮的重要组成部分,其目的在于以"开放、合作、共赢"的原则,提升中国的全球分工地位及全球影响力、加速沿线落后国家的工业化进程、改善目前的国际分工及国际治理格局,以实现全球经济的健康和可持续发展。但中国与沿线区域国家的合作也存在诸多问题。因此,中国应以更加开放的姿态,提高货物贸易和服务市场的开放度;着力推进若干见效快的项目,形成示范效应;加大自贸区和境外合作园区建设,为产能合作营造有利的经贸投资环境;培育有竞争力的大型跨国公司,为落实产能合作提供微观基础,以此来支撑中国与"一带一路"沿线国家产能合作的长远健康发展。

一、中国与"一带一路"沿线国家开展产能合作的重要意义

随着新一轮基础设施建设与工业化浪潮在全球的兴起,以产业融合、能力共享、文化互通、政策协调等为特征的国际产能合作在世界各国深度互融的大背景下顺势发展起来。国际产能合作强调的各国间优势能力的合作,重点在于以"开放、合作、共赢"的原则,提升先进国家的工业化质量,加速落后国家的工业化进程,进而推动各国实体经济的发展,为世界经济的健康持续发展注入新的活力,提供坚固有力的支撑。

中国与"一带一路"沿线国家的产能合作是这波国际新浪潮的重要组成部分。升级相互之间的经贸投资关系是沿线国家未来共同面临的最重要的发展议题之一,不仅对参与方自身的经济增长具有重要意义,而且将对整个国际分工格局和国际治理格局的改善发挥积极的作用。

(一)对中国的重要意义

1. 提升中国的国际分工地位

首先,比较优势的改变需要中国加快转型升级。

数据显示,中国是国际产业分工和全球价值链生产网络建设的主要赢家之一。1995—2011 年,中国以增加值标准核算的出口额的年均复合增长率为 16.3%,远高于同期全球其他国家平均 6.7% 的增速(见图 5-1)。中国在全球增加值出口份额中的比重也从 3.3% 提高到 11.8%,升幅达 8.5 个百分点。

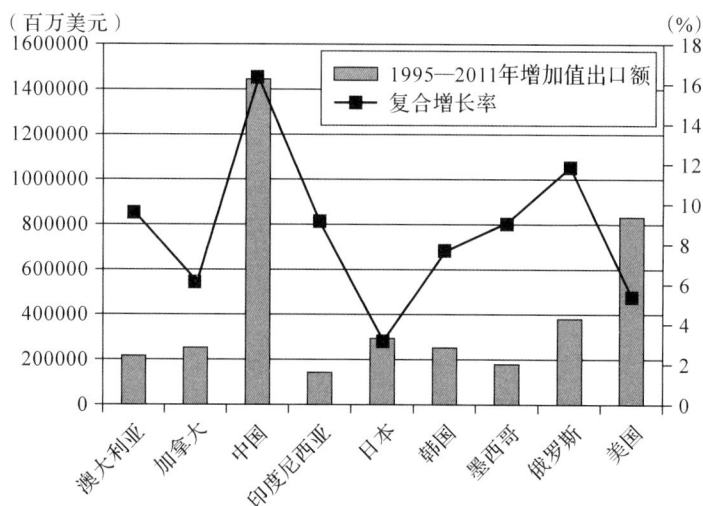

图 5-1　1995—2011 年主要经济体增加值出口的变化
资料来源:世界投入产出数据库(WIOD),"APEC 地区贸易增加值核算及相关政策研究"课题组。

但长期以来,中国是以低成本劳动力的比较优势介入全球价值链分工体系中的,从事的是价值链较低端的加工组装环节的生产活动,并且凭价格优势在国际市场上与其他国家开展竞争,以此奠定了中国贸易大国的地位,也为中国经济的腾飞插上了翅膀。随着中国比较优势的动态变化,靠低成本介入国际分工体系的优势已逐步丧失。同时,国内产业、贸易结构升级转型的迫切需求也对中国提升产业价值链分工地位提出了新的要求。

其次,现有的由发达国家主导的产业链分工难以突破。

现有的国际分工体系发端于帝国主义殖民扩张时期,形成于第二次世界大战后的几十年发展过程中。它以发达国家的跨国公司为主导,发达国家占据价值链高端的关键环节,把控整个链条的利润分配关系,而发展中国家则填补低附加值的生产环节,赚取劳动力的价值。国际产业分工体系一旦形成,就会形成较强的"锁定效应",各国会依照原始分工培育出相应的产业配套能力,促使这种分工结构不断得到自我强化,凭一国之力很难做出改变。发达国家很难为促进国内就业而进行再工业化,发展中国家也不易在原有价值链上向高端环节转移。因此,以劳动密集型加工环节起步的中国,要实现产业转型升级,必须在更大范围内配置资源,利用市场。

再者,通过与"一带一路"沿线国家合作,可以提升中国的价值链地位。

"一带一路"沿线65个国家大多属于经济相对落后的国家,以占世界63%的人口创造的价值只占全球总体份额的16.56%(见图5-2),居民平均收入不到世界平均水平的一半。沿线国家工业化水平普遍不高,很多是资源能源型国家,且整个区域的生产网络建设较为落后。由图5-3可知,2014年,南亚、东南亚、西亚、东盟及欧洲新兴市场国家的区域内贸易额只占各区域总体贸易额的9.88%、23%、10.06%、25.26%和13.23%,而与区域外国家的贸易则占绝大部分份额,这与欧盟及APEC等集团的贸易地理分布情况完全相反,后两者的区域内贸易占比分别达到62.61%和68.09%,而与区域外国家的贸易只占剩余的37.39%和31.91%的份额。因此,"一带一路"沿线国家生产网络建设的潜力还有很大的可挖掘的空间,中国可以凭借自己在工业化进程中积累的资本和技术优势,通过与这些国家进行产能合作,形成一条以中国企业为主导的价值链,从而实现国际分工地位的提升。

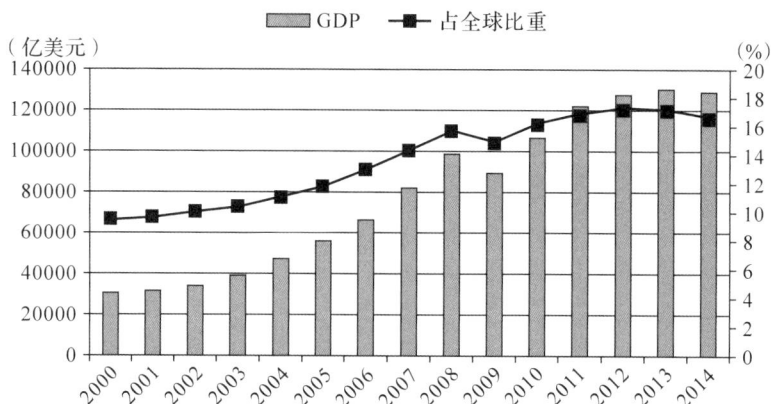

图 5-2　"一带一路"沿线国家 GDP 及占全球的比重
资料来源：Wind 资讯。

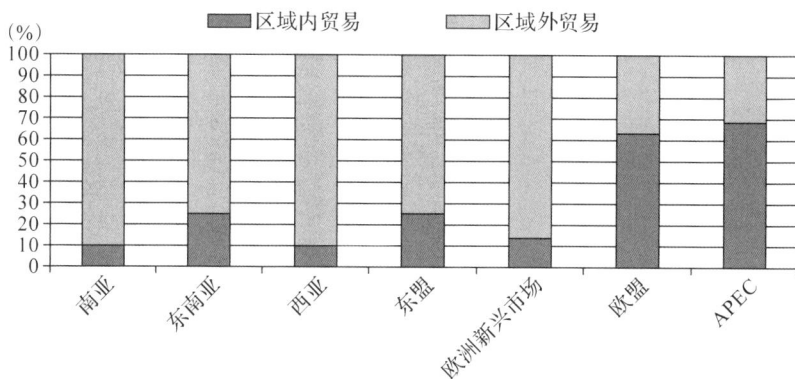

图 5-3　2014 年各区域集团的区域内贸易与区域外贸易结构占比
资料来源：UNCTAD 数据库。

2. 提升中国全方位开放水平

中国的对外开放政策已实施了将近 40 年，在此期间，东部沿海各省市的经济在对外开放政策的驱使下获得飞速发展。但是，内地非沿海沿江地区因为受制于地理位置及交通方面的劣势，开放水平及发展活力与东部沿海地区相比有较大差距。而"一带一路"倡议则规划了一个大的经济走廊，不仅要把包括中国在内的 65 个甚至更多的国家串联起来，同时也力图打破中国内地各区域的相对封闭状态,真正实现国家全方位、高水平的开放格局。目前,中国已开通了渝新欧、郑新欧等多条货运班列,将欠发达地区的生产优势与东部和"一带一路"沿线国家的市场需求结合起来,为内陆地区的货物贸易打开了新的渠道,借以提振内陆地区的经济发展速度。

3. 提高中国的国际影响力

产能合作虽然仍旧要以贸易投资为主要实施载体,但更强调"共商、共建、共享"的开放原则,既为中国打开了发展空间,也把中国发展的红利释放到沿线区域的所有国家,体现了中国的大国责任意识。以中国筹建亚投行为例,国际社会的强烈响应不仅是对"一带一路"倡议本身的支持,更重要的是体现了中国的全球影响力提升所带来的积极变化。一个国家全球影响力的提高靠的不是简单的宣传,也不仅仅是自身经济实力的强大,更重要的是这个国家能为全球提供多少公共产品,能为其他国家在消除贫困、促进社会经济发展中提供多少实质性的利益。可以说,国际产能合作是中国通过经济领域进入全球治理的快速通道。

(二)对沿线各国的重要意义

1. 促进"一带一路"沿线国家的工业化进程

"一带一路"沿线国家包含有发达国家,如新加坡,但更多的是像菲律宾、哈萨克斯坦一样的发展中国家,甚至还有孟加拉国、缅甸等最不发达国家。对后者来说,实现国家的工业化、促进经济增长是目前面临的首要任务。中国与"一带一路"国家的产能合作不能采用商品倾销或轻工业领域投资这种旧有的模式,合作要以推动对方国家的工业化进程为目标。"一带一路"沿线国家工业化的实现必然要依赖于必要的机器设备投资和基础设施建设,而中国在设备生产和工程建设方面积累了大量的技术和资本,双方的产能合作不管是以贸易投资的方式,还是以技术转让的形式,都必然能对相关国家的工业化进程起到巨大的助推作用。同时,帮助后发国家实现工业化也能为中国的先进制造业提供重要的出口市场,推动中国产业结构的升级。

2. 为沿线国家的货物出口提供重要的市场

中国是"一带一路"沿线国家重要的出口市场。由图 5-4 可知,2009—2014 年,中国自"一带一路"沿线国家进口的货物金额从 2190 亿美元增长到 4836 亿美元,5 年间增长了 120%,高于中国总体进口 90% 的增长水平,在中国进口总额中的比重也实现了从 21.77% 到 24.68% 的增长。同时,沿线国家对华出口占其全部出口的比重也在不断提高,从 2005 年的 5.2% 提高到 2014 年的 8.9%(见图 5-5)。随着中国市场的逐步开放,关税和非关税壁垒等市场保护措施的不断削弱,以及中国与区域集团或单个国家缔结更多高水平的自由贸易协定,中国将为"一带一路"沿线国家的产品提供更加广阔的市场。

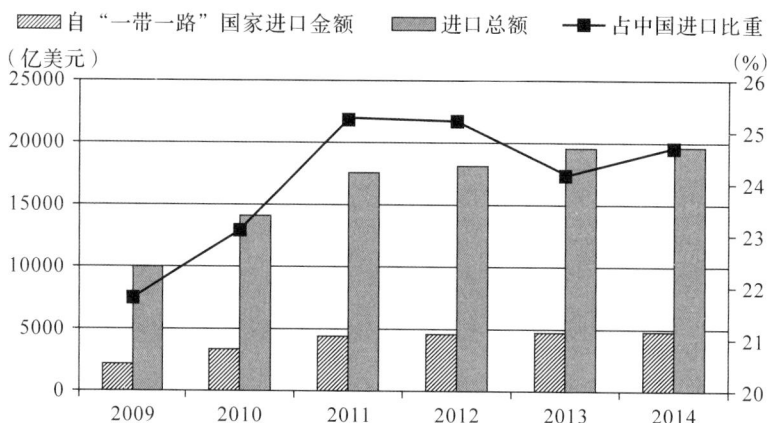

图 5-4　中国自"一带一路"国家进口及占中国进口总额的比重
资料来源:UNCTAD 数据库。

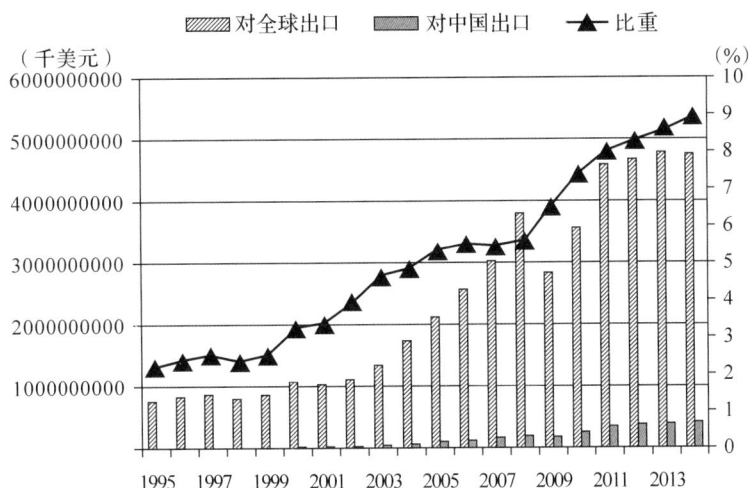

图 5-5   对中国出口占"一带一路"国家对全球出口的比重
资料来源：UNCTAD 数据库。

3. 提高沿线国家整体的国际话语权

目前，"一带一路"沿线国家市场较为分散，虽然已建立了不少自由贸易区或关税同盟组织，但并没有形成统一的大市场，相互之间经贸联系的不足导致各国沟通不足，很难在国际舞台上将各自的利益诉求凝聚成一股强有力的声音。而国际产能合作则提供了一个合作平台，把不同地区、不同发展层次的国家联系起来，形成一个较为统一的大市场。2014 年，"一带一路"沿线国家的经济总量占全球的比重为 30%（见图 5-6），这个占比虽然并不与人口规模、地域规模等相匹配，但沿线国家的经济增长率要远高于其他地区及全球平均水平（见图 5-7）。随着统一市场的建立，这些国家的整体经济体量增长必然会带来其在国际上的话语地位的提高，从而为自己争取更多更公平的发展机会。

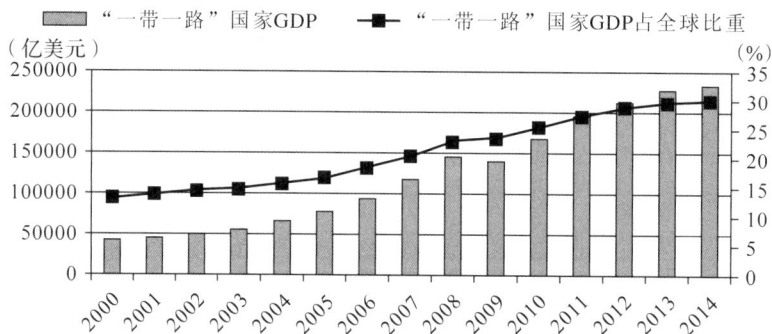

图 5-6 "一带一路"国家 GDP 及其占全球的比重
资料来源：Wind 资讯。

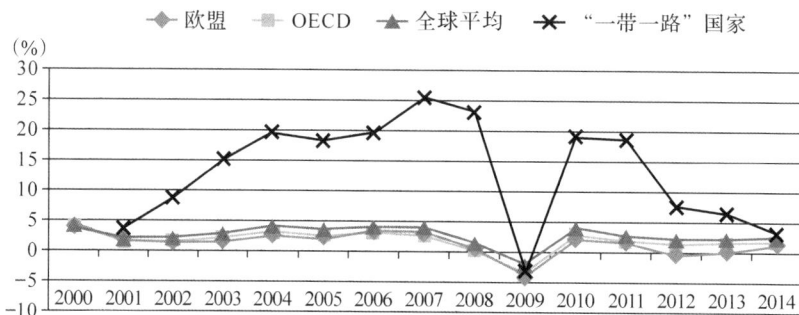

图 5-7 全球部分主要区域的经济增长率对比
资料来源：UNCTAD 数据库，Wind 资讯。

(三)对全球的重要意义

1. 改变现有的国际分工模式

目前，全球产业链是由发达国家的大型跨国公司所主导的，这些行业巨头在为自己创造巨额利润的同时，也为当地带来了经济的增长和就业的增加。但这些跨国公司却饱受当地民众诟病，根本原因是企业在追求利润最大化的同时，没有考虑到外部效应，忽视了个人成本与社会成本、个人利益与社会利益的差别，弱化了对当地社会发展应尽的义务，从而导致当地民众的强烈抵制。当前的国际分工其实仍是帝国主义时期旧式分工体系的延续,是文明中的殖民主义。中国目前倡导的国际产能合作所强调的"共享"不仅仅在于给当地经济带来绝对增长,而且更要实现均衡的增长,要把纯粹以利益为导向转变为以实现经贸发展的长期可持续性为目标,打破固有的分工模式,开辟一种新的国际分工模式,而这也必将使中国站在道德的制高点上。

2. 促进全球经济的协调发展

经济全球化是当今世界经济的重要特征,但同时经济发展的马太效应也是这一过程中的典型伴随物。世界舞台上强者更强弱者愈弱的趋势不仅阻碍了全球经济的健康协调发展,也给地区安全及世界和平带来了巨大隐患。这在一定程度上源于世界并不是一个统一的市场,还有很多欠发达内陆地区没有融入这个共同市场中。而"一带一路"倡议中的产能合作战略将打通贯穿亚太经济圈和欧洲经济圈的通道,将沿线地区的优质资源与全球市场整合起来,促进全球经济的协调发展。

3. 改善国际治理格局,共同应对全球问题

传统的国际治理格局主要是强国主导、大国配合、小国随从,靠的是主导国的强权意志对其他国家的支配力。这种模式对于解决某些问题来说是可行的,但随着全球化的深入发展,很多国际问题超越了国别的限制,比如环境保护、核安全、海洋安全等问题,单靠主导国的支配而不考虑其他国家的利益,是很难得到实质性解决的。但是,国际产能合作将以各国经济与人文交流的深度融合为要旨,没有大国与小国、强国与弱国的区别,以实现国际问题的"共治"为目标。这是对命运共同体、责任共同体的具体落实,是对解决全球性问题的一种新的实践。

二、中国与"一带一路"国家进行产能合作的现状及存在的问题

(一)产能合作方式单一,与沿线国家战略不对接

"一带一路"沿线国家有很多是资源能源型经济体,尤其是中东及中亚地区,蕴含着丰富的石油、天然气和矿产等资源。中国过去与这些国家的产能合作多体现为以低附加值制造品换取能源资源的形式。2014年,中国自"一带一路"沿线国家进口的初级产品占到全部进口的61.8%,而出口到这些国家的工业品在全部出口中的比重更是达到了92.4%,这是以比较优势为基础进行国际分工的必然结果。在这种合作模式下,中国与"一带一路"沿线国家的贸易规模迅速增长,2008—2014年,双边贸易额从5931亿美元增长到11206亿美元,6年间增长了近两倍,占中国对外贸易总额的比重也稳步上升到26.05%。但伴随而来的是双边贸易失衡的急速扩大,中国贸易顺差的地位不断得到巩固,从2008年的692亿美元增长到2014年的1535亿美元,在中国对外贸易顺差总额中的比重也由2008年的23.23%上升到了2014年的40.07%。

严重失衡的贸易破坏了双边合作的可持续性。一是引发了中国与沿线国家的贸易争端,据WTO的数据统计,2006—2015年,中国作为被诉方的贸易争端有34起,其中涉及"一带一路"沿线国家的就有24起;二是中国大量进口能源资源并在国内进行加工生产,这在一定程度上带来产能过剩的同时,也给生态环境造成了严重的破坏;三是这种模式由于不能契合各国要实现经济转型发展的实际战略需求,所以对当地经济发展及民生就业的作用有限,削弱了伙伴国的合作欲望,影响了合作的长期性。

中国的能源安全不一定要靠简单的资源进口来保证,通过向当地投资建厂,进口经过初级加工的工业制成品,可以最大限度地避免以上三个问题,获得"一石三鸟"的效果。例如,中国石油天然气集团公司(简称中国石油)在哈萨克斯坦境内为该国建立了第一个炼油厂,生产的产品再通过贸易方式销往国内,这就为国家的能源安全提供了更为牢靠的保障。

(二)中国关税壁垒过高,过于保护国内市场

"一带一路"沿线国家在中国的出口市场中占有重要地位,但中国却并非"一带一路"国家的主要出口目的地。2014 年,中国对"一带一路"国家出口占中国货物出口总额的 27.2%,但中国自"一带一路"国家的进口只占到后者全部出口总额的 8.9%。这种反差一方面源于双方贸易结构的差异,另一方面也是中国关税壁垒较高的体现。2014 年,中国全部产品的平均关税率为 10%,与欧盟 5%、美国 3.5% 和日本 4.6% 的平均关税率相比明显偏高,在有统计记录的"一带一路"国家中,也只有 12 个国家的平均关税率高于中国。在农产品领域,中国的平均关税率为 15.7%,稍低于日本 18.2% 的水平,但与欧盟 12.5% 和美国 4.8% 相比,也还有一定差距。对于非农产品,中国的平均关税率为 9.2%,仍旧高于欧盟 3.9%、美国 3.3% 和日本 2.5% 的平均关税率水平。这表明,中国经济总量和贸易总量虽然规模很大,但对于其他国家来说,还不算是一个大的有效市场。中国在个别行业,如农业领域,还存在较高的贸易壁垒,这既不利于双边贸易的平衡,也不能解决中国的粮食供应问题,同时也不能真正为"一带一路"沿线国家提供足够的市场,真正促进其经济增长。

(三)政府与市场分工失当,制约合作水平及稳定性

开拓"一带一路"沿线国家市场蕴含着巨大的机遇,但同时也面临严峻

的风险与挑战,包括国家政治和政策风险、自然安全风险、经营风险、金融汇率风险等。这些风险与挑战会对中国与沿线国家的产能合作造成巨大的影响,需要双方防范风险,以保证合作的高水平及稳定性。不同的风险由于性质不同,需要由国家与市场进行分工,共同应对。一方面,政府要将能由市场发挥作用的领域放手给私人部门去做,比如对自然安全风险、经营风险和金融汇率风险等的应对,同时对于政治和政策风险等,则需要由国家承担更多责任,比如政府间的交流沟通、货币协调以及贸易投资壁垒的降低等;另一方面,也要兼顾政治性与商业性的平衡,开拓"一带一路"市场不是政治援助行动,而是商业利益主导的企业行为,很多建设项目前期投入大、预期收益不明朗、见效时间长,单靠企业的力量不足以应对前期风险,政府要做好基础性工作。

目前,国家与市场在产能合作中的配合并没有达到预期的效果。国家在政府层面的对接上力度不够,目前中国已签署的 14 个自贸协议中,只有 3 个来自"一带一路"国家,分别是中国—东盟 FTA、中国—新加坡 FTA和中国—巴基斯坦 FTA。所签署的双边投资协定层次不高,已不适应当前中国企业"走出去"的时代背景,不能有效保护中国企业在境外的投资安全及权益追溯,也不能为海外企业在华投资提供稳定有利的营商环境,一定程度上导致了中国对"一带一路"国家的直接投资近年来在海外投资总额中所占的比重出现下滑趋势。2014 年,这一比重下滑到 11.09%,较2012 年下降了 4.1 个百分点;同时,8.14% 的同比增速也低于同期中国对全球直接投资 14.17% 的平均增速(见图 5-8)。而中国吸收"一带一路"国家的 FDI 也极不稳定,波动幅度较大(见图 5-9)。这说明对于这些国家,中国作为理想的投资目的地的机制建设还不够成熟。

☐ 中国对"一带一路"国家FDI ☐ 对"一带一路"国家FDI同比增长
▲ 占比 ✕ 中国FDI同比增长

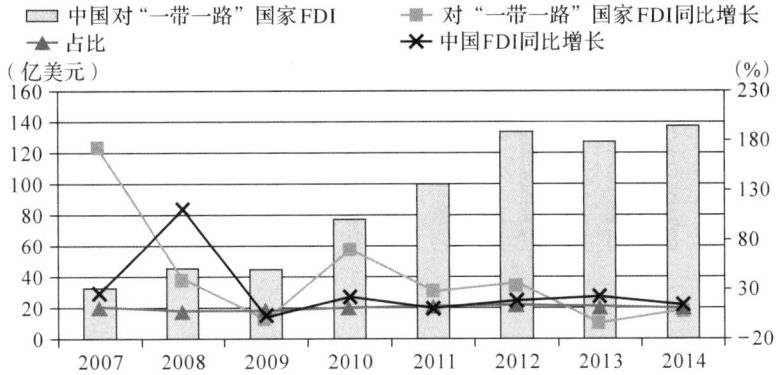

图 5-8 中国对"一带一路"国家 FDI 进展情况
资料来源：Wind 资讯。

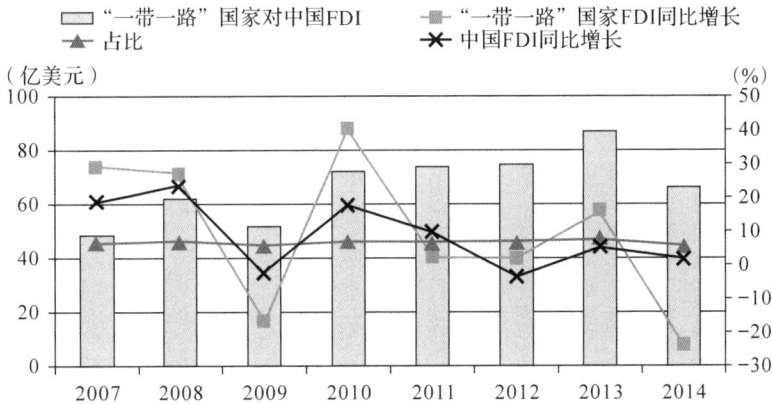

图 5-9 中国吸收"一带一路"国家 FDI 情况
资料来源：Wind 资讯。

相反,在一些应更多发挥市场作用的领域,比如保险市场,政府又管控过严,限制了市场的竞争。这既不利于国内保险市场的培育,又增大了企业的投保成本,降低了企业的投保积极性。其最终结果将是,中国专业服务领域的国际竞争力严重不足,企业海外经营的效率及风险防控能力又极为低下。

(四)企业社会责任承担不足,影响投资持续性

中国企业的海外投资还处于较初级阶段,多重视眼前短期利益,而忽

视长远考虑,致使企业对当地社会公共福利关注不足,影响了投资的可持续性,尤其是在环境保护和劳工权益上。许多"一带一路"沿线国家资源丰富,但生态环境十分脆弱,企业在进行资源开采的时候,经常因为缺乏保护意识和相应的治理技术,对当地环境造成严重的破坏,而这种破坏一旦形成,很难再恢复,即便可以得到适度恢复,也会是一项耗时费力的巨大工程。同时,中国的海外建设项目在给当地民众带来便利的同时,也会给生态环境带来巨大负担,而后者更为当地民众所担忧。许多"一带一路"沿线国家虽然整体经济发展水平不高,但保护生态环境的觉悟和意识都很高。这也导致一些原本很好的产能合作项目最终流产或夭折。例如,2011 年 9月,缅甸单方面宣布搁置由中国电力投资集团、缅甸电力部和缅甸亚洲世界公司所组成的合资公司对密松水电站的投资建设项目,原因就在于对生态环境可能遭受破坏的担忧。

另外,中国企业对员工的人文关怀也不够,不能充分尊重当地劳工的工作习惯。海外投资企业应加强对民心沟通方面的考量,确保企业在所在地的受认可度,以实现投资的长期可持续性。例如,中非发展基金在 2014年 12 月 30 日发起并举办了"携手中非你我他"主题活动,这个活动给相关企业的海外持续经营带来了巨大的积极影响。短期来看,可为熟悉非洲国家国情、业务开拓和项目管理挖掘资源,为基金业务本土化提供助力;长期来看,则为国家储备了熟悉非洲情况的各行各业人才,培养了未来非洲社会中坚力量和经营层对中国的感情和认同,使他们成为中非未来的经济友好使者和投资桥梁。

三、国际产能合作的可行性分析

国际产能合作具体实施的可行性及可能的实施效果要从经济、战略和政策这三个角度进行剖析,其中经济条件是基础,发展战略是指导,政策协调是支撑,三者缺一不可。

(一)经济互补性

"一带一路"沿线 65 个国家经济发展水平不同,相互之间的要素禀赋和经济产业结构差异很大,因此互补性很强,这是传统国际贸易理论中所论述的贸易发生的基础。虽然现代国际贸易理论更强调规模经济所带来的产业内贸易,但产业间贸易的重要性依旧能在中国与其他"一带一路"沿线国家的产能合作中得到最充分的体现。中国与"一带一路"沿线国家的经济互补性不仅体现在中国作为整体与不同国家的经济耦合度上,更体现在中国国内发展层次相异的不同省(自治区、直辖市)与各个国家的经济互动上。对于中国经济相对发达的东部沿海地区来说,可以利用其资本技术优势,加大对后发国家的制造业投资,这在加速后者工业化进程的同时,也能对自身的产业升级发挥"腾笼换鸟"的作用,更好地学习发达国家经验,发展高新技术产业;对于经济相对落后的内陆中部地区来说,则可以充分利用现有的劳动力优势,借助亚欧大陆桥的"东风",通过多条新欧货运铁路班列,扩大与沿线国家的商品贸易;对于沿边不发达地区来说,比如云南、新疆等省(自治区),则可以利用孟中印缅经济走廊、中巴经济走廊等建设项目,实现与中亚、南亚、东南亚乃至欧洲的经济联通,提升自身的开放水平。与此同时,各个国家经济技术的差异性也为开展资本、技术和市场的三方合作提供了可能性,如中法合作共同开发英国的核电项目就是一个很好的例证。

(二)战略契合性

国际产能合作的顺利开展依赖于各国发展战略的有效对接,需要在保证各个国家根本利益的前提下开展经贸投资等的互动,实现均衡的互利共赢。因此,在进行产能合作时,要根据不同区域的产业特征和发展诉求开展不同的项目,采用不同的实施方式。中国与"一带一路"沿线不同国家都面临着加快经济产业结构转型升级的战略目标,这为相互之间的产能合作提供了重要的指导。例如,中亚5国曾经有相对发达的工业基础,但目前工业化发展已经大大落后于其他地区,制造业面临转型升级,同时这些国家又在农业和资源能源领域有较强的传统优势。因此,一方面,中国可以通过先进机器设备出口或制造业海外投资,实现自身扩大出口与对方工业化发展的双赢;另一方面,可通过开放中国市场,进口对方国家农产品和资源加工品,在为其提供销售市场的同时保证中国的粮食供应。

又如,中东地区石油储量及产量巨大,但基础设施较差,加快铁路、机场、港口等基础设施的建设是该地区经济发展的重点战略之一。对此,中国与中东国家的产能合作可以通过石油贸易及工程劳务服务实现资金和产品的双向流动,满足各自不同的战略需求。

总之,中国与"一带一路"沿线国家有着充分的战略契合度,双方可以通过产能合作实现各自的战略利益。

(三)政策协调性

国家间的政策协调性会影响到国际产能合作的实际实施效果。中国与"一带一路"沿线国家之间共同及部分参与的合作机制和平台已有很多,比如东盟、中国—东盟FTA、亚洲合作对话、南亚区域合作联盟、大湄公河次区域经济合作等。但这些机制设置的初衷不同,涵盖的成员也不同,无法满足"一带一路"沿线各国进行产能合作的政策需求,导致政策协调性成为产能合作可行性分析中较为薄弱的一环,尤其是在通关便利化、投资保护、货币安排等的协调性安排方面。

首先,在通关便利化上,沿线国家的协调性不够,在单一窗口建设、信息共享、检验检疫认证的互认上缺乏必要或有效的政策对接,导致货物通关时间长、费用高、效率低,一定程度上抑制了贸易往来的积极性。

其次,在投资协定的签署上,中国目前已签署的双边投资协议有 132 个,其中涉及"一带一路"沿线国家的有 48 个。但这些双边投资协议签署的时间都较早,除了俄罗斯、以色列、伊朗、印度等 10 个是在 2000 年后签署的外,其余都是在 20 世纪八九十年代达成的。这些双边投资协定普遍层次较低,没有覆盖环境标准、劳工标准、投资保护等 21 世纪高标准自由化议题,对参与方企业的保护力度都不足。

另外,在货币安排上,截至 2016 年 2 月,中国已与 33 个国家签署了 3.3 万亿元人民币的货币互换安排,其中与"一带一路"沿线国家有关的协议总金额是 1.8 万亿元人民币,这与每年 1.1 万亿美元的双边贸易额及 100 多万美元的投资额相比,是远远不够的。

四、政策建议

(一)提高政策开放度

1. 降低关税壁垒,推动货物贸易发展

货物贸易依旧是国际产能合作的重要抓手,尤其是对于一个覆盖 65 个国家、人口 44 亿、经济总量 30 万亿美元的大市场来说。因此,打破贸易壁垒,实现市场的联通,推动商品货物的自由流动,对于提高区域内所有国家的整体福利有着至关重要的作用。中国目前的关税水平还较高,对国内市场的保护还过于严格。中国应以更加开放的姿态向沿线各国让渡一部分市场,这个开放对出口国来说意义重大,对中国来说也可以保障农产品等重要基础性产品的供应。同时,放开对沿线国家传统特色商品的进口,可在不冲击国内小生产商的同时,满足人们日益多样化的消费需求。

2. 开放服务市场,助推服务贸易发展

企业在与"一带一路"沿线国家进行国际产能合作的过程中,会面临诸

多风险挑战,需要借助大量的咨询、法律、金融、保险等外部专业服务的支撑,这是国际分工深入发展的必然结果,能有效提高企业的经营效率。同时,基于对文化、商业习惯等的考虑,包括中国在内的各国企业在寻求专业服务时,为了追求交易成本的最小化,都倾向于选择本国的服务提供商。因此,中国生产性服务业的发展情况将直接影响到中国企业海外投资的经营效率和经营安全。生产性服务业的发展状况及国际竞争力与服务业的开放度有直接关系。目前,中国服务市场的实际开放度明显偏低,不仅低于发达国家水平,与很多发展中国家相比也有较大差距。因此,应放开生产性服务业市场,引入竞争,提高服务业企业的经营效率和竞争力,为中国企业展开与"一带一路"国家的产能合作提供重要支撑。

同时,放开生活性服务业市场,促进生活性服务贸易的发展,推动中国的文化、教育、医疗等领域"走出去",加强相互间的人文交流,则可以增进彼此的信任度和认同感,实现民心相通,有利于保证产能合作的顺利推进和高水平发展。

(二)加强与沿线国家的政策协调

1. 加强贸易便利化政策协调

积极开展与"一带一路"沿线国家在单一窗口建设、信息共享、检验检疫认证的互认、关检合作等方面的政策沟通,简化通关流程,加快企业在口岸的通关速度,降低企业通关成本,缩短企业通关时间。同时,建立定期的沟通机制,不断完善监管措施,为保税展示交易、跨境电子商务、融资租赁、文化贸易等新型贸易业态的发展创造必要的政策环境。

2. 签署高水平的投资保护协定

一方面,国家应升级已达成的投资保护协定,增加新的议题,体现经济社会平衡发展的主题;另一方面,也要积极开展与其他沿线国家的投资保护合作,为参与方企业的海外投资提供安全可靠的经营环境。

3. 加强货币安排

国际产能合作过程中的金融汇率风险会给企业的盈利水平造成重要影响,中国应加大与"一带一路"沿线国家在货币上的合作力度,为相互间的国际产能合作提供重要保障,并在一定程度上推动人民币的国际化进程,因为这是中国真正由大国转为强国的必要步骤。

4. 加大自贸区和境外合作园区建设

中国与"一带一路"沿线国家进行产能合作既经济可行,又战略对接,但政策协调不足却成为落实倡议的重要制度缺陷。因此,下一步推进国际产能合作,需要各相关国家的政府加强在通关便利化、投资保护及货币安排等方面的沟通与协调,为双方企业营造尽可能好的贸易投资环境。

目前,中国已与"一带一路"沿线国家签署了3个自贸协定,包含11个国家,在当前已经启动或正在研究阶段的自贸区谈判中又引入了斯里兰卡、马尔代夫、格鲁吉亚、印度等共10个国家。在境外合作区建设方面,中国已在"一带一路"沿线国家建立了49个境外经贸合作区,未来还将推动近30个合作区的建设。这两个平台的搭建,能有效地调动中国企业与"一带一路"沿线国家的企业开展产能合作的积极性。前者通过与不同国家或地区达成具有针对性的高水平、综合性、利益大致平衡的贸易优惠安排,可在确保风险可控的前提下,为双方企业扩大生产、实现规模效益、增进合作提供最有利的环境,是中国推动新一轮深层次改革开放的重要发展战略。而后者则通过加强产业配套服务、增强企业集体谈判能力获取更多政策优惠以及提高应对风险能力等,大大降低了企业"走出去"的成本,为企业实现抱团出海提供了出路。因此,中国政府应大力推动自贸区及境外经贸合作园区的发展,为产能合作营造有利的经贸投资环境。

(三)着力推动若干见效快的项目,形成示范效应

与"一带一路"沿线国家进行产能合作是一项长期的系统性工程,尤其是在大型基础设施建设方面,需要前期审慎的研判及勘察工作。但作为政府层面提出的合作倡议,国家应做到长期稳扎稳打与短期营利性的兼顾,应着力开展若干项明星项目,力争快速取得成果,以体现产能合作的实际效果,形成示范效应。例如,中国在斯里兰卡进行的汉班托塔港和科伦坡港的建设项目,既满足了斯里兰卡对基础设施建设的需求,又为中国轮船在中东和非洲航线的安全提供了保障;中国在巴基斯坦瓜达尔港修建的项目,在显著带动巴基斯坦经济发展的同时,极大地增强了中国的能源安全和全球影响力。

(四)培育有竞争力的大型跨国公司

国际产能合作最终还是要落实到具体的企业合作上,尤其是体现在具有竞争力的大型跨国公司的海外经营活动上。因此,政府应把培育一批有国际影响力的跨国公司作为深化改革、扩大开放的重要目标。但培育有竞争力的跨国公司,不应简单地依靠传统的战略性贸易政策,即通过提供制度优惠和政策补贴来帮助其成长,而应通过营造良好的商事环境和竞争环境,帮助其树立开放、合作、共赢的经营理念,并将社会发展目标纳入企业的发展战略规划中,既适应国际化经营的新理念,又积极开辟国际企业发展的新道路。因此,政府要在税收、经营监管、人才培养等领域有放有收,制定合适的政策,为企业竞争力的提升营造良好的政策环境。

第六章 推进"一带一路"沿线国家的基础设施建设

"一带一路"沿线大多数国家的基础设施落后,建设资金需求量大,经济大多不发达,贸易规模不大,短期内难以靠市场机制投资建设、运营基础设施。而且,"一带一路"沿线国家的基础设施建设、运营面临较大的不确定性与风险。与国内基础设施建设相比,推进"一带一路"沿线国家的基础设施建设缺乏中心协调机制,需要付出较高的协调成本。针对"一带一路"沿线国家的基础设施建设的现状,应充分发挥亚投行、丝路基金等机构和平台的作用,撬动其他社会资本参与"一带一路"沿线基础设施建设。与此同时,要创造推进与"一带一路"沿线国家合作建设基础设施的条件,运用市场化机制推进"一带一路"沿线国家的基础设施建设。

一、推进"一带一路"沿线国家基础设施建设的重要意义

(一)"一带一路"沿线国家的基础设施建设是深化与"一带一路"沿线国家经济合作的基础

基础设施是经济发展的基础。较好的基础设施建设能降低物流成本,引导资源配置,并能进一步深化与"一带一路"沿线国家的经济合作。较好的基础设施建设有助于企业"走出去",深化中国与"一带一路"沿线国家的经济合作,产生物流、信息流、资金流、人文交流等,从而进一步降低物流成本,强化与"一带一路"沿线国家的经济合作互动。另外,提升"一带一路"沿线中亚等区域的基础设施建设水平,有助于中国向西的国际经贸发展,培育国际经济合作的新增长点。

(二)"一带一路"沿线国家的基础设施建设是推进"一带一路"区域合作的重点

经国务院授权,国家发展和改革委员会、外交部、商务部于 2015 年 3

月发布了《推动共建丝绸之路经济带和 21 世纪海上丝绸之路的愿景与行动》,提出"一带一路"建设的合作重点包括政策沟通、设施联通、贸易畅通、资金融通、民心相通。基础设施互联互通是"一带一路"建设的优先领域,要抓住交通基础设施的关键通道、关键节点和重点工程,加强能源基础设施基础互联互通合作,共同推进跨境光缆等通信干线网络建设。由此不难看出,"一带一路"沿线国家的基础设施建设是推进"一带一路"区域合作的重点。

(三)推进"一带一路"沿线国家的基础设施建设有助于沿线国家形成利益共同体,强化利益绑定

"一带一路"沿线国家基础设施薄弱,对基础设施建设抱有较高的期待。推进"一带一路"沿线国家的基础设施建设,深化与沿线国家经济合作,有助于沿线国家实现经贸良性互动,形成利益共同体,并形成"你中有我、我中有你"的格局,密切中国与沿线国家的合作。"一带一路"沿线国家通过基础设施建设打造利益共同体、命运共同体、风险共同体,形成利益绑定格局,有助于规范这些国家和利益相关主体的行为,形成明确的合作预期,从而进一步深化经济合作。

二、"一带一路"沿线国家基础设施建设的现状与面临的问题

影响"一带一路"沿线国家基础设施建设的因素有很多,比如"一带一路"沿线国家基础设施建设的标准和规范不一致。但是,影响"一带一路"沿线国家基础设施建设的重要因素主要包括以下方面:

(一)"一带一路"沿线国家的基础设施落后,建设资金需求量大,且尚不完善的基础设施建设机制远远不能满足需要

除了在铁路、公路等主要交通基础设施上实现了基本连接以外,"一带一路"沿线国家在其他方面的基础设施连接情况相对较差,有的还未起步。例如,在民航方面中国具备与中亚国家通航条件的大型机场少,直航线路少,这严重影响了物流的快速发展。"一带一路"沿线国家的基础设施建设资金需求量大。据亚洲开发银行测算,2020年之前仅亚洲地区每年基础设施投资需求就将高达7300亿美元。

虽然"一带一路"沿线国家已经开始探索投融资机制建设,比如针对基础设施投资的双边合作基金、亚投行等等,但是针对"一带一路"基础设施投资的双边合作基金数量、规模和融资能力都比较有限。例如,中国和东盟的投资合作基金一期募资规模10亿美元,东盟基础设施建设资金募资总规模不到10亿美元,世行和亚行每年可提供资金不足200亿美元。可见,"一带一路"基础设施建设面临的资金缺口较大。

(二)"一带一路"沿线国家经济大多不发达,贸易规模不大,短期内难以靠市场机制投资建设、运营基础设施

"一带一路"沿线国家经济普遍不发达。根据对"一带一路"沿线65个国家2014年GDP的统计,GDP规模超过万亿美元的只有中国、印度、俄罗斯,GDP规模超过千亿美元的有20多个。尽管目前中国是不少沿线国家的最大贸易伙伴、最大出口市场和主要投资来源地,且中国与欧洲陆上通道贸易的时间少于海上通道贸易的时间,但目前中国与欧洲陆上通道贸易面临物流费用偏高等问题,从欧洲很难揽到足够的回程货物,货源供应不足,空箱返运费用高,两次换轨拖延运行时间,口岸通道运力不足。2014年,中国对"一带一路"沿线国家的出口额达6370亿美元,"一带一路"已成

为中国最重要的出口市场,但中国还不是"一带一路"国家的主要出口市场。2014 年中国在"一带一路"沿线国家对全球的出口中所占的比重已经超过了北美(7.2%),但还明显落后于"一带一路"国家自身(36.5%)、西欧(22.7%)、东亚(14.5%)。中国对"一带一路"国家的贸易顺差正在扩大,这些国家短期内难以靠市场机制投资建设、运营基础设施。

(三)"一带一路"沿线国家的基础设施建设、运营面临较大的不确定性与风险

"一带一路"沿线国家的基础设施建设、运营面临较大的不确定性与风险,包括经济风险、项目市场风险、政治风险与自然风险。在这些不确定性与风险中,有些是客观的,比如自然风险,有些则是行为风险。这些不确定性与风险不利于运用市场机制建设、运营"一带一路"沿线国家的基础设施。尤其是市场主体,一旦预期到这些不确定性与风险的存在,将不敢进行投资。另外,"一带一路"沿线国家经济大多不发达,贸易规模普遍不大,这些都会提高单位物流成本。市场主体在有可选择的物流方式的前提下,将不会选择物流成本较高的物流方式,这样一来,就更不利于分摊基础设施建设成本,不利于基础设施的建设、维护。

(四)推进"一带一路"沿线国家的基础设施建设缺乏中心协调机制,需要付出较高的协调成本

"一带一路"沿线国家的基础设施建设,涉及的主体多,既包括多个国家和地区的政府部门,又包括私人主体,还涉及居民,还会影响到其他国家。各个国家的目标呈现差异性,同一个国家的目标与企业、居民的目标也存在差异性。要推进"一带一路"沿线国家的基础设施建设,不仅需要协调沿线国家的政府,还需要协调沿线国家的其他相关利益主体,促使这些主体达成一致性行动。相对于国内基础设施建设而言,推进"一带一路"沿线国家的基础设施建设,需要付出更高的协调成本。相比之下,国内基础设施建设,方便适用同一制度和法律、行政进行协调,协调成本较低。

(五)"一带一路"沿线国家在基础设施投资、建设、管理、运营等方面的能力难以满足相关需求

"一带一路"沿线国家基础设施薄弱,在基础设施领域投资、建设、管理、运营方面的经验不足,政府管理能力落后,相关制度建设滞后,当地居民对新建的基础设施有一个适应的过程,这在一定程度上不利于基础设施建设。据了解,非洲在建成首条高速公路后,当地居民不熟悉交通规则,加上当地政府缺乏相关管理能力,导致高速公路交通事故频发,给高速公路运营带来较大的压力,并对今后在非洲建设高速公路带来了不利的影响。

三、推进"一带一路"沿线国家基础设施建设应把握的原则

(一)充分考虑与"一带一路"沿线国家合作建设基础设施的可行性

一是应充分尊重"一带一路"沿线国家的意愿。与"一带一路"沿线国家的政府、社会资本合作,需要充分考虑到沿线国家的政府、企业、居民的诉求与意愿,并且满足与沿线国家的政府、社会资本、居民合作的激励相容条件。首先要充分考虑到合作的可行性与可能性。其次,在与"一带一路"沿线国家合作时,应充分考虑到沿线国家的经济发展水平、人文环境、制度环境以及国内政治结构等实际情况,选择合适的合作方式。

二是应充分考虑到第三国、国内利益集团的利益。与"一带一路"沿线国家合作,可能会对第三国、国内利益集团产生一定的影响。比如,与某个企业合作时,可能会改变另一个企业的相对市场地位,影响其收益。企业

为维持其市场地位,可能会采取不利于合作的行为。某两个国家加强合作,形成紧密的经济合作伙伴关系,也可能会影响第三国已有的利益格局,第三国可能会为维持现有的利益格局而采取不利于这两国合作的行为。

(二)创造推进与"一带一路"沿线国家合作建设基础设施的条件

由于"一带一路"沿线国家的基础设施建设涉及利益主体多,包括沿线国家的政府、社会资本、企业和居民等,要使这些主体对基础设施建设形成"一致性同意",需要付出较大的努力。应抓住关键,创造合作条件,实现激励相容。首先要共享合作收益。与"一带一路"沿线国家的政府、社会资本就基础设施建设开展合作时,需要从对方的角度出发,让沿线国家相关主体获得实实在在的收益。不仅要让沿线国家获得经济发展,还要让社会资本获得收益,更要让当地居民的福利得到改善,使沿线国家的政府、社会资本、居民都能获益,从而支持"一带一路"基础设施建设。其次要统筹平衡各方利益。在运用 PPP 模式推进"一带一路"建设时,既要统筹"一带一路"沿线国家的政府、社会资本的利益,又要统筹平衡沿线国家其他利益相关方的利益,防止因沿线国家国内利益相关方的利益大幅受损而影响合作的开展。

(三)运用市场化机制推进"一带一路"沿线国家的基础设施建设

在充分尊重市场主体意愿的基础上,运用市场机制推进"一带一路"沿线国家的基础设施建设。推进"一带一路"沿线国家的基础设施建设适合运用 PPP 模式。从国内外实践来看,运用 PPP 模式投资、建设、运营基础设施的经验较多,做法也比较成熟。像道路、机场、港口码头等基础设施,可以按照使用者的付费模式回收投资成本,并从使用者的付费中弥补运营成本。"一带一路"沿线国家的基础设施建设资金需求量大,但基础设施建设机制尚不完善。可以探索运用 PPP 模式,整合"一带一路"沿线国家的政府、社会资本力量,成立项目公司载体,一起推进"一带一路"沿线国家的基础设施建设。

(四)将"一带一路"沿线国家纳入利益共同体、命运共同体、风险共同体,推进基础设施建设

不确定性与风险是影响"一带一路"沿线国家基础设施建设的重要因素。因此,需要防范和化解"一带一路"沿线国家基础设施建设中的不确定性与风险。通过将"一带一路"沿线国家纳入利益共同体、命运共同体、风险共同体,使得这些国家同呼吸、共命运,这样才能更好地支持"一带一路"沿线国家的基础设施建设。

(五)将务实推进"一带一路"沿线国家的基础设施建设与谋划"一带一路"区域经济合作相结合

推进"一带一路"沿线国家的基础设施建设,既要务实推进,把握好当前正在推进的重点领域、环节,加快取得扎实的成效,又要立足"一带一路"区域经济合作的全局,从有助于形成"一带一路"区域市场网络出发,谋求在重要节点和重大基础设施通道建设上取得关键突破。

四、推进"一带一路"沿线国家基础设施建设的政策建议

(一)加强"一带一路"沿线国家政府间的合作

一是加强"一带一路"沿线国家政府间的合作,增强互信,降低不确定性与风险。通过高层政治交往,签署"一带一路"沿线国家的政府间合作协议,加强政策沟通协调,消除疑虑,达成共识,为"一带一路"沿线国家的基础设施建设创造良好的环境。

二是加强基础设施标准和规范的协调。普遍认可的基础设施建设的标准与规范,有助于降低建设标准与规范的协调成本。因此,推进"一带一路"沿线国家的基础设施建设,沿线国家首先要在基础设施建设的标准与规范上进行协调,包括技术标准、管理标准、制度标准等。

三是成立各种形式的国家间或地区间合作基金,强化利益绑定。可以在"一带一路"沿线国家政府层面,成立由这些国家出资的合作基金,专门用于基础设施建设。例如,亚洲基础设施投资银行就是一个能较好促进区域性基础设施建设的机构。今后可积极探索设立"一带一路"沿线国家的双多边合作基金,推进相关基础设施建设。

(二)积极探索运用 PPP 模式推进"一带一路"沿线国家的基础设施建设

1. 鼓励中国企业积极探索实施大型、综合、一体化的 PPP 项目,在"一带一路"沿线国家投资、建设和运营自贸区和各类园区

中国企业正在积极参与"一带一路"建设。目前,已有部分企业入股国外工业园区,参与工业园的开发、建设和运营管理,并且取得了较好的运营效果。今后,应借鉴相关企业在投资、建设和运营工业园上的经验,鼓励企业"走出去",运用 PPP 模式到"一带一路"沿线国家投资、开发、建设和经营、管理运作自贸区和各类园区等。可以根据需要,成立由中国企业与境外当地政府、境外当地企业等组成的运营公司。运用 PPP 模式在"一带一路"沿线国家投资、建设和运营自贸区和各类园区,是大型、综合、一体化的 PPP 项目,是 PPP 模式的创新。鼓励中国企业运用 PPP 模式在"一带一路"沿线国家投资、建设和运营自贸区,既能充分发挥企业在参与"一带一路"建设中的作用,又能为探索 PPP 模式提供实践样本。目前,中国虽然已推出了很多 PPP 示范项目,但在 PPP 示范项目中,大型、综合、一体化的 PPP 项目还较少,今后应大力发展这样的 PPP 项目。

2. 与"一带一路"沿线国家的政府、社会资本、企业等合作投资、建设和运营基础设施,防范与化解相关 PPP 项目中的不确定性与风险

运用 PPP 模式推进"一带一路"沿线国家基础设施建设,以及在"一带一路"沿线国家投资、建设和运营自贸区和各类园区,会面临政治、经济、自然、项目等各种风险。由于"一带一路"沿线国家的经济发展水平普遍较低,区域内贸易比重相对较低(赵晋平,2015),如果完全依靠社会资本投资、建设、运营"一带一路"沿线国家的基础设施,可能面临市场需求不足问题,会增加基础设施项目的投资、运营风险。另外,"一带一路"沿线国家内部利益集团竞争、政权更迭以及大国角逐等,也会对"一带一路"基础设施建设带来不确定性与风险。一旦社会资本、企业等预期到在运用 PPP 模式推进"一带一路"建设中存在的风险,可能会不利于合作的形成、维系。不确定性与风险是影响 PPP 项目落地情况的重要因素。相对于国内的 PPP 项目而言,由于"一带一路"建设跨越国界,"一带一路"建设中的 PPP 项目面临更大的不确定性与风险。有些不确定性与风险可以通过机制和制度设计等进行防范和化解,其中重要的举措就是与"一带一路"沿线国家的政府、社会资本、企业等合作投资、建设和运营"一带一路"基础设施。

参与投资是确保合作稳定性和持续性的可信承诺。参与"一带一路"建设国家的政府、社会资本和企业,作为出资方与受益方,为了收回投资以及间接地从参与"一带一路"建设中获益,会有动力约束并监督其他相关主体的行为。与此同时,"一带一路"建设还将推动沿线国家在经贸、金融、教育、文化等多领域进一步深化合作,实现多重利益绑定。多重利益和多领域合作,将进一步绑定利益,约束参与方行为,迈向命运共同体、利益共同体,强化和巩固合作的稳定性。

基础设施建设投资回收期长,因此必然会增强"一带一路"沿线国家在经济合作上的稳定性和长期性。"一带一路"基础设施建设投资大,回收期相对比较长。参与"一带一路"基础设施建设国家的政府、社会资本和企业为了收回投资,需要强化长期的经济合作,以经济合作带来人流、物流、资金流和经济发展。

投资的承诺效应、多种利益绑定、基础设施建设投资回收期长,成为参与"一带一路"建设国家的政府、社会资本和企业推动并守护好互联互通基础设施建设和深化经济合作的内在动力。

(三)以进一步深化与"一带一路"沿线国家经济合作作为推进基础设施建设的重要动力

在运用 PPP 模式推进"一带一路"沿线国家的基础设施建设中,如果"一带一路"沿线国家的经济发展水平不高,市场需求低,那么依靠市场机制将难以收回投资,此时社会资本参与的积极性不会太高。如果"一带一路"沿线国家的经济发展了,物流、人流、信息流、资金流比较大,那么就会产生对基础设施的需求,社会资本参加"一带一路"基础设施建设的积极性自然会增加。

鼓励中国企业"走出去",建设工业园区,带动当地经济发展,会产生基础设施建设需求。在中国当前劳动力成本等上升的情况下,部分劳动力密集型企业虽转移到了东南亚国家,但转移出去的企业的产品市场仍在国内,因此对互联互通基础设施需求大。另外,中国正在积极推进的国际产能合作,也会带动对互联互通基础设施需求的增加。

(四)深化与周边国家经济合作,加快推进与周边国家的互联互通基础设施建设

"大国是关键,周边是首要,发展中国家是基础,多边是重要舞台",是中国外交指导方针。周边国家在中国外交战略上的意义不言而喻。中国与周边国家开展经济合作时,不仅需要考虑到合作的收益,也需要考虑到经济合作可能存在的风险,还需要考虑到经济合作对其他国家和地区可能

带来的影响,统筹考虑收益与风险,制定合适的战略,包括基础设施建设战略。

1. 与周边国家经济合作在中国参与世界经济合作中占有重要的地位

目前,中国同周边国家普遍建立了战略合作伙伴关系。中国与周边国家的经济合作已有上海合作组织、中国—东盟 FTA、中国—巴基斯坦FTA 等周边合作机制。中国已成为多数邻国最大的贸易伙伴和主要投资对象,周边国家也是中国重要的经济合作伙伴和投资对象。2015 年,东盟、日本、韩国皆位居中国前 10 大贸易伙伴之列。2013 年,习近平主席在周边外交工作座谈会上强调,"突出周边在中国发展大局和外交全局中的重要作用"。中国把加强同周边国家的睦邻友好定为国家对外关系的重点和外交的优先目标。经济外交是重要的外交手段,中国与周边国家经济合作的意义不言而喻。

2. 与周边国家经济合作有多重收益

因周边国家与中国地缘相近,地缘政治、地缘经济、地缘文化关系密切,与周边国家开展经济合作,能充分利用边疆地区资源、产业,促进边疆地区经济发展,兴边富民。另外,与周边国家开展经济合作,具备接近市场、物流成本低、在人文地理等方面有一定的相似性等优势。与周边国家开展经济合作,还有助于边疆地区稳定与发展,推动区域协调发展。

3. 中国与周边国家经济合作存在着不确定性与风险

目前,中国周边环境基本上是稳定和良好的,但也存在一些不稳定因素。中国与周边国家合作中存在的不确定性与风险主要包括:一是历史遗留问题造成的相关风险。比如国家领土划分等。二是周边国家出于平衡的考虑及其他顾虑。中国周边某些小国,担心中国强大了会对自己产生不利影响,猜忌和防范心理上升,企图寻找一些力量来平衡,这也会影响其与中国经贸领域的深入合作。中亚国家对扩大向中国出口能源资源也有所顾忌,"中国扩张论"在中亚国家有所抬头。三是大国在周边国家的角逐竞争。一些国家担心中国的周边国家与中国深入开展经济合作,会影响其在世界分工格局中的地位,唆使、怂恿周边国家恶化与中国的经贸关系,这也会使中国与周边国家的经贸存在不确定性与风险。尤其是,随着中国经济在全球分工中地位的提升,中国与周边国家的经济合作更容易受到外界挑战。比如,美国重返亚太战略,以及美国主导的TPP(新加坡、越南、日本、马来西亚等周边国家是TPP成员国)等,都对中国区域经济合作战略造成了不利影响。

4. 统筹考虑中国与周边国家经济合作的收益与风险,制定合适的战略

鉴于周边国家在中国发展大局和外交全局中的重要作用,与周边国家的经济合作在中国参与世界经济合作中占有重要的地位,今后应进一步深化与周边国家的经济合作,实现与周边国家互利共赢,为中国发展营造良好的环境。考虑到中国与周边国家的经济合作可能存在的风险,中国与周边国家在开展经济合作时,应尽可能地防范和减少相关风险。因此,在与周边国家开展经济合作时,需要统筹考虑收益与风险,制定合适的战略。

一是争取早日达成中韩自贸区协议,充分发挥周边合作机制作用,进一步深化与周边国家的经济合作。积极推动上海合作组织成员全面战略协作伙伴关系的深入发展,深化与上合组织成员的经济合作;打造中国—东盟FTA升级版,争取早日达成中韩自贸区协议,进一步提升与东盟国家、韩国的合作水平和层次。

二是进一步扩大从周边国家的进口规模,积极主动为周边国家发展做贡献。考虑到在与周边国家的经济合作中可能存在的风险,尤其是对外投资中的风险,可以适当增加从周边国家的进口,实现与周边国家之间的良性互动。可与周边国家签订长期订单合同,使周边国家对开发资源、生产等形成明确的预期,促进其投资。比如,与俄罗斯、中亚国家签订长期能源进口合同,推动形成更加紧密的经济合作,提高"一带一路"沿线国家参与互联互通基础设施建设的积极性。又如,为了促进缅甸替代性种植业发展,可增加在缅甸替代种植作物返销的进口配额,支持缅甸发展替代性种植业。

三是对周边小国、经济不发达国家实施"多予少取"战略和加大对当地居民的民生性援助力度。对周边小国、经济不发达国家实施"多予少取"战略,并加大对当地居民的民生性援助力度,将对方需要的交通运输、农业水利等项目列入投资重点,可以消除当地居民的疑虑,增加互信。对周边小国,尤其要注重对方的现实需求,采取合理的方式予以援助。

四是保障与周边国家的跨境原油、天然气管道的安全运营。目前,中哈原油管道一期、二期工程和中国中亚天然气管线、中缅油气管道、中俄输油管道已建成,油气跨境运输安全问题提上议事日程。当前,中国跨境输送油气的主要过境国是中亚国家和俄罗斯,跨境输送油气面临一些风险和不确定性。为保障与周边国家跨境原油、天然气管道的安全经营,需要采取综合战略。一方面,要增加对中亚国家的民生性投资,将当地居民的民生福祉与投资合作结合起来;另一方面,要建立政府间管道安全运营协调机制。与此同时,中国要在能源进口上实施多元化战略,提前防范相关风险。

五是充分考虑到规模因素和中国经济发展对周边国家可能带来的负外部性。目前,中国已是世界第一大货物贸易国和出口国、世界第二大经济体和服务贸易国、世界第三大利用外资国和对外投资国。在与周边国家进行经济合作时,应从经贸伙伴国的对策行为与利益出发,充分考虑到中国对他国可能带来的负面影响。

(五)充分发挥亚投行、丝路基金等的作用,撬动其他社会资本参与"一带一路"基础设施建设

目前,已经成立了亚投行、丝路基金等,以积极支持"一带一路"基础设施建设。今后,要充分发挥亚投行、丝路基金等的在支持"一带一路"基础设施建设中的重要作用,创新亚投行、丝路基金等支持方式与形式,吸引社会资本参与"一带一路"基础设施建设。亚投行、丝路基金参与"一带一路"基础设施建设运营,将"一带一路"沿线国家打造成利益共同体,形成利益绑定,有助于社会资本形成明确的预期,积极参与"一带一路"基础设施建设。一旦社会资本对投资"一带一路"基础设施建设形成良好的预期,就能推动"一带一路"基础设施建设走向市场化运作机制。

(六)加快提升"一带一路"沿线国家在基础设施投资、建设、管理、运营等方面的能力

由于"一带一路"沿线国家的基础设施投资、建设与运营、管理等密不可分,基础设施的运营、管理方便,效率高,这有助于吸引各界参与投资与建设。因此,在推进"一带一路"沿线国家的基础设施建设时,需要加快沿线国家在基础设施领域投资、管理、运营等方面的能力建设,比如提高当地居民适应新的基础设施的能力,提高当地企业、政府对基础设施的运营和管理的能力。

第七章 "一带一路"能源合作

能源合作是"一带一路"建设的重头戏和先行官。所谓重头戏,是指即使在北美发生了页岩气革命,"一带一路"区域仍是全球能源的核心供应区域。从中国来看,"一带一路"区域既是中国能源的主要来源地,也是能源运输的主要通道,对中国保障能源安全至关重要。"一带一路"的成功建设将会大大提升中国保障能源安全的能力。所谓先行官,是指中国可以利用国内市场与当地国家一起实现资源开发、外输和"变现",拉动当地经济增长。同时,中国能源行业积累了丰富的技术、经验、人才和基础建设产能,"一带一路"沿线国家可以很好地承接中国的产业转移,解决当地基础设施薄弱的关键问题。因此,能源合作对于"一带一路"的建设具有举足轻重的作用。目前,"一带一路"能源合作在贸易、投资和带动相关产业合作上已取得重大突破,但从其应有的潜力来看,还有不小的差距。要进一步厘清"一带一路"能源合作研究思路,形成明确的战略和规划,制定并落实关键举措,以求取得实际成效。

一、全球能源变革背景下"一带一路"能源合作的战略意义

(一)"一带一路"仍然在全球能源供应中占有核心地位

石油和天然气是全球能源贸易的主要品种,也是影响各国能源安全的战略资源。"一带一路"地区的油气资源丰富,即使在北美实现页岩气革命的情况下,仍然是全球油气的供应中心。如表 7-1 所示,按照将页岩油、油砂、重油以及深海石油等非常规资源包括在内的统计口径,2014 年全球石油储量前 10 位的国家,有 7 个分布在"一带一路"地区,包括沙特、伊朗、伊拉克、俄罗斯、科威特、阿联酋、利比亚等国,仅这 7 个国家的石油储量就占全球石油储量的 54.7%。如表 7-2 所示,在天然气资源方面,2014 年全球储量前 10 位的国家,也有 7 个分布在"一带一路"地区,包括伊朗、俄罗斯、卡塔尔、土库曼斯坦、沙特、阿联酋和阿尔及利亚等国,仅这 7 个国家的天然气储量就占全球天然气储量的 68.1%。其中全球天然气储量排名前 4 位的国家均在"一带一路"区域,它们是伊朗、俄罗斯、卡塔尔、土库曼斯坦,这 4 个国家

的天然气储量占全球的58%,占据全球天然气资源的半壁江山。

表7-1　2014年全球石油储量前10位的国家及占比

排名	国家	储量(10亿吨)	占比(%)
1	委内瑞拉	46.6	17.5
2	沙特	36.7	15.7
3	加拿大	27.9	10.2
4	伊朗	21.7	9.3
5	伊拉克	20.2	8.8
6	俄罗斯	14.1	6.1
7	科威特	14.0	6.0
8	阿联酋	13.0	5.8
9	利比亚	6.3	2.8
10	美国	5.9	2.9

数据来源:BP能源统计2015,经笔者整理。

表7-2　2014年全球天然气储量前10位的国家及占比

排名	国家	储量(万亿立方米)	占比(%)
1	伊朗	34.0	18.2
2	俄罗斯	32.6	17.4
3	卡塔尔	24.5	13.1
4	土库曼斯坦	17.5	9.3
5	美国	9.8	5.2
6	沙特	8.2	4.4
7	阿联酋	6.1	3.3
8	委内瑞拉	5.6	3.0
9	尼日利亚	5.1	2.7
10	阿尔及利亚	4.5	2.4

数据来源:BP能源统计2015,经笔者整理。

　　从资源质量的角度来看,"一带一路"地区的油气资源是优质资源,非常容易开采,开采成本低,是稳定的全球油气供应地。比如,沙特的石油开采成本为 10 美元/桶,美国的页岩油开采成本为 40～60 美元/桶,加拿大的重油开采成本为 60 美元/桶左右,委内瑞拉的重油开采成本为 80 美元/桶。无论国际油价如何波动,中东、中亚和俄罗斯、北非都将是全球稳定的石油供应地。

从运输的角度来看,"一带一路"地处整个欧亚大陆的中心区域,无论是海上运输还是陆路运输,"一带一路"都是必经之地。可以说,"一带一路"扼住了全球油气运输的咽喉。

(二)"一带一路"是保障中国能源安全的关键所在

从中国来看,"一带一路"区域是主要的石油天然气进口来源地。2014年,中国前 10 大石油进口来源地有 6 个来自于"一带一路"区域,占中国石油进口的 58.5%(见表 7-3)。2014 年,中国前 10 大天然气进口来源国有 7 个来自于"一带一路"区域,占中国天然气进口的 84.08%(见表 7-4)。

表 7-3 **2014 年中国的石油进口主要来源地**

国　家	数量(吨)	占比(%)	国　家	数量(吨)	占比(%)
沙特	49665924	16.11	蒙　古	1030843	0.33
安哥拉	40649034	13.18	越　南	1482481	0.48
俄罗斯	33106943	10.74	加拿大	201616	0.07
阿　曼	29743576	9.65	澳大利亚	2727150	0.88
伊拉克	28578213	9.27	阿根廷	322332	0.10
科威特	10618772	3.44	阿鲁巴岛	277716	0.09
委内瑞拉	10618772	3.44	巴布亚新几内亚	77279	0.03
巴　西	7019138	2.28	玻利维亚	237440	0.08
刚果(布)	7050981	2.29	卡塔尔	360995	0.12
哥伦比亚	10091321	3.27	阿尔及利亚	898397	0.29
阿联酋	11652132	3.78	乍　得	143130	0.05

续表

国　家	数量（吨）	占比（%）	国　家	数量（吨）	占比（%）
赤道几内亚	3249057	1.05	印度尼西亚	375457	0.12
南苏丹	6443655	2.09	马来西亚	217328	0.07
哈萨克斯坦	5686422	1.84	巴基斯坦	16031	0.01
也门共和国	2499508	0.81	英　国	1219394	0.40
埃　及	946020	0.31	挪　威	145999	0.05
加　蓬	1554808	0.50	阿塞拜疆	222003	0.07
尼日利亚	1996445	0.65	文　莱	81933	0.03
厄瓜多尔	746635	0.24	利比亚	965547	0.31
苏　丹	1773902	0.58	刚果（金）	968183	0.31
加　纳	879553	0.29	世界总计	308374104	100
喀麦隆	519737	0.17			

数据来源：http://www.wusuobuneng.com/archives/16440。

表7-4　2014年中国的天然气进口主要来源国

国　家	数量（吨）	占比（%）	国　家	数量（吨）	比例（%）
卡塔尔	6735327	15.71	安哥拉	127794	0.30
澳大利亚	3811420	8.89	挪　威	122792	0.30
印度尼西亚	2554854	5.96	特立尼达和多巴哥	119240	0.28
马来西亚	2992982	6.98	埃　及	119579	0.28
也门共和国	1033218	2.41	文　莱	115409	0.27
赤道几内亚	718129	1.68	土库曼斯坦	18743440	43.72
尼日利亚	428192	1.00	缅　甸	2200880	5.13
巴布亚新几内亚	286076	0.67	乌兹别克斯坦	1787321	4.17
阿尔及利亚	236080	0.55	哈萨克斯坦	291403	0.68
西班牙	187712	0.44	总计 19847590（LNG）＋23023044（管道）		
俄罗斯	129670	0.30	＝42870634 吨		
阿　曼	129116	0.30			

数据来源：http://www.wusuobuneng.com/archives/16440。

从运输的角度来看，"一带一路"更是中国能源运输的主要通道。石油的陆路运输都要经过"一带一路"区域；海路运输也大体如此，中国石油进口量的80%要经过马六甲海峡，38%要经过霍尔木兹海峡。天然气海陆运输的主要通道均在"一带一路"区域。

从地缘政治的角度来看，美国的页岩气革命带来的能源独立将对全球能源政治格局产生重大影响。从不利的一面看，美国在推进中东民主进程时将不再受石油问题的牵制而变得更加强硬和激进，甚至可能会通过政治军事等手段进行强硬干预，国际能源市场将增加新的变数。全球能源运输通道安全风险也将上升，对一直在搭美国"能源运输安全便车"的包括中国在内的能源进口大国带来新挑战，中国的能源安全问题也将进一步凸显，将更直接地暴露在周边地区、中东和非洲地区的地缘政治风险之中。随着页岩气的开发，美国将成为天然气的潜在出口国。如果美国在搅动中东局势的同时，再通过天然气出口来援助日本等政治盟友，中、日、韩、印等国周边地区的能源角逐将白热化，周边地区的能源地缘政治将更为复杂。从有利的一面看，页岩气革命将使欧洲市场上液化天然气和来自美国的低价煤炭供应增加，俄罗斯和中东地区国家的天然气所占份额和影响力将下降，它们会希望进一步加强与亚洲地区国家的能源联系和合作，从而给"一带一路"建设和中国保障能源安全带来新的机遇。

（三）能源合作对于实现"一带一路"整体战略的重大意义

随着经济的发展，中国的能源需求将持续上升，特别是对石油和天然气的进口将持续上升。中国巨大的市场需求也会拉动当地国家一起实现资源开发、外输和"变现"，促进当地经济增长。同时，中国能源行业积累了丰富的技术、经验、人才和基础建设产能，"一带一路"沿线国家可以很好地承接中国产业转移，解决制约当地国家经济发展的能源和基础设施瓶颈问题。中国与"一带一路"沿线国家在能源领域利益契合度高、开展长期稳定合作的愿望强,基础牢固。2016 年 1 月,习近平主席在访问阿盟(阿拉伯国家联盟)时提出了"1+2+3"的合作构想。其中,"1"是指以能源合作为主轴,深化油气领域全产业链合作,维护能源运输通道安全,构建互惠互利、安全可靠、长期友好的中阿能源战略合作关系。"2"是指以基础设施建设、贸易和投资便利化为两翼,加强中阿在重大发展项目、标志性民生项目上的合作,为促进双边贸易和投资建立相关制度性安排。"3"是指以核能、航天卫星、新能源三大高新领域为突破口,努力提升中阿务实合作层次。

综合上述分析可以看出,"一带一路"是保障中国能源安全的关键所在,考虑到能源安全在保障国家发展全局中的重要地位,能源合作是"一带一路"建设的重头戏,要通过"一带一路"合作来提升中国能源安全保障程度。同时,中国有很强的制造和建设能力,能源产业可以带动"一带一路"沿线国家发展,是中国推动"一带一路"建设的先行官。能源合作在"一带一路"建设中具有举足轻重的地位。

二、"一带一路"能源资源合作的现状、进展和问题

(一)"一带一路"能源合作取得重要进展

目前,中国已与"一带一路"相关地区的多个国家在能源合作的各个领域取得了一系列先期成果,在能源贸易、能源基础设施建设和双向投资方面也取得了重大进展。[①]

在中俄合作方面,2014 年 5 月普京总统访华期间,中俄签署了价值3800 亿美元的东线天然气供气购销合同。同年 11 月,中俄西线天然气供应的合作备忘录和框架协议也达成。除了油气贸易以外,中俄在电力、煤炭等领域的贸易规模也不断扩大。国家电网公司与俄罗斯、蒙古、吉尔吉

---

① 龚婷:《"一带一路"能源合作初结硕果》,《中国石油报》,2015 年 11 月 3 日。

斯斯坦、朝鲜等国已建成 18 条互联互通输电线路,中国累计已接受俄罗斯电量 143 亿千瓦时,向朝鲜、蒙古分别送电 6 亿千瓦时和 1730 万千瓦时。在油气领域,中俄两国合作已经摆脱了简单的买卖贸易模式,步入上下游开发并进、相互投资的新阶段。在上游合作方面,中国石油收购了诺瓦泰克持有的亚马尔液化天然气股份公司 20% 的股份,中俄签署了合资开发博托宾斯克油田项目;在下游合作方面,中俄合资兴建了天津东方炼油厂。能源技术和设备方面的合作规模也不断扩大,田湾核电站二期工程则是标志性的工程项目。

在中亚和中国合作方面,中国—中亚天然气网进一步完善,能源基础设施互联互通水平升级。继 A 线和 B 线后,2014 年 5 月中亚天然气管道 C 线顺利投产。2014 年 8 月乌兹别克斯坦总统卡里莫夫访华期间,中乌两国正式就中亚天然气管道 D 线的管道建设和运营原则签订了协议,9 月习近平主席访问塔吉克斯坦期间也出席了项目的开工仪式。除了管网的互联互通,中国在中亚进行了大量的油气田投资,在哈萨克斯坦,除中国石油投资了哈萨克斯坦石油公司和阿克纠宾石油公司外,中国石油化工集团公司(简称中国石化)和中国中信集团公司(简称中信)也有大量的投资。

中国和中东国家的能源合作也取得了重大进展。以中国和沙特合作为例,目前中国每年从沙特进口 5000 万吨原油,沙特是中国最大的石油进口来源国,同时中国是沙特最大的石油出口国。除了贸易,在双向投资方面也得到了长足发展。在中国扩大从沙特进口石油的同时,沙特的石油公司也积极进入中国市场。2003 年在资产、产油量和出口量等方面居世界前列的沙特阿美石油公司,与中国公司在福建省共同投资的炼油乙烯大型项目已正式投产运营。2016 年 1 月 20 日,作为中国石化首个海外炼化项目,沙特阿美和中国石化合资的延布炼厂举行了投产启动仪式,总投资近100 亿美元,设计原油加工能力约为 2000 万吨/年,主要出口至欧洲和亚洲市场。

在中国和巴基斯坦合作方面,能源合作已成为中巴经济走廊建设"1+4"合作布局的重点支柱。在2015年4月习近平主席访问巴基斯坦期间双方签署的51项合作协议和谅解备忘录中,有近20个项目涉及能源领域,其中以电力领域的合作最令人瞩目。中巴能源合作领域涵盖传统能源和新能源领域,在传统能源领域,双方签订包括中国电建与巴方合作的卡西姆港、上海电气与巴方合作的塔尔煤田1块区、中电国际与巴方合作的燃煤电站及发电等项目协议;在新能源方面,有丝路基金和三峡集团与巴方合作的卡洛特水电项目、中兴能源太阳能项目、吉姆普尔风电项目等。此外,国家电网也同巴基斯坦国家输配电公司就输变电项目签订了合作协议。

中国—东盟互利互惠能源合作呈现提速之势。2013年,双方在《纪念中国—东盟建立战略伙伴关系10周年联合声明》中明确提出,加强在能源领域的合作。在制订"中国—东盟新能源与可再生能源合作行动计划"后,双方在成品油、煤炭、天然气、太阳能多晶硅、电力等领域的能源贸易继续扩大,中国企业对东盟各国的能源投资,特别是新能源领域的投资也不断深化。区域间电网互联互通和跨境电力贸易是中国和东盟合作的特点。截至2014年年底,南方电网公司累计向越南送电302亿千瓦时,越南北部有8省1县的电力供应是由南方电网承担的;向老挝送电7亿千瓦时;从缅甸进口电量110亿千瓦时。在投资方面,2009年,中国国家电网公司获得菲律宾国家电网公司40%的股权,并开始了25年的特许经营。目前,该投资不仅取得了较好的经济效益,而且有力地支撑了菲律宾的电力供应,取得了良好的社会效益。

(二)"一带一路"能源资源合作存在的问题

一是"一带一路"能源资源合作的潜力尚未充分实现。单从贸易量上看,中国大部分的能源进口来自于"一带一路"地区。但是,从对贸易的影响能力来看,中国的影响力还比较弱。中国是"一带一路"地区最大的能源进口国,但油气的贸易中心和定价中心并不在中国或"一带一路"国家,主要生产者和消费者不能决定价格,而是由第三方国家来决定价格。并且在定价过程中,金融的作用越来越大,放大了能源价格的波动,对石油生产国和消费国的物价和国际收支平衡产生了巨大的负面冲击。在投资领域,中国虽然在"一带一路"相关国家的油气和电力领域有一定的投资,但是这种投资相对于中国的进口量和中国目前的工程建设能力而言,还有较大的差距,未来进一步提升的空间巨大。

二是安全供应的保障体系尚未建立。尽管中国主要的能源运输通道均在"一带一路"上,但安全畅通的运输体系尚未建立起来。以石油运输为例,尽管中国已在积极拓展石油进口通道,但目前因进口通道多元化程度不足而存在的能源安全风险明显较大。中国原油进口通道多元化程度不足表现在两个方面:其一,主要依赖于海上运输方式。虽然目前中国初步形成了东北、西北、西南陆上和海上四大油气进口通道的战略格局,但是原油进口仍主要依靠海上运输通道,其他三大原油进口通道发挥的作用还比较有限,利用程度也还不高;中国原油运输80%靠海运,并且只有20%的海上石油进口是由中国船只承运的。其二,海上运输方式过于依赖马六甲海峡。一方面,中国石油进口量的80%要经过马六甲海峡,38%要经过霍尔木兹海峡,海上运输风险加大。目前,海上运输通道主要有三条:(1)中东航线,即波斯湾—霍尔木兹海峡—马六甲海峡—台湾海峡—中国航线;(2)非洲航线,即北非—直布罗陀海峡—地中海/(西非—好望角)—马六甲海峡—台湾海峡—中国航线;(3)东南亚航线,即马六甲海峡—台湾海峡—中国航线。[①] 中国进口石油海上运输路线高度依赖马六甲海峡和霍尔木兹海峡,特别是马六甲海峡,但是中国在这一区域的影响力和安全保障能

---

① 姜星莉:《经济全球化背景下中国能源安全问题研究》,武汉大学博士学位论文,2010年。

力还十分有限。

三是贸易投资的经济效益尚待提升,能源合作的经济考虑及能源安全的国家战略考虑之间的关系尚未理顺。比如,2008年中国与卡塔尔签订的高价格的 LNG 进口合同,目前处于严重亏损的状况。导致这种状况的出现有三个方面的原因:其一,在当时高油价、能源供需紧张的背景下,签订的合同价格普遍较高。其二,中国的企业只参与贸易环节,没有参与投资环节,所以高进口价格无法通过上游投资收益来得到弥补。相比而言,日本、韩国企业往往会参股进口气源地的项目,因为上游的投资受益可以在一定程度上对冲下游的贸易风险。其三,保障国家能源安全以及服务国家外交大局的考量。从保障能源安全的角度来看,寻找气源是一个重要的因素;从促进外交来讲,签订大的合作项目有利于提升双边关系。这样一来,就使得该项目在不合理的高价位上签订了合同,在这个价位上很多日韩进口商放弃了签署合同,但是中国的国有企业从保障能源安全和促进双边关系的角度考虑,还是签订了高价位的合同。上述案例只是一个比较典型的情况,还有不少投资项目存在类似的问题。长期投资项目在决策时过多地考虑了国家能源资源安全或外交需要,造成项目的经济效益很差,甚至出现亏损。更有甚者,以国家能源安全和服务外交大局来掩盖投资决策过程中因盲目轻率而带来的决策失误。因此,理顺项目决策和运营中的经济考虑和国家战略考虑之间的关系十分重要。

四是部分项目在建设运营过程中,与当地相关利益方的沟通交流还存在诸多不足。以中国电力投资集团公司密松水电站为例,其在单纯的经济性以及带动当地经济社会发展、解决当地电力短缺等综合效益上,都是一个非常好的大型工程项目。尽管在两国政府的电力合作协议框架下启动了这个项目,而且履行了所有的发电手续,做了所有从法律层面能做的事情,但是由于缺乏对当地复杂的政治局面和独特的文化习惯的了解,特别是缺乏与当地非政府组织的沟通协调,结果造成工程项目长期搁置,不仅前期投资要背负巨大的利息损失,而且对中国和缅甸方面的合作产生了不利的影响,教训很大。

三、加强"一带一路"能源资源合作的思路和政策建议

(一)战略定位和总体思路

考虑到"一带一路"能源合作的重要意义,在战略定位中要明确两个优先:其一,将"一带一路"区域作为保障中国能源资源供应和国际能源资源合作的优先区域;其二,将能源合作作为推动"一带一路"建设的优先领域。基于这一战略定位以及当前存在的问题,推动"一带一路"建设应坚持以下原则:

一是既要把"一带一路"地区作为中国能源资源合作的优先地区,又要坚持实行资源的多元化供给,不能"把鸡蛋放在一个篮子里"。实现进口来源多元化有利于保障能源进口的安全。从区域层面来看,除了继续加强"一带一路"地区能源合作外,还要积极拓展中国与美国、加拿大、巴西等能源大国的合作。在"一带一路"区域内部,也要实现多元化的能源进口,均衡推进中国与中东国家、中亚国家、俄罗斯、东南亚国家和非洲国家的能源合作。

二是既要关注资源开发的合作,又要重视运输通道的重要作用,把保障运输通道安全和市场平稳运行放在更重要的位置上。要努力实现进口通道多元化,加快推进中哈、中俄、中土、中缅等油气运输管道建设,及早研究论证上述管道扩容性建设项目,加快全球储存运输港口、码头建设,提高"国油国运"的比例,逐步降低对经马六甲海峡、霍尔木兹海峡等的运输通道的严重依赖。

三是要统筹考虑能源资源合作和产业金融合作,充分发挥中国综合优

势。中国不仅是能源资源的进口国,而且还有强大的制造能力,随着中国劳动力成本的上升以及中国企业实力壮大以后全球化经营的需要,企业"走出去"是大势所趋。而增加基础设施供应、培养自主产业能力、解决当地就业是资源国政府最为看重的因素,中国要发挥制造业和基础设施建设能力强的优势,综合考虑和资源国的合作,在实现双方合作共赢的同时,提高中国能源供应的保障能力。随着中国金融资源的积累以及亚投行和中国主导的丝路基金、中非基金等金融平台的成立,中国可以更好地利用金融资源来推动能源合作。比如近年来,在中俄能源合作中,金融合作已经是推动能源合作的一个重要抓手。

四是要统筹考虑经济利益和战略利益,把战略利益放在经济可行的基础上。能源项目投资规模巨大,并且周期很长,比如中俄天然气东线项目长达30年,合同金额达到4000亿美元。对于类似的项目,经济性是项目合作的基础。缺乏经济性,单靠双方政府的强制推进难以维持其持续发展,并且很可能成为合作双方的包袱。因此,在推动双方能源合作时,还是要将项目的经济性放在基础性的位置上,然后再考虑为合作国带来的社会效益以及外交、能源安全和地缘政治利益。

五是要统筹考虑中方利益和资源国以及第三国的利益。能源合作要坚持开放多元,实现中国、资源国和第三方合作者的互利共赢,不能只考虑我方利益,否则合作不可能持久。能源合作项目要为中国的战略利益服务,要发挥我方的引领作用,但同时也要照顾到资源国、过境国以及相关地区主要有影响力国家的利益,多方合作才能更好地应对资源国和过境国国内的政治动荡和区域的地缘政治风险,实现项目的稳定安全运营。另外,要从一个更高的层面来看待"一带一路"国家的能源合作问题,不仅要着眼于自身的能源供应安全,而且要考虑到其他国家的核心关切和整个地区的能源安全。中国要量力而行,为维护国际能源市场安全提供公共产品,并承担相应的责任。

(二)促进"一带一路"能源资源合作的政策措施

一是制定"一带一路"能源资源合作的总体战略,明确重要的思路和原则,对重大项目和基础设施建设做好提前谋划。在已有的"一带一路"愿景和行动计划的基础上,进一步制定能源资源合作的专项规划。从保障能源安全、加快"一带一路"建设以及促进地区经济繁荣等方面来考虑和规划未来的能源贸易、运输和对外投资布局,并明确对外投资和长期贸易安排的重要原则,减少对外投资的盲目性和随意性,提高对外投资的效率。要对一些影响整个欧亚大陆乃至世界能源流向的重大能源项目和基础设施提前做出布局。此外,要加快石油储备体系建设,鼓励中东国家来中国建设下游和石油储备设施,使中国成为中东石油销往亚洲的市场重心。基于上述基础设施建设,打造具有亚洲和国际影响力的石油、天然气交易中心,提高中国在国际市场特别是"一带一路"区域的能源定价权。

二是加强与资源国的综合性双向合作。加强中国与资源国在能源开发项目上的合作,以及配套基础设施、上下游产业和金融合作。鼓励国有和民营企业"走出去",在资源国投资拓展上游业务,遵循商业原则,注重项目的投入成本、风险和赢利性;鼓励中国企业到资源国投资炼化等中游环节,生产基础化工产品并与国内化工企业形成产业链合作关系;特别是,加强与海湾合作委员会成员等资源国的合作,促进石油和化工产品的贸易和投资。鼓励中资企业和东道国以及第三国合作投资资源国能源化工产品的物流设施,提高能源化工产品的外送能力。在当前油价低迷、资源国财力普遍紧张的情况下,可发挥中国金融资源充沛的优势,通过石油换贷款或者直接股权投资等方式加大对资源国的投资。另外,可以市场换资源,鼓励产油国石油公司来华投资炼化等中游业务甚至销售等下游业务,用市场方式巩固与国外公司的石油供应关系,实现投资的双向锁定。

三是加强在运输通道安全方面的合作和市场平台建设,构建能源资源供需双向安全共同体。首先,加强能源运输通道安全建设,包括提高"国油国运"的比例,建立海上石油运输保险体系,加强能源主要运输通道物流仓储体系建设,实现同运输通道经过地区的利益共享和安全绑定;加强海军能力建设,打击海盗和恐怖主义行为,保障运输通道安全,维护地区稳定,增强救援等人道主义行动的能力。其次,充分发挥中国能源需求量大以及处于中东、中亚和俄罗斯油气出口交汇点的优势,加强市场交易平台建设。包括加快中国石油期货交易中心建设,开发基于中国油品、美元计价的石油期货产品,吸引国内生产商、交易商和投资者进入,以反映中国的市场供需状况,提高中国在国际市场体系中的影响力。推动天然气交易中心建设,近期可以启动上海和广东天然气交易中心建设。从中长期来看,可以在北京、四川、湖北、宁夏、新疆等地建设新的区域性交易中心。可以力争把上海天然气交易中心建设成亚洲乃至国际性的天然气交易中心,最终形成一个以上海为国际价格中心,多个区域价格中心相互作用的交易中心体系,更好地使国内、国际市场的供需关系连接起来。天然气交易中心建设应先从现货交易起步,不断扩大交易量和交易范围,然后再发展期货交易,增加市场的深度。另外,可以和石油输出国共同构建能源安全体。中国需要进口大量的石油,存在能源供应安全问题,沙特、阿联酋等石油出口国则要靠石油出口来保障经济和社会发展,中国可以和上述国家构建能源安全共同体,吸引这些国家在中国和中国能源运输通道上建立石油储备和物流转运中心,这对于保障中国能源供应安全具有重要意义。

【专栏 7-1】

天然气交易中心的作用、先决条件和实施步骤

相对于长期合同,现货贸易具有更高的灵活性和流动性,它正在天然气贸易中发挥着越来越重要的作用。交易中心有两个

主要作用：一是实体上连接买家和卖家；二是由市场竞争决定价格。由此，以市场为导向的价格信号提高了贸易和投资决策中的经济效率，并且相应地降低了交易成本，市场参与者将从中获益。此外，天然气交易中心还能通过价格机制解决供需平衡问题，保障天然气供应安全。其潜在缺点是价格由各方竞争决定，而非因为受政府或某个市场主导力量的影响，价格可能会在短期出现剧烈波动。数据表明，通过交易中心定价往往比以油价为基准的天然气价格波动更大。

天然气交易中心的成功运转取决于三个方面的先决条件：一是完善且开放的天然气输气网络，供市场参与者在非歧视性的条件下利用。开放管道是市场定价的关键，没有这个条件，天然气的供应，无论是国产气还是进口气，管道气还是 LNG，都无法与本地需求相挂钩。二是大量的独立买家和卖家积极参与套利交易，且均不具备强大的市场支配能力。这样，交易中心便会受到竞争价格的引导，从而避免市场力量扭曲价格与交易量。三是政府对天然气批发市场定价市场化的支持，以及稳定、透明、可靠的规章制度。交易中心需要企业开展以套利为主的交易活动，这将提高市场的运行效率，而套利活动依赖于对天然气价格准确和高透明度的报告。

中国具备建成亚洲地区天然气交易中心的多方面条件，中国国内天然气产量、输气管道发展程度、LNG 进口规模，以及在亚洲能源市场的体量，都是其他亚洲国家难以媲美的。但中国市场依然较为集中，管道第三方准入机制尚不完善，价格仍然实行政府管制，这些因素将成为建设天然气交易中心的障碍。中国应制定一个 5～10 年的天然气交易中心发展路线图。首先，开展交易中心试点。可以在上海等地建立有第三方准入的天然气管网和透明的天然气价格形成机制,形成竞争充分的天然气需求和供应。其次,可以扩大试点区域的面积,丰富买家和卖家的类型,同时加强市场监管。再者,在试点效果逐渐显现后,吸引更多的生产者和消费者参与市场交易。随着越来越多和日趋多样的机构加入天然气枢纽贸易,贸易的优势会因网络效应而增强,枢纽中心的定价范围将不断扩大。

四是规范企业海外投资运营行为,实现中国与资源国的互利双赢。鼓励企业树立境外投资与全球"和谐发展"的理念,积极承担社会责任,与东道国形成互利共赢的可持续发展关系,建立造成恶性影响的企业黑名单,进一步维护和提升中国境外投资的声誉和国际影响力。加强对境外投资行为的监管,探索将企业境外行为与国内监管相结合,建立企业境外投资信用档案。

五是加强资源国风险预警,建立快速反应体系,防范和化解政治风险。从对外来看,应完善中国的资源国风险防范和应急处理工作机制。适时发布境外安全风险预警和提示;充分发挥行业协会、智库、专业咨询机构等在风险评估、预测和防控中的作用,建立全球各地各国的风险评估机制,尤其是加强对重点地区与国家的信息搜集、监测和研判;加强对"走出去"企业人员的安全教育和培训工作,建立常态机制。从对内来看,应逐步建立涵盖石油、天然气、核电等能源品种的应急综合管理系统。形成"事前"有预警、有预案,"事中"有措施、有应对,"事后"有分析、有改进的完整体系,不断提高应急管理水平。另外,要加快建设石油安全保障体系。加快国家石油储备立法进程,完善制度保障。建立国家、企业、社会三级石油储备体系,不断优化国家石油战略储备布局。进一步放开石油进口权,鼓励各种类型企业平等参与石油储备体系建设。争取到 2020 年将石油战略储备水平提高到相当于净进口 90 天的水平,到 2030 年提高到发达国家平均储备水平。提高天然气的储备水平,建立应对油价快速上涨的政策储备,比如,在油价稳定时提高燃油税率,在油价高涨时降低燃油税率,以此对冲油价上升带来的负面影响。

六是深入开展国际交流与合作。将维护国际能源市场稳定作为开展国际互利合作的主基调,更加积极地开展多个层次、多种形式的国际合作,特别是加强多边合作。积极拓展与主要石油出口国的长期稳定合作,强化共同利益,在中东形成更为牢固的战略伙伴关系;继续加强与美国、欧洲国家等能源消费大国以及 IEA、OPEC 等国际或地区能源机构之间的合作,共同推动全球能源治理结构的重建和优化。积极参与国际投资规则制定和投资争端解决机制建设,大力推进高水平的国际投资协定谈判,推动现有投资协定的升级,完善对外投资的保护条款。在加入《国际能源宪章条约》后,要积极参与活动,增强中国自身的影响力和组织活力,使其成为促进中国能源对外投资的一个重要平台。

第八章 "一带一路"战略构想下的 境外经济合作区

　　中国境外经济合作区是根据中国与东道国或地区的双方合作意愿,按照市场运作和发挥市场机制作用,在中国政府指导下,中国境内(不含香港、澳门和台湾地区)注册的、具有独立法人资格的中资控股企业,通过在境外设立中资控股独立法人机构,投资建设的基础设施完备、主导产业明确、具有集聚和辐射效应的产业园区,包括加工区、工业园区、科技产业园区等各类经济贸易合作区。2006 年以来,中国境外经济合作区发展进入新的阶段。境外经济合作区的发展具有重要意义,不仅成为推进"一带一路"建设的重要平台,而且全方位提升了中国企业的国际竞争力,降低了中国中小企业在国际合作中的风险。在建设境外经济合作区中,新加坡具有丰富的国际经验,可供中国参考和借鉴。中国境外经济合作区在发展过程中存在的一些问题,需要政府部门引起高度重视。应加快与"一带一路"沿线国家签署相关协定,加快中国对外投资和经济合作的步伐,统筹规划境外经济合作区的产业布局和空间布局。

一、"一带一路"战略构想下发展境外经济合作区的意义

在新的国际形势下,中国已成为世界第一大贸易国、第二大经济体、第三大对外投资体。与以往相比,中国更需要发挥积极作用,促进广大发展中经济体的经济增长,共谋社会福利。2013 年 9 月和 10 月,中国国家主席习近平在出访中亚和东南亚国家期间,先后提出共建丝绸之路经济带和21 世纪海上丝绸之路的重大倡议。为落实和推进这一战略构想,2015 年3 月 28 日,国家发展和改革委员会、外交部、商务部共同发布《推动共建丝绸之路经济带和 21 世纪海上丝绸之路的愿景与行动》。在推进"一带一路"建设进程中,中国积极发展境外经济合作区具有重要的意义。

(一)实现"一带一路"战略构想的重要平台

根据《愿景与行动》,中国政府倡议,秉持和平合作、开放包容、互学互鉴、互利共赢的理念,全方位推进务实合作,打造政治互信、经济融合、文化包容的利益共同体、命运共同体和责任共同体。建设境外经济合作区,从

中方来看,可以体现和展示中国优秀企业、优质产品和中国文化,有利于中国利用国际资源和国际市场,优化配置和组合各种要素;从东道国来看,可以拓宽当地的就业渠道,增加当地的财政收入,培养当地的就业人员和管理人员,促进当地的经济社会发展,最终提高东道国的居民生活水平和社会福祉。

中国建设境外经济合作区,有利于促进经济要素自由有序流动、资源高效配置和市场深度融合,推动沿线各国实现经济政策协调,开展更大范围、更高水平、更深层次的区域合作,有利于实现政策沟通、设施联通、贸易畅通、资金融通、民心相通。境外经济合作区是实现"一带一路"战略构想的重要平台。

(二)全方位提升中国企业的国际竞争力

企业是否具有国际竞争力,最直接的体现是企业在市场竞争中能否不被淘汰,生存下来并且成长壮大,持续发展下去。中国建设市场经济体制的历史还不长,从 1992 年算起也才 20 余年,市场经济制度还有许多不完善的地方,一些企业特别是国有企业在国内可得到优惠待遇,包括来自各级政府的合规或不合规的支持与帮助。在中央领导的反腐行动中,许多案例暴露了政府官员与企业高管之间的腐败行为,而企业的经营业绩和市场表现与腐败紧密相连。对许多国内企业来说,由于市场垄断和资源错配,以国内市场为主要业务领域的市场竞争并不能真实反映其经营情况和国际竞争力。中国企业还需要参与国际竞争,只有在国际市场上才能充分体现其国际竞争力。

建设境外经济合作区,面临与中国境内不一样的市场环境,要求中国企业不仅遵守当地的法律法规、国际公约、国际惯例以及当地的文化与风俗习惯,而且遵守中国的法律法规,特别是与环境保护、知识产权、劳工权益、企业社会责任等相关的法律法规。建设境外经济合作区,要求中国企业走规范的可持续发展道路,与东道国当地企业共同发展和成长,全方位提升自身的管理能力、经营能力和国际竞争力。

(三)降低中国中小企业国际合作中的风险

中国企业"走出去"面临巨大的挑战,普遍存在着投资规模小而散、国际经验不足、国际化经营人才短缺等问题。境外经济合作区由有实力、有信誉、有成功海外经营经验的企业进行开发建设,可为中小企业"走出去"搭建在东道国进行投资生产和经营的平台。中小企业借助境外经济合作区的平台,开展境外生产和经营活动,以群体效应来延伸产业链,降低成本,提升境外投资的竞争力,更容易获得东道国政府的支持,降低海外投资风险。

建设境外经济合作区,一方面中国政府只能提供指导和服务,不能像建设国内经济技术开发区、高新技术产业园区、综合保税区、自由贸易试验区等特殊经济区那样,政府发挥重要作用;另一方面,东道国的文化信仰、政治体制等与中国并不相同,政府对经济合作区的态度与方式不一定与中国一样。企业境外投资面临许多风险,包括自然灾害风险、政治风险和经济风险等。建设境外经济合作区,主要应发挥市场机制作用,由行业龙头企业引领上下游、配套企业等参与建设和合作。境外经济合作区可以充分发挥产业集群的规模效应,有利于分散和降低风险,特别是对国际合作中的中小企业而言。

二、新加坡发展境外经济合作区的经验教训

早在 20 世纪 90 年代,新加坡政府就大力发展海外工业园,它们与中国的境外经济合作区类似,都是由政府予以指导。因此,我们有必要研究和借鉴新加坡建设海外工业园的经验。

新加坡国土面积狭小,人口密度较高,资源较为稀缺。但是,新加坡政

府充分利用全球化和国际市场来配置资源。新加坡在中国、越南、印尼等国家设立了海外工业园。新加坡海外工业园发展得较为成功,特别是中国—新加坡苏州工业园(以下简称苏州工业园)。苏州工业园成为中国和新加坡两国政府间合作的旗舰项目,也是中国改革开放试验田、国际合作示范区。其主要的成功经验可总结如下:

(一)达成政府间的合作框架协议

1994年4月,时任中国国务院副总理李岚清和新加坡内阁资政李光耀分别代表中新两国政府签署了合作开发建设苏州工业园的协议。苏州工业园位于中国江苏省苏州市东部,是中新两国政府间重要的国际合作项目。该区面积288平方公里,其中中新合作区80平方公里。

尽管中国和新加坡两国签署了合作协议,但是苏州工业园初期发展并不理想,1997年新加坡方曾一度准备撤资。后来经过双方共同努力,苏州工业园逐步走上可持续发展道路。自1997年至2004年,苏州工业园由新加坡政府负责管理;2004年以后,苏州工业园由中新两国政府共同管理。目前,中新联合协调理事机构的中方、新方主席分别是中国国务院副总理张高丽、新加坡副总理张志贤,中方成员包括商务部、外交部、国家发展和改革委员会、财政部等10个部门,以及江苏省和苏州市人民政府,新方成员包括内政部、贸易与工业部、教育部、国家发展部等10个部门。

新加坡与中国政府还签订了其他合作协议,两国间主要合作项目还有天津生态城、广州知识城、吉林食品区等。新加坡与中国山东、四川、浙江、辽宁、天津、江苏、广东等7省(市)均建有经济合作机制。

(二)发挥龙头企业的作用

为建设好海外工业园,新加坡积极发挥龙头企业的作用,通过龙头企业进行全球要素和资源的优化组合。在建设海外工业园中,新加坡最著名的龙头企业是胜科集团(Sembcorp Industries)。该集团成立于 1998 年，在新加坡交易所上市，雇员数量超过 7000 人，主要业务领域是公用事业、海事、城镇发展等，业务遍布世界五大洲。截至 2015 年 12 月 31 日，淡马锡控股占胜科集团的 49.5％，公众持股占 50.5％。

　　胜科集团发挥其规模优势，遵循市场运作机制，在中国、越南、印尼、印度等国家设立或参与工业园的建设。胜科集团在中国参与了苏州工业园建设，中国联合财团和新加坡财团分别持股 52％和 28％，胜科集团在新加坡财团中持股 8.34％。胜科集团也参与中新南京生态科技岛、新川创新科技园、无锡新加坡工业园等的城镇发展建设项目(见表 8-1)。无锡新加坡工业园是新加坡与无锡最早的双边合作项目之一，胜科集团多年来成功吸引了大批世界 500 强企业进驻，对无锡的工业优化和经济发展有一定的贡献。

表 8-1　胜科集团参与中国地区的城镇发展项目情况

名称	项目规模	服务内容与对象
中新南京生态科技岛	1500 公顷	设置在生态保护区的研发中心与高档住宅以及高端服务业
新川创新科技园	1000 公顷	为高科技和创新工业公司提供工业与商业服务
无锡新加坡工业园	330 公顷	提供工业、商业及住宅配套服务，以商业信息技术园和太阳能光伏园为特色

资料来源：作者搜集整理。

　　除此之外，新加坡胜科集团还参与上海化学工业园、湖北荆门化工循环产业园、江苏连云港临港化工产业园区、江苏南京化学工业园等能源与水务项目(见表 8-2)。

表 8-2　胜科集团参与中国的能源与水务建设项目情况

名　称	产品或内容	产　能	服务对象
上海化学工业园	能源、蒸汽及除盐水	热电联产电力 691 兆瓦、蒸汽 728 吨/小时，蒸汽 593 吨/小时，除盐水 37680 立方米/天	超过 20 家跨国公司及当地公司
福建福州经济技术开发区	自来水	125000 立方米/天	工业、商业企业以及家庭客户

续表

名　称	产品或内容	产　能	服务对象
湖北荆门化工循环产业园	工业污水处理	10000 立方米/天(兴建中)	工业企业
江苏连云港临港化工产业园区	工业污水处理	20000 立方米/天(兴建中)	工业企业
江苏南京化学工业园	工业用水及工业污水处理	工业污水处理 48000 立方米/天,240000 立方米/天(包括 120000 立方米/天,兴建中)	近 60 家跨国企业和中国企业
广西钦州港经济技术开发区	工业污水处理	15000 立方米/天	工业、商业企业以及家庭客户
辽宁沈阳经济技术开发区	自来水	160000 立方米/天	工业、商业企业以及家庭客户
天津临港经济区	工业污水处理	10000 立方米/天	跨国公司及当地企业
山西长治市王桥工业园区	工业用水与污水处理及中水回用	工业用水 1267200 立方米/天(兴建中),工业污水处理 24000 立方米/天(兴建中),中水回用 38400 立方米/天(兴建中)	山西潞安集团的煤制油设施
河北燕郊高新技术产业开发区	自来水	80000 立方米/天	三河燕效水公司
江苏张家港保税港区	工业污水处理及中水回用	工业污水处理 36200 立方米/天,再生水的工业用水 20000 立方米/天,除盐水 4000 立方米/天	超过 100 家跨国公司及当地企业

资料来源:作者搜集整理。

三、"一带一路"战略构想下境外经济合作区的发展情况

　　21 世纪初,中国政府支持有实力的企业到境外开展多种形式的互利合作,以促进与东道国的共同发展。在国际合作和中国企业"走出去"的过程中,以企业为主体,以商业运作为基础,以促进互利共赢为目的,主要由企业根据市场情况、东道国投资环境和引资政策等多方面因素进行决策。中国企业积极建设境外经济合作区,它们已成为中国对外投资和合作的重要发展平台。

(一)中国境外经济合作区的发展历程

中国境外经济合作区的发展历史较短,我们可以分为三个阶段。

第一个阶段是企业自发行动阶段。在 2005 年年底之前,主要是中国实施"走出去"战略初期。海尔集团公司和福建华侨实业都是开发区的标志性先行者。1998 年,福建华侨实业公司在古巴创办了合资企业;2000年,该公司在古巴投资了占地面积 6 万平方米的境外加工贸易小区。2000年 3 月,海尔集团公司在美国设立了工业园。2004 年 6 月,天津市保税区投资公司在美国南卡罗莱纳州设立了天津美国商贸工业园。这个阶段的境外开发区主要是为开发企业自身服务。

第二个阶段是中国政府扶持阶段。自 2006 年至 2013 年年底,主要是中国"走出去"战略的深化时期。伴随中国国际地位的变化,例如中国综合国力的提高、外汇储备的增加、比较优势的增强等,中国与东道主的双边经济合作需求进一步增加,中国政府开始加大支持境外经济合作区的投资建设。

2005 年年底,商务部提出建立境外经济贸易合作区的对外投资合作举措,以推动"走出去"战略的可持续发展。2006 年以来,商务部出台多项扶持境外经济合作区的政策。2006 年 6 月 18 日,商务部出台《境外中国经济贸易合作区的基本要求和申办程序》,正式启动了扶持中国企业建设境外经济贸易合作区的工作。其中,最重要的扶持文件有《境外经济贸易合作区确认考核暂行办法》(商合发〔2008〕431 号),2013 年 6 月 5 日进一步修订为《境外经济贸易合作区确认考核和年度考核管理办法》(商合发〔2013〕210 号)。

在 2006 年 11 月 4 日的"中非合作论坛"峰会上,胡锦涛同志宣布,"在今后 3 年内,在非洲地区建设 3~5 个境外经济贸易合作区"。11 月 26 日,胡锦涛同志在访问巴基斯坦期间,与巴基斯坦总理阿齐兹共同为巴基斯坦海尔—鲁巴经济区揭牌。2007 年 2 月 4 日,胡锦涛同志在访问赞比亚期间与赞比亚总统姆瓦纳瓦萨为赞比亚—中国经济贸易合作区揭牌。2009

年 11 月 7 日,温家宝同志在访问埃及期间参加中国—埃及苏伊士经济合作区揭牌仪式。

第三个阶段是政府支持企业市场运作阶段。自 2014 年至今,中国政府提出"一带一路"战略构想后,从中央到地方、从国内到国外,得到了较大的反响。

2014 年,中国进一步规划和建设境外经济合作区,政府从扶持转向支持和服务,企业成为境外经济合作区的真正主体,进一步推进和落实"一带一路"战略构想。作为指导境外经济合作区工作的主要政府部门,商务部同多个部委、机构建立了合作机制。商务部与财政部进一步修订和完善《外经贸发展专项资金管理办法》《境外经济贸易合作区确认考核和年度考核管理办法》等,建立了境外经济合作区的确认考核和年度考核机制;与中国出口信用保险公司共同建立境外经济合作区的风险防范机制,为合作区提供风险分析、风险管理建议以及保险等风险保障服务;与国家开发银行共同建立合作区项目协调和信息共享等联合工作机制,为符合条件的合作区进驻企业提供投融资等方面的政策支持。2015 年 8 月 4 日,商务部出台《境外经贸合作区服务指南范本》,为境外经济合作区进驻企业提供信息咨询服务、运营管理服务、物业管理服务、突发事件应急服务等。

(二)中国境外经济合作区的发展情况

2014 年,在一年一度的全国商务工作会议上,时任商务部部长高虎城提出,商务部 2015 年将推进"境外经济合作区创新工程"。同时,提出了中国建设境外经济合作区的发展目标,将在全球建设 118 个经济合作区,分布在世界 50 个国家。其中,共有 77 个涉及"一带一路"沿线的 23 个国家,这些境外经济合作区成为"一带一路"建设的重要承接点。35 个境外经济合作区处在丝绸之路经济带的沿线国家,分别位于哈萨克斯坦、吉尔吉斯斯坦、乌兹别克斯坦、俄罗斯、白俄罗斯、匈牙利、罗马尼亚和塞尔维亚等国家;42 个境外经济合作区处在 21 世纪海上丝绸之路的沿线国家,分别位于东南亚地区(老挝、缅甸、柬埔寨、越南、泰国、马来西亚、印尼等)、南亚地区(巴基斯坦、印度和斯里兰卡等)、非洲地区(埃及、埃塞俄比亚、赞比亚、尼日利亚、坦桑尼亚、莫桑比克等)。

经过几年的摸索,中国境外经济合作区建设取得了积极进展,它们分布在巴基斯坦、斯里兰卡、白俄罗斯、泰国、埃及等国。近年来,中国经济发达地区的企业纷纷在境外设立经济合作区。例如,浙江企业在境外设立了5个经济合作区,其中3个是国家级境外经济合作区,分别是华立集团在泰国设立的泰中罗勇工业区、康奈集团在俄罗斯设立的乌苏里斯克工业园、前江投资在越南设立的龙江工业园;另外2个省级境外合作区分别是越美集团在尼日利亚设立的越美(尼日利亚)工业园、金盛公司在乌兹别克斯坦设立的鹏盛工业园。

根据中国商务部的统计,2015年中国在欧亚地区共建设境外经济合作园区23个,其中5个已通过商务部、财政部的确认考核,涉及木材加工、石油装备制造、建材深加工、通信等产业,如中白工业园在2015年5月习近平主席与卢卡申科总统共同视察之后得到加速发展。[1]

截至2015年年底,中国在世界各地已经设立了75个境外经济合作区,分布在34个国家;75个境外经济合作区共带动投资近180亿美元,吸引入驻企业1141家(其中中资控股企业711家);75个境外经济合作区中,有13个合作区已通过商务部、财政部的确认考核。[2] 其中,赞比亚中国经济合作区、埃及苏伊士经济合作区、泰中罗勇工业区等成效显著。

不仅如此,境外经济合作区为所在国创造了大量税收和就业。据统计,近年来境外中资企业向投资所在国缴纳的各种税金超过了1000亿美元,2015年年末在境外中资企业工作的外方员工达到近90万人。[3]

---

[1] 商务部:《2015年商务工作年终综述之十:丝绸之路经济带建设在欧亚地区积极推进》。
[2] 商务部:《2015年商务工作年终综述之五:对外投资合作实现平稳较快发展》。
[3] 参见2016年2月23日时任商务部部长高虎城介绍2015年中国商务发展情况。

从级别来看,中国境外经济合作区分国家级和省市级。国家级境外经济合作区由商务部和财政部进行确认考核和年度考核,省市级境外经济合作区主要由相应的地方政府进行指导、监管,提供支持和服务。

从类型来看,中国境外经济合作区有加工制造型园区、资源利用型园区、农业产业型园区、商贸物流型园区、技术创新型园区、科技产业型园区等。其中,加工制造型园区主要以轻工、纺织、机械、电子、化工、建材为主导产业,资源利用型园区主要以矿产、森林、油气等资源开发、加工和综合利用等为主导产业,农业产业型园区主要以谷物和经济作物等的开发、加工、收购、仓储等为主导产业,商贸物流园区主要以商品展示、运输、仓储、集散、配送、信息处理、流通加工等为主导产业,技术创新型园区主要以高新技术和产品的研发、生产为主导产业。

从历程来看,国家级境外经济合作区第一批 8 个(见表 8-3 中的前 8 个),批准时间为 2006 年,第二批 11 个(见表 8-3 中的后 11 个),批准时间为 2007 年。据不完全统计,已经进驻境外经济合作区的中国企业达到 2790 多个,流入境外经济合作区的企业投资额达 120 多亿美元,累计产生 480 多亿美元的产值。

从规划和投入来看,现有的境外经济合作区规划面积最小不低于 1 平方公里。巴基斯坦海尔—鲁巴经济区的规划面积只有 1.03 平方公里,而尼日利亚莱基自由贸易区的规划面积最大,达到了 165 平方公里;投资规模基本都超过了 1 亿美元,中俄托木斯克木材工贸合作区的资金投入达到了 100 亿元人民币。

表 8-3 中国第一批和第二批共 19 个国家级境外经贸合作区

序号	合作区名称	牵头企业	获批年份	主导产业
1	巴基斯坦海尔—鲁巴经济区	海尔集团(山东)	2006	建材、家电、纺织等
2	俄罗斯乌苏里克经贸合作区	康吉国际投资有限公司(浙江)	2006	轻工、机电、木业等

序号	合作区名称	牵头企业	获批年份	主导产业
3	毛里求斯晋非经贸合作区	亚非投资有限公司(山西)	2006	产品加工及物流仓储、商务商贸、绿色能源等
4	赞比亚中国经贸合作区	中国有色矿业集团有限公司(北京)	2006	金属冶炼、商贸服务业、加工制造业等
5	泰国泰中罗勇工业区	中国华立集团(浙江)	2006	汽配、家电和电子、建材等
6	柬埔寨西哈努克港经济特区	红豆集团(江苏)	2006	纺织服装、五金机械、轻工家电等
7	尼日利亚广东经贸合作区	新广国际集团中非投资有限公司(广东)	2006	家具、建材、陶瓷、五金、医药、电子等
8	俄罗斯圣彼得堡波罗的海经贸合作区	实业集团(上海)	2006	房地产开发
9	尼日利亚莱基自由贸易区	中非莱基投资有限公司(江苏)	2007	高端制造业、装配业、城市服务业等
10	中俄托木斯克木材工贸合作区	中国国际海运集装箱股份有限公司(山东)	2007	森林抚育采伐业、商贸物流业等
11	埃塞俄比亚东方工业园	永元集团有限公司(江苏)	2007	冶金、建材、机电等
12	越南龙江工业园	海亮集团有限公司(浙江)	2007	电子、机械、轻工、建材等
13	墨西哥中国宁波吉利工业经贸合作区	吉利控股集团(浙江)为主	2007	汽车整车和零部件生产等
14	委内瑞拉库阿科技工贸区	浪潮集团(山东)	2007	电子、家电、农业机械等
15	韩国韩中工业园	东泰华安国际投资有限公司(重庆)	2007	汽车、摩托车、生物技术、物流及批发业等
16	埃及苏伊士经贸合作区	中非泰达投资股份有限公司(天津)	2007	纺织服装、石油装备、新型建材及精细化工等
17	中国—印度尼西亚经贸合作区	农垦集团有限责任公司(广西)	2007	机械制造、生物制药、建材、家用电器等
18	阿尔及利亚中国江铃经贸合作区	中鼎国际、江铃汽车集团(江西)	2007	汽车及配件、建筑材料等
19	越南中国(深圳—海防)经贸合作区	深越联合投资有限公司(深圳)	2007	纺织轻工、机械电子、医药生物等

资料来源:作者搜集整理。

(三)"一带一路"沿线国家境外经济合作区的主要问题

中国已经成为资本净输出国,加速推进境外经济合作区等平台建设、不断扩大对外资本输出将是中国开放型经济发展的重要特征。在快速发展的过程中,中国境外经济合作区也存在一些问题。

1.一哄而上的市场秩序问题

在中国境外经济合作区的初期发展阶段和扶持发展阶段,国家设立了外经贸发展专项资金给予扶持,并且实行招标制度。境外经济合作区的优惠政策包括:国家开发银行为境外经济合作区企业提供优惠利率的开发贷款;对于投资、建设境外经济合作区的资金,给予外汇便利政策;境外经济合作区开发建设和区内企业生产运营所需的机器设备、建材、产品零部件等是在国内采购的,实行增值税和关税减免征收优惠;对中国援外人员的个人所得税实行减免政策等。结果,国内许多企业忽视了其中面临的困难和问题,出现了一哄而上的现象。

2.境外经济合作区建设困难重重

境外经济合作区建设涉及两个国家以及多个部门,协调推进难度较大。目前,建设境外经济合作区仅由商务部门独力推动,难以达到强力推进的效果。

境外经济合作区建设的政策性投入力度远远小于国内开发区,而开发成本却远远高过国内开发区,因而境外经济合作区的开发企业面临巨大的资金压力。

一些东道国的投资环境极其不理想,一些东道国政府和当地居民也并未积极支持中国的境外经济合作区,签订的各项协议很难保证得到顺利实施。

国内文化与当地文化差异大,加上语言障碍等因素,导致部分中国企业不善于利用当地人才以及有效交流和沟通,中国境外经济合作区经营面临许多困难。

3. 境外经济合作区面临的风险

一是境外经济合作区建设方式带来的风险。境外经济合作区的开发主体是企业,因此面临的挑战和风险要远远大于中国的经济开发区。境外经济合作区建设具有"初期投资大、融资成本高、收益周期长"的特点,这是投资企业开发和建设境外经济合作区面临的最大挑战。事实上,真正直接回报给开发企业的仅限于土地出租和出售收入、物业收入、公用设施开发收入、商业地产收入、区内企业服务性收入等,短期内难以收回经济合作区初期的集中投入。

二是东道国投资法律环境变化的风险。中国境外经济合作区大多设立在非洲、亚洲等欠发达国家和地区,相关东道国往往给予外国投资者(包括经济合作区的外国开发企业)一定的优惠政策,但是这些优惠政策或法律法规存在一定的变动风险。例如,优惠政策的持续性短、优惠政策的实际效果差、政府更迭的负面影响等,都会使境外经济合作区发展面临隐患。

三是经济合作区公司管理入区企业面临的风险。建立经济合作区的企业一般是中国有实力、有成功海外经营经验的企业,但如何吸引和管理入区企业也是它们在海外投资中面临的挑战。境外经济合作区与国内建设开发区在招商对象方面有很大不同,中国的开发企业大多还没有像西方国家跨国公司那样强大的竞争力和行业影响力,上下游企业和相关配套企业并不一定会积极参与。东亚文化传统使更多的中小企业持观望态度,甚至消极态度。境外经济合作区的开发企业和进驻该区的中小企业之间需要建立协调一致的、可持续的外部治理机制,这也是境外经济合作区要获得持续发展所面临的严重挑战和风险。

四、"一带一路"战略构想下建设境外经济合作区的政策建议

中国境外经济合作区的发展历史较短,而且合作区的建设周期长,采取短期评估和考核的做法不符合其发展规律。因此,不能用非黑即白的二分法来简单评价境外经济合作区的成功或失败。

目前,中国境外经济合作区较具特色的有:生产加工型,如中埃合作区——现代化工业新城(见专栏8-1);农业生产型,如印尼农业产业区——产业链的整合者;商贸物流型,如中欧商贸物流合作园区——打通外贸通道。

境外经济合作区建设是一项艰巨的任务,不仅牵涉到国内外的法律法规,而且更主要的是要实现当地经济基础和社会条件与中国企业的有效整合。除了开发企业需规范经营、谨慎选择项目、做好尽职调查外,我们这里提出如下建议。

【专栏 8-1】

中埃合作区:现代化工业新城

中国——埃及苏伊士经济合作区,是目前唯一一个以开发区运营商身份进行园区开发建设的境外园区。

早在 20 世纪 90 年代中期,埃方就提出希望中国在埃及苏伊士湾西北区域建立自由区的需求。1998 年 10 月,中国与埃及共同建立的苏伊士特区项目正式启动,中埃合作区实际上是在原来经济特区基础上建立起来的。2008 年 7 月,天津泰达投资控股有限公司(以下简称泰达控股)、天津开发区苏伊士国际合作有限公司和埃及埃中合营公司合资组建了埃及泰达投资公司,成为合

作区项目开发、建设、招商和管理的实施主体,这也被视为中埃合作园正式开始建设的标志。同时,泰达控股与中非发展基金友好合作,双方于2008年10月成立中非泰达投资股份有限公司(以下简称中非泰达),成为埃及苏伊士经济合作区的境内投资主体。

中埃合作区位于埃及苏伊士湾西北经济区,紧邻苏伊士运河,合作区起步区面积1.34平方公里,目前累计投资约1亿美元,起步区已基本开发完成;扩展区面积6平方公里,规划未来用10年时间分3期开发,开发建设总投资约2.3亿美元。

不同于其他产品主导型、资源开发主导型、优势主导型等园区,中埃合作区是唯一一个以开发区运营商身份进行园区开发建设的园区。截至2014年年底,中埃合作区起步区共有制造型企业32家,协议投资额近9亿美元,其中绝大部分是中国企业,因此它为中国企业"走出去"搭建了一个平台。

中非泰达近期对中埃合作区重新做了战略定位,其已经远非产业园区那么简单,而是要建成一个生态化、生活化的高标准现代工业新城区。中埃合作区内的企业主要分为两类,一类是中小企业,一类是大型龙头企业。园区内有建筑面积近8万平方米、拥有12栋标准厂房及小型服务中心和餐饮供应场所的中国小企业孵化园,超过20家的中小企业在里面生产,成为中国小企业"走出去"发展的孵化器和生长地。而随着振石集团2000万美元项目落户,与巨石(埃及)玻纤项目形成配套上下游产业后,合作区的投资平台作用日益凸显,集群式发展模式已初具雏形。同时,大型龙头企业也已经初步形成以宏华钻机和国际钻井材料制造公司为龙头的石油装备产业园区、以西电—Egemac高压设备公司为龙头的高低压电器产业园区、以中纺机无纺布有限公司为龙头的纺织服装产业园区、以巨石(埃及)玻璃纤维公司为龙头的新型建材产业园区以及以牧羊仓储公司为龙头的机械制造类产业园区,依靠产业集群,已经开始形成较为完整的产业链。此外,园区内还有中外方的配套服务机构30家,业务领域包括银行、保险、广告、物流、旅行、餐饮、超市等。其中,比较知名的企业有苏伊士运河银行、法国兴业银行、中海运公司、韩进物流、阳明海运、苏伊士运河保险公司等。随着酒店和游乐园等相关设施的竣工,中埃合作区朝现代工业新城区的目标更近了一步。

(一)加快与"一带一路"沿线国家签署相关协定

据商务部统计,目前中国的海外企业大概有 2.5 万家,境外资产约 3 万亿美元,约有 100 万名中国员工在海外工作,这显然需要政府加强保护和支持。迄今为止,中国已与 132 个国家签订了双边投资保护协定,与 90 个国家签署了避免双重征税协定,与 100 多个国家建立了经贸混委会或联委会机制,以协商解决对外投资合作中的问题,为中国企业"走出去"和建设境外经济合作区提供法律保障。但是,多数双边投资保护协定不适应新形势的要求,与国际规则和国家利益不相协调。中国建设境外经济合作区,迫切需要推进政府保障机制建设,包括投资保护协定、避免双重征税协定、双边合作区协定等。

首先,积极稳妥推进境外经济合作区建设,迫切需要中国政府与有关经济贸易伙伴商谈修订原有的双边投资协定,以及签署新型的投资协定,特别是推动多边合作发展的投资协定。在商谈和签署境外经济合作区的双边协议中,中国政府应利用外交资源在政治、外交、经济等方面加强对企业的支持,明确规定双边各自的权益,特别是开发企业和东道国政府的各项权利与义务,并增加投资争端解决、风险防范的相关条款,以避免和降低东道国法律政策变动的风险。

其次,根据中国发展战略特别是"一带一路"战略构想,政府需要加强与沿线国家的交流沟通,签署国际产能合作等相关备忘录和协定,加快自由贸易区的谈判工作,积极推进多边组织的贸易和投资,特别是加快"巴厘路线图"中的贸易便利化等协定谈判进程。近年来,在推动"一带一路"建设中,中国已经与哈萨克斯坦、吉尔吉斯斯坦、乌兹别克斯坦等国家签署了国际产能合作备忘录,以及境外经济合作区的政府间协定。2015 年,中国与哈萨克斯坦签署了 52 个早期收获项目,已签署项目协议金额 230 亿美元。

再者,中国与东道国政府部门应落实好税收协定,避免企业遭受双重征税,减轻企业的税收费用负担,帮助企业享受正常的国民待遇和东道国提供的优惠待遇,特别是东道国中与境外经济合作区相类似的特殊经济区应享受的优惠政策。为吸引外国直接投资,东道国政府往往会为中国企业建设的经济合作区提供良好的投资环境和优惠政策支持,特别是税收、土地、金融、政府服务等多个方面的优惠和便利。

(二)加快中国对外投资和经济合作的改革

实践证明,2014 年以来中国进行的对外投资合作改革是有成效的。2014 年 9 月商务部出台了《境外投资管理办法》,其核心就是简政放权,减少审批。从 2014 年 10 月 6 日到 2015 年 9 月 14 日,商务部和地方商务主管部门一共完成了企业境外投资备案和核准 1 万件,其中备案 9959 件,占总数的 99.59%,核准 41 件,占总数的 0.41%。[①] 可以看出,这一措施已经极大地简化了审批流程和审批数量,备案手续也更加简便,便利了中国企业的对外投资,企业对外投资的件数比 2014 年增加了 3952 件,同比增长 64.9%。

---

① 参见商务部、国家统计局、国务院新闻办相关新闻发布会,2015 年 9 月 17 日。

境外经济合作区发展离不开中国政府和东道国政府之间的协作,中国政府需要不断深化境外投资的管理改革,使之适用于境外经济合作区,推动境外经济合作区的政府间合作机制建设。应签署关于建设合作区的政府间框架协议,建立两国政府间的磋商机制,为合作区的整体发展提供指导;成立两国政府相关部门参加的合作区双边工作委员会,协调解决合作区建设中遇到的诸如投资便利化等重大问题;成立合作区联合办公室,作为双边工作委员会的办事机构,协调处理合作区有关日常事务和具体问题。

(三)统筹规划境外经济合作区的产业布局和空间布局

在境外经济合作区建设中,中国政府应加强宏观规划,发挥协调作用。境外经济合作区可以得到政府的资金扶持,企业的投资动机和热情必然非常强烈,一哄而上的非理性结果很可能导致不必要的损失。在设立境外合作区时,既要突出企业是园区建设的主体,又要保证政府对合作区的布局进行规划和统筹安排,避免境外经济合作区的功能定位出现重复。在境外经济合作区具体产业布局上,要有利于中国的产业结构调整与产业升级;在境外经济合作区的空间布局上,要充分调查研究,与外交部、文化部、教育部等部门加强交流与沟通,不仅要选择与中国关系好、政治局势稳定的亚非国家和地区,而且要符合中国的国家利益和全球战略布局。

为实现境外经济合作区的科学发展、合理规划,促进社会、经济、文化、政治、环境协调发展,境外经济合作区的主管部门、机构需要建立一套科学化、定量化、标准化的指标体系,以作为合作区建设发展的量化指标。境外经济合作区属于长期项目,根据建立的指标体系和指标要求,政府主管部门应寻求短期效益与长远利益的最佳结合,发挥开发区主办企业的作用,完善境外经济合作区的布局。

第九章　对接"一带一路"的国内开放格局与地区开放政策

区域经济协调发展是国民经济整体健康发展的重要条件,也是中国消灭贫困、实现全体人民共同富裕的必然要求。提升欠发达地区的对外开放水平,对于缩小地区差距和实现区域经济协调发展非常关键。将国内综合运输体系以及全国骨干流通大通道体系建设,与"一带一路"六大国际经济合作走廊建设相联通,能使国内外"一带一路"沿线物流人流连接起来,促进沿线经济要素的有效流动和配置,带动区域经济开放和协同发展。中国正在积极推进"走出去"战略,扩大对外投资和国际产能合作。由于中西部许多区域和"一带一路"沿线地区在比较优势和产业发展阶段上具有一定的相似性,因此,国内大通道建设能够促进中西部地区开放和承接东部沿海地区产业转移。通过对接"一带一路",加快国内各区域之间的大通道建设和产业布局调整,促进国内各地区开放型经济协同发展,对于中国经济的长期稳定和可持续发展具有重要意义。

一、地区开放型经济协同发展对中国经济长期稳定增长具有重要意义

中国区域经济发展之间存在较大差异,尤其是中西部地区,经济发展水平明显落后于东部沿海地区(见表9-1),这不利于中国经济的长期可持续发展和社会稳定。通过扩大中西部地区对外开放,推进国内大通道建设,促进要素资源跨区域流动和国内产业转移布局,将有助于实现各地区经济协调发展。

表 9-1　2014 年中国各地 GDP 和人均 GDP 水平

名次	省(区、市)	人均 GDP(万元)	GDP(万元)	2013 年年末常住人口(万人)
1	天津	10.68	15722.47	1472
2	北京	10.09	21330.80	2115
3	上海	9.76	23560.94	2415
4	江苏	8.20	65088.32	7939
5	浙江	7.30	40153.50	5498

续表

名次	省(区,市)	人均GDP(万元)	GDP(万元)	2013年年末常住人口(万人)
6	内蒙古	7.11	17769.51	2489
7	辽宁	6.52	28626.58	4390
8	福建	6.37	24055.76	3774
9	广东	6.37	67792.24	10644
10	山东	6.11	59426.59	9733
11	吉林	5.02	13803.81	2751
12	重庆	4.80	14265.40	2970
13	湖北	4.72	27367.04	5799
14	陕西	4.70	17689.94	3764
15	宁夏	4.21	2752.10	654
16	新疆	4.09	9264.10	2264
17	湖南	4.04	27048.46	6691
18	河北	4.01	29421.15	7333
19	青海	3.98	2301.12	578
20	黑龙江	3.92	15039.40	3835
21	海南	3.91	3500.72	895
22	河南	3.71	34939.38	9413
23	四川	3.52	28536.66	8107
24	山西	3.52	12759.44	3630
25	江西	3.47	15708.59	4522
26	安徽	3.46	20848.75	6030
27	广西	3.32	15672.97	4719
28	西藏	2.95	920.83	312
29	云南	2.73	12814.59	4687
30	甘肃	2.65	6835.27	2582
31	贵州	2.64	9251.01	3502

资料来源:《中国统计年鉴2014》。

(一)中国经济长期可持续发展需要各地区协调发展

区域协调发展是指区域之间在经济利益上同向增长,经济差异趋于缩小,以及区域之间存在有效的分工协作。各区域经济协调发展是国民经济整体健康发展的重要条件。从供给侧来看,其有助于发挥各地比较优势,实现区域之间的资源有效流动和产业合理布局,促进各地经济更好地互相补充、互相协作,发挥国民经济整体优势,为经济长期稳定增长提供持续的动力;从需求侧来看,其将提高各地居民收入水平,进而扩大市场需求,带动经济可持续发展。例如,京津冀协同发展战略和长江经济带战略都是区域协同发展战略。区域经济协调发展也是中国消灭贫困、实现全体人民共同富裕的必然要求,对于保持社会安定,加强各区域和各民族之间的团结,巩固与增强国家的凝聚力和向心力具有特别重要的意义。

(二)中国地区开放程度存在较大差异

根据国家统计局数据,我们计算了 2014 年国内各省(区、市)的贸易开放度(也称外贸开放度)和资本开放度(也称外资开放度),来衡量各地的对外开放程度(见表 9-2)。两个指标的计算公式如下:

$$\text{区域外贸开放度} = \frac{\text{地区进出口总额}}{\text{地区 GDP}}$$

$$\text{区域外资开放度} = \frac{\text{地区利用外资总额}}{\text{地区 GDP}}$$

表 9-2　2014 年中国各地人均可支配收入和经济开放度

地区	省(区、市)	人均可支配收入(元)		贸易开放度		资本开放度	
		排名	数值	排名	数值(%)	排名	数值(%)
东	上海	1	47710	1	118.00	1	138.30
东	北京	2	43910	7	41.20	3	57.90
东	浙江	3	40393	3	57.80	9	40.20

续表

地区	省(区、市)	人均可支配收入(元)		贸易开放度		资本开放度	
		排名	数值	排名	数值(%)	排名	数值(%)
东	江苏	4	34346	4	57.50	2	67.80
东	广东	5	32148	2	112.50	5	50.90
东	天津	6	31506	5	56.40	4	56.30
东	福建	7	30722	6	42.00	7	44.20
东	山东	8	29222	9	33.90	12	20.60
东	辽宁	9	29082	11	26.90	8	42.60
西	内蒙古	10	28350	28	5.30	27	9.10
中	湖南	11	26570	27	6.40	23	10.50
西	重庆	12	25133	8	35.60	10	29.10
中	湖北	13	24852	24	9.20	15	17.40
中	安徽	14	24839	18	12.70	19	14.20
西	广西	15	24669	14	17.60	18	14.70
东	海南	16	24487	10	29.70	6	48.90
中	河南	17	24391	19	12.00	24	10.40
西	四川	18	24381	17	13.20	14	17.80
西	陕西	19	24366	22	9.60	16	15.50
中	江西	20	24309	15	15.30	11	26.20
西	云南	21	24299	23	9.50	21	12.10
东	河北	22	24220	13	19.70	20	13.00
中	山西	23	24069	26	8.90	13	18.80
西	宁夏	24	23285	25	9.00	22	11.50
中	吉林	25	23218	20	12.00	17	14.80
中	黑龙江	26	22609	21	12.00	26	9.80
西	贵州	27	22548	30	3.40	25	10.30
西	青海	28	22307	31	1.70	29	8.30
西	新疆	29	22160	12	25.80	31	5.00
西	西藏	30	22026	16	14.20	28	8.90
西	甘肃	31	20804	29	4.70	30	6.10
	全国		28844		38.60		34.10

资料来源:《中国统计年鉴2014》。

从表 9-2 中可以看出,中国各地的经济对外开放度存在较大差异,其中,东部地区的经济对外开放程度普遍较高。从贸易开放度来看,全国 31 个省(区、市)的平均水平是 38.6%,有 7 个省(市)高于全国平均水平,分别是上海市、广东省、浙江省、江苏省、天津市、福建省、北京市,这 7 个省(市)全部位于东部地区。其余 24 个省(区、市)的贸易开放度都低于全国平均水平。从资本开放度来看,全国平均水平是 34.1%,有 9 个省(市)高于全国平均水平,分别是上海市、江苏省、北京市、天津市、广东省、海南省、福建省、辽宁省、浙江省,也全部位于东部地区。中西部地区经济开放度最高的重庆市,贸易开放度和资本开放度分别位于全国第 8 位和第 10 位。

(三)对外开放是促进地区经济发展的重要动力

对外开放是加速地区经济发展的重要因素。对外开放可以推动地区经济融入世界市场,扩大了地区内生产活动的市场需求,加快了资本和技术积累,促进了地区经济增长。

中国的对外开放是区域性推进的。1978 年以来,中国的对外开放逐渐由沿海地区向内陆地区推进:由南向北、由西向东形成了"经济特区—沿海开放城市—沿海经济开放区—内地—沿边"的包括不同开放层次、具有不同功能的梯度推进格局。其结果是,东部地区的开放程度高于中西部地区,南方地区的开放程度高于北方地区。地区开放进度不同,造就了不同的发展速度。对外开放水平在地域间分布不均衡是中国区域经济不平衡的重要原因。从人均 GDP 和人均可支配收入来看,排名前 10 位的省(区、市)中,只有内蒙古是中部地区的,其余都是开放水平较高的东部沿海省(市)。

未来要缩小地区差距,关键的一步是要加速提升欠发达地区的对外开放水平,既包括欠发达省(区、市),也包括沿海发达省(市)内的欠发达县。"一带一路"战略的提出为中国扩大开放和促进区域经济协调发展提供了新思路,对促进中国区域产业布局调整意义重大。一方面,它强调提高面向西北的中亚、西亚乃至欧洲的对外开放水平,为中西部地区开拓了新的市场空间;另一方面,也有利于带动产业、技术、资金等资源流向中西部地区,转移当前东部地区生产成本上升和日益增大的转型压力,促进制造业向中西部转移,加强东、中、西部之间的经济联动性。

二、对接"一带一路",加快国内大通道建设

(一)国内大通道建设是"一带一路"的重要组成部分

"一带一路"的内涵可以归纳为"五通三同"。"五通"就是政策沟通、设施联通、贸易畅通、资金融通、民心相通,"五通"是缺一不可的统一体。"三同"就是利益共同体、命运共同体和责任共同体,"三同"是一个整体,就是要实现共赢。基础设施联通是"五通三同"的优先领域,包括交通设施和油气管道、输电网、跨境光缆建设等,但重点是交通设施建设。"一带一路"横跨亚非欧,沿途地形复杂、山河阻隔,只有交通设施联通,才能促进货物和人员往来,带动贸易、资金和民心相通,政策沟通也更能落到实处。《愿景与行动》指出,根据"一带一路"走向,陆上依托国际大通道,以沿线中心城市为支撑,以重点经贸产业园区为合作平台,共同打造新亚欧大陆桥、中蒙俄、中国—中亚—西亚、中国—中南半岛等国际经济合作走廊;海上以重点港口为节点,共同建设通畅、安全、高效的运输大通道。中巴、孟中印缅两个经济走廊与推进"一带一路"建设关联紧密,要进一步推动合作,取得更大进展。

建设国际经济合作走廊和海上运输大通道,国内大通道建设要走在前面。"一带一路"沿线有相当大的区域在中国境内,加快国内大通道建设,联通"一带一路"境内沿线区域,对于推进"一带一路"建设至关重要。只有

与国际经济合作走廊相连的国内大通道建设畅通了,跨境物流和人流才能畅通,才能推动沿线区域的对外开放,国际经济合作走廊的建设才能真正发挥跨境合作的作用,才能有效促进生产要素和商品在境内区域间的流通,促进国内沿线区域经济协同发展。

(二)推进国内大通道建设,联通"一带一路"境内外沿线区域

1.国内大通道建设的重要性和支持政策

将国内综合运输体系和全国骨干流通大通道体系的建设,与"一带一路"六大国际经济合作走廊的建设相联通,建立国内跨区域大通道和合作机制,能够使国内外"一带一路"沿线物流人流连接起来,促进沿线经济要素的流动和有效配置,带动区域经济开放和协同发展。

在国内交通和物流大通道建设中,应该抓住交通基础设施的关键通道、关键节点和重点工程,加强中西部地区交通物流网络建设,增强与东部沿海地区的联系,打通缺失路段、畅通瓶颈路段、配套完善道路安全防护设施和交通管理设施设备,加强生产资料、消费品和人员流通渠道及配套设施建设,提升道路通达水平。在跨区域合作中,应该建立跨区域流通发展协调机制,打破地区封锁和行业垄断,积极推进流通领域信息化建设。鼓励流通企业利用现代信息技术加快流通创新,加快推进互联网、物联网、云计算、电子标签等技术在流通领域的应用,提升流通领域专业化、社会化、规范化和智能化水平,提高交通运输管理和运营效率。

应制定相关财政金融税收政策,支持对接"一带一路"的国内大通道建设。在丝路基金、亚投行、金砖国家新开发银行等政策性金融机构之外,商业性金融机构也应该积极发挥支持作用。加强金融基础设施建设和金融产品创新,采取股权投资、财政补贴、PPP 等多种方式,推动发展供应链融资、互助担保融资、商圈融资。

2. 综合交通运输和流通体系建设,为国内大通道建设创造条件

交通运输和物流体系,对于促进国家经济建设和繁荣发展至关重要。中国已经制定和实施了一系列交通体系建设政策措施,综合交通网络基本形成并且还在不断完善之中,这为对接"一带一路"的国内大通道建设创造了非常有利的条件。

2007 年,交通运输部通过了《综合交通网中长期发展规划》,提出建设"五纵五横"10 条综合运输大通道和 4 条国际区域运输通道。"五纵五横"中的"五纵"是指,黑龙江省黑河至海南省三亚、北京至上海、内蒙古自治区满洲里至港澳台、包头至广州、内蒙古自治区临河至广西壮族自治区防城港等五条南北向综合运输通道;"五横"是指,天津至喀什、青岛至拉萨、江苏连云港至新疆维吾尔自治区阿拉山口、上海至成都、上海至云南省瑞丽等五条东西向综合运输通道。4 条国际区域运输通道是指:东北亚国际运输通道(含中蒙通道),以南北沿海运输大通道、满洲里至港澳台运输大通道和西北北部运输通道为主轴;中亚国际运输通道,以西北北部出海运输通道、陆桥运输通道为主轴;南亚国际运输通道,以青岛至拉萨、沪瑞运输大通道为主轴;东南亚国际运输通道,以上海至瑞丽综合运输大通道、临河至防城港综合运输大通道为主轴。到 2016 年年初,"五纵五横"综合运输大通道基本贯通,综合交通网络已经初步形成,综合枢纽建设明显加快,各种运输方式衔接效率显著提升。截至 2015 年,中国铁路营业总里程达 12 万公里,高速铁路达 1.9 万公里,占世界总里程的 60%;公路通车总里程达 457 万公里,高速公路里程突破 12 万公里。

2016 年 3 月"两会"审议通过的《国民经济和社会发展第十三个五年规划纲要》提出,要坚持网络化布局、智能化管理、一体化服务、绿色化发展,建设国内国际通道联通、区域城乡覆盖广泛、枢纽节点功能完善、运输服务一体高效的综合交通运输体系。"十三五"时期,中国将构建横贯东西、纵贯南北、内畅外通的综合运输大通道,加强进出新疆、出入西藏通道建设,构建西北、西南、东北对外交通走廊和海上丝绸之路走廊。在城镇化地区大力发展城际铁路、市域(郊)铁路,形成多层次轨道交通骨干网络,高效衔接大中小城市和城镇;实行公共交通优先,促进网络预约等定制交通发展。"十三五"规划纲要草案列出了"十三五"时期高速铁路、高速公路、"四沿"通道、民用机场、港航设施、城市群交通、城市交通、农村交通、交通枢纽、智能交通等十大方面的交通建设重点工程。今后五年,高铁营业里程将达到3万公里,覆盖80%以上的大城市;新建改建高速公路通车里程约3万公里;基本贯通沿海高速铁路、沿海高速公路和沿江高速铁路,加快建设沿边公路和沿边铁路;新增民用运输机场50个以上;新增城市轨道交通运营里程约3000公里;实现具备条件的建制村通硬化路和班车,实现村村直接通邮。积极打造陆上经济走廊和海上合作支点,扎实推进"一带一路"建设;统筹国内区域开发开放与国际经济合作,共同打造陆上经济走廊和海上合作支点,推动互联互通;构建沿线大通关合作机制,建设国际物流大通道。

2015年5月,商务部等10部门联合印发《全国流通节点城市布局规划(2015—2020年)》(以下简称《规划》)。《规划》根据国家区域发展总体战略及"一带一路"等战略部署,结合国家新型城镇化规划、全国主体功能区规划等,确定2015—2020年"3纵5横"全国骨干流通大通道体系,并明确划分国家级、区域级和地区级流通节点城市。其中,"3纵"为三条南北向流通大通道,包括东线沿海流通大通道、中线京港澳流通大通道、西线呼昆流通大通道;"5横"为五条东西向流通大通道,包括西北北部流通大通道、陇海兰新沿线流通大通道、长江沿线流通大通道、沪昆沿线流通大通道、珠江西江流通大通道。《规划》将全国流通节点城市划分为国家级、区域级和地区级共三级,确定国家级流通节点城市37个,区域级流通节点城市66个。

三、设立自由贸易试验区，推进中西部地区改革开放

在"一带一路"沿线经济走廊建设中，需要大力发挥园区平台的节点支撑作用，如境外合作园区、跨境经济合作园区和自由贸易试验区等。在国内大通道的建设中，自由贸易试验区可以发挥引领开放和带动沿线区域经济发展的重要作用。

建立自由贸易试验区，是中国在新的国内外经济形势下推进改革开放的重大举措，其目标在于加快政府职能转变、积极探索外商投资管理模式创新、促进贸易和投资便利化，为全面深化改革和扩大开放探索新途径，积累新经验。"一带一路"国内大通道建设，在沿线区域合理布局自由贸易试验区，能有效促进沿线区域改革开放、产业布局调整和经济发展。

中国已经在上海、天津、广东、福建设立了四个自由贸易试验区。经过近两年的实践，自由贸易试验区在促进政府职能转变和完善市场监管、扩大市场开放、优化产业结构、探索园区建设模式、深化与港澳台合作、对接国家发展战略、辐射周边区域经济发展等方面发挥了积极的作用，对中国的改革开放进程产生了意义深远的影响。例如，第一个设立的上海自由贸易试验区，率先在国内实现了外商投资准入的负面清单管理模式，加强和完善了市场事中、事后监管体系；天津自由贸易试验区有效对接了京津冀协同发展战略；广东自由贸易试验区深圳片区创新了园区管理体制机制；福建自由贸易试验区在对接海上丝绸之路建设和深化闽台合作等方面采取了一系列创新措施。自由贸易试验区在促进区域新型业态发展和产业结构调整方面，也已经开始发挥积极作用。例如，上海自由贸易试验区在发展跨境电商、文化艺术品交易、生产要素交易平台、境内外资金融通以及促进科技创新等方面取得了重大进展。

上述四个自由贸易试验区由北到南布局在东部沿海地区，对中国东部

地区的对外开放和区域经济发展的作用已经显现。根据中国综合交通网和全国骨干流通网络建设规划,从对接"一带一路"国际经济走廊的需要出发,未来自由贸易试验区应该更加向中西部和沿边地区大通道沿线布局,如全国流通大通道体系"3纵5横"中的中线京港澳流通大通道和西线呼昆流通大通道的沿线区域。例如,湖北、河南位于中线京港澳流通大通道区域,并且武汉和郑州都是区域性经济重镇,在对外开放和带动区域经济发展中的作用不断增强;广西、新疆分别位于西南海上丝绸之路走廊、西北对外交通走廊的境内外连接区域,其中广西位于内蒙古临河至广西防城港综合运输通道的南端和中国—中南半岛国际经济合作走廊的核心位置,新疆位于新亚欧大陆桥、中国—中亚—西亚、西北北部以及陇海兰新沿线流通大通道的出入境位置;川渝是西线呼昆流通大通道上的经济重镇,并且新开通了连接欧洲地区的渝新欧、蓉新欧等铁路运输专线。因此,在湖北、河南、广西、新疆、四川、重庆等地设立自由贸易试验区,对于深化改革开放、促进国内大通道建设、加快区域间经济要素流动和产业布局调整、带动周边区域经济发展、对接"一带一路"战略等,都将发挥积极而重要的作用。

四、统筹协调国内产业布局调整与"走出去"战略

受各地自然条件和历史因素的影响,中国区域产业布局存在明显的不均衡,主要表现为工业制造业集中于东部地区,中西部更多的是资源型产业。2014年,沿海省份的工业增加值占全国工业增加值的比重为61.7%。虽然在西部大开发战略和一系列区域性开发战略的推动下,中国中西部地区经济保持了较好的增长态势,但是产业结构仍然以资源矿产型产业为主,是资源和劳务输出地。造成这种产业布局的原因在于,东部地区通过扩大开放和承接发达国家的产业转移,成功融入了全球价值链分工体系,并且凭借便利的海上运输条件,成为中国出口欧美市场的主要生产制造基

地。中西部地区受制于交通通信不便,以及自然要素禀赋和市场机制发育水平不够等,未能全面融入国际生产分工体系,资源输出型产业结构的地位得到了强化,产业结构优化升级和持续增长动力不足。要实现区域间经济协同发展,调整全国产业结构布局势在必行,各地立足本地优势发展特色产业至关重要。对接"一带一路"的国内大通道建设,能够降低经济要素、商品和人员在国内区域间流动的成本,减少生产性资源在区域间配置的扭曲,充分发挥各地的比较优势和市场作用,推动国内区域间和境内外产业结构的转移与重新布局,实现区域协同发展。

目前,中国正在积极推进"走出去"战略,扩大对外投资和国际产能合作。这是在经济全球化和中国经济实力大大增强条件下,提升中国企业全球资源配置能力和国际市场竞争力、获取关键性技术和战略性资源、在全球范围内布局生产供应网络的必然要求。在此过程中,中国东部地区由于要素成本上升,原来的优势产业逐渐失去竞争优势,需要向外转移,而"一带一路"沿线许多国家尚处在工业化早期阶段,经济高度依赖能源、矿产等资源型行业,很可能成为承接中国东部产业转移的重要区域。并且,整体而言,与"一带一路"沿线区域相比,中国处于产业价值链的高端,有能力向这些国家提供各种生产机械和交通运输设备等,"一带一路"沿线将是中国企业"走出去"的重点区域。

与此同时,我们应该看到,中国中西部地区在承接东部发达地区产业转移方面,也有很大空间。中国中西部许多区域和"一带一路"沿线国家在比较优势和产业发展阶段上,具有一定的相似性。国内大通道建设将消除中西部地区交通不便的障碍,中西部地区资源丰富、低成本生产的优势能得到更加充分的发挥,承接东部产业转移的配套能力也会增强,而且中西部地区人口众多、市场空间广阔,可为转移产业提供丰富的劳动力和消费市场。从"一带一路"境外沿线区域来看,通过跨境经济合作走廊与中国中西部相连的国家或地区,如中亚、西亚国家,俄罗斯,蒙古,以及东盟国家等,大多能源矿产和农林资源丰富,但工业化程度和产业技术水平较低,在生产价值链中处于中低端位置。在国内大通道和国际经济合作走廊相连通的条件下,中国区域间产业布局调整和"走出去"战略能够有效结合起来,企业可以在境内外更广阔的空间内配置生产性资源和优化产业布局,在推进"一带一路"建设的同时,促进中西部地区发展。而东部沿海地区经过改革开放30多年的发展,经济发达,人才和科研优势明显,应该着力打造高技术研发和先进制造业基地,发展战略性新兴产业,以北京、上海、深圳等地为中心,加快生产性服务业特别是金融业的发展,探索经济体制机制等方面的创新,继续发挥引领全国经济发展的作用。

因此,中国企业在加快"走出去"步伐和扩大海外投资,尤其是转移东部发达地区产业的时候,应该将中国中西部地区和境外地区(包括"一带一路"沿线区域)统筹考虑,确定产业投资和布局方向,在加快全球产业布局的同时,促进中西部地区的产业发展和经济增长。在对接"一带一路"的国内大通道沿线承接东部产业转移,优化产业布局,对于"一带一路"跨境国际经济合作走廊建设和沿线国家地区之间的经济合作也将发挥重要的推动作用。

五、中西部地区承接东部产业转移的政策建议

国内大通道建设能够促进中西部地区承接东部沿海地区产业转移,但是仅此还远远不够,中西部地区还需要在转变观念、体制机制创新、产业规划引导等方面采取措施,为产业结构优化升级、加快经济发展创造良好的环境和条件。

(一)转变观念,树立市场经济的开放竞争思想

思想观念落后,会阻碍对外开放和市场化改革,阻碍承接东部沿海地

区产业转移,最终影响中西部地区的经济社会发展。中西部地区在"一带
一路"国内大通道建设中要顺利承接东部沿海地区产业转移,首先要在市
场经济的思想观念上完成与东部发达地区的对接,树立竞争观念、效率观
念、信用观念,为中西部地区开放发展、承接东部产业转移打下思想基础,
要高度重视承接产业转移对于促进中西部地区工业化、城镇化和增强区域
竞争力的重要性。其次,要树立对外开放思想和培养国际化视野,学习东
部沿海地区和国际先进经验,改变应循守旧、不思进取的保守观念,以开放
促开发,以开发促发展。再者,要强化政府服务理念,加强为市场和企业服
务的主动性,改变"坐等要观念",积极吸引和引导东部产业转移投资本地
区。最后,要改变地方保护主义和部门本位的狭隘思想,摒除短视心态,树
立长远目标,从经济社会长远发展的角度,积极建设国内大通道和承接东
部沿海地区产业转移。

(二)转变政府职能,构建承接产业转移的良好环境

应转变政府职能,建设服务型政府,提高政府服务的透明度和效率,为
扩大开放和承接产业转移构建良好环境。首先,减少审批事项,优化审批
程序。设立绿色通道,为转移企业简化审批手续,提高审批效率,实行"首
问负责制""联审大厅"和"一站式服务"。承接产业转移要通过多个部门审
批的,应该精简审批环节,以有利于地区经济社会发展和生态环保为前提,
在批地、信贷、环保等环节加快审批速度,明确审批时限,做到简捷、高效,
提高行政效率。减少对微观经济活动的干预,提高公共服务水平。其次,
提高市场监管能力,加强事中事后监管,规范市场秩序。复制推广上海等
自由贸易试验区在信用体系建设方面的经验,保护和鼓励合法、守法经营。
以个人信用为基础,以企业信用和中介机构信用为重点,逐步建立健全企
业、中介组织和个人违约行为的约束惩戒机制,提高违约者的违约成本,切
实提高社会诚信度与全社会法制水平。实现中西部地区和东部沿海地区

数据信息共享,为东部沿海发达地区的产业转移创造公平、透明、法治、便捷的营商环境。再者,加强法治建设,依法行政,从法律制度上切实保障转移产业的合法权益。减少以往常见的各种乱收费、乱摊派现象,减轻企业和社会负担。最后,健全和完善市场体系建设。从市场准入、市场规划、市场建设等方面着手,创造公平竞争的市场环境,提高中西部不发达地区市场化水平。抓住对接"一带一路"国内大通道建设的机遇,构建统一大市场,畅通市场与物流,实现中西部与东部及国际市场的全面对接,为承接东部产业转移和开拓国内外市场创造条件。

(三)选准产业承接点,有效承接东部产业转移

中西部地区承接东部产业转移,应坚持"积极承接、合理选择"的方针,立足本地区的生产要素禀赋和生产技术水平,从本地区经济发展的实际情况和中长期目标出发,承接引进切合本地区实际的相关产业。既要防止因"为引进而引进"、低水平雷同引进以及破坏生态型引进而损害本地经济社会发展的竞争力和可持续性,也要防止因出现片面引进单个企业、单个产业而忽略了产业的整体性和配套关系,导致承接地产业关联度和产业集聚性不强,难以形成规模效应。需要加强对产业承接引进的规划和选择,引进"适宜产业""良性产业"和"可持续产业",增强承接东部产业转移的针对性和有效性。例如,"利用综合成本优势承接劳动密集型产业转移,利用区位优势承接市场在外产业转移,利用产业优势承接配套产业转移,利用资源优势承接精深加工产业转移并利用资源换取新产业到本地区发展"。[①]注重考察承接产业的技术层次、产业关联度以及产业的市场潜力等,重视引进龙头大企业并发挥它们的带动作用,加快形成区域性产业集群,促进中西部地区产业优化升级和经济协调发展。

---

① 王喜刚:《中西部地区产业转移与承接中的问题与对策》,《商业经济研究》2010年第33期。

在承接引进东部产业时,应创新引进方式,打破行业垄断,鼓励和支持非公经济发展,鼓励民营资本和境外资本参与国企重组改造,实现投资主体和产权多元化。

(四)从财税金融等方面支持中西部地区承接东部产业转移

抓住推进"一带一路"建设的有利时机,完善投融资法规及招商引资政策,在财税、金融、投资等方面,加强对中西部地区承接产业转移的政策扶持,支持中西部地区加强在基础设施建设和基本公共服务上的投入,通过贴息、减免税收或设立专项资金等方式引导投资或产业流向中西部地区。根据中西部地区产业发展实际,研究制定差别化产业政策,适当降低中西部地区鼓励类产业门槛。加快中西部地区对外开放,通过设立自由贸易试验区等方式,促进国内大通道沿线区域的对外开放,推进中西部地区与东部地区海关监管的协调合作。扩大科技开放合作,增强中西部地区消化吸收技术的能力和自主开发技术的能力,支持企业建立引领行业技术进步的工程中心、检验检测中心、重点实验室等研发机构,提高整体科技水平和自主创新能力,通过技术创新带动产业创新,承接东部产业转移,优化升级本地产业体系。

支持中西部地区金融产业发展,做大做强金融龙头企业,增强金融造血功能,加强对重点领域和行业的金融支持。

(五)中西部地区应该重视人力资源储备和引进

中西部地区承接东部产业转移,必须要有丰富的人力资源,既要吸引人才进得来、留得住、用得上,也要加强培养储备人才和高素质劳动力。应通过制定居住、待遇、税收和家属等方面的优惠政策,吸引发达地区人才到中西部地区开拓和发展事业。应加强基础教育和高等教育,加快培养适应当地经济产业发展所需要的本地人才。同时,还应该加快高素质劳动力培养,为东部转移过来的产业提供合格和充足的劳动生产力。通过多途径开发人力资源,提高劳动者的素质及其获取、掌握知识和技术的能力,为中西部地区产业素质的提升和产业的可持续发展提供所需的人力资源与智力支持。

六、小　结

中国各区域之间的经济发展存在较大差距,需要协同发展。扩大开放是促进区域经济协同发展的重要途径。推进"一带一路"国际经济合作走廊建设,国内大通道建设要走在前面。国内大通道建设,将促进国内要素资源的跨区域流动和产业布局调整,推动国内区域间协调发展。应在国内大通道沿线设立自由贸易试验区,推进沿线区域改革开放和经济发展。

中国正在实施"走出去"战略,推进国际产能合作,转移东部发达地区产业。应该将中国中西部地区和境外地区(包括"一带一路"沿线区域)统筹考虑,在优化中国全球产业布局的同时,促进中西部地区的产业发展和经济增长。

国内大通道建设有助于促进中西部地区承接东部沿海地区产业转移,但是仅此还远远不够,中西部地区还需要在观念转变、体制机制创新、产业规划引导、财税金融政策支持、人才培养等方面采取措施,为优化升级产业结构、加快经济发展创造良好的环境和条件。

.

第十章　中国—海合会自贸区建设的意义、影响和路径选择

　　海湾阿拉伯国家合作委员会(简称海合会,即GCC)是指由阿曼、阿联酋、巴林、卡塔尔、科威特和沙特等 6 个国家组成的关税同盟。海合会地处西亚地区,临近欧洲和北非,位于丝绸之路经济带和海上丝绸之路的交汇点,是欧亚大陆的重要经济板块。中国和海合会之间的经济合作是"一带一路"建设的重要组成部分。从 2004 年起,中国和海合会开展了双边自贸区谈判,但由于各种因素的影响,历时 10 年之久始终未能取得实质性进展。面对近年来全球经济格局演变和经贸规则重构加快进行的新形势,重启中海自贸区谈判,对于进一步促进中国和海合会国家经贸关系的深入发展、加快实现"一带一路"沿线国家"共商、共建、共享"的合作愿景,具有十分重要的意义。为了服务于推进这一工作的实际需要,本书在广泛深入调研的基础上,对中海(中国—海合会)自贸区建设的意义、影响及必要政策举措进行了深入分析和研究。

一、中国与海合会经济合作的基本情况

海合会成立于1981年5月,正式成员有阿拉伯联合酋长国、阿曼苏丹国、巴林国、卡塔尔国、科威特国、沙特阿拉伯王国等6个海湾阿拉伯国家。海合会国家面积241万平方公里,人口4983.3万,GDP规模1.66万亿美元,人均GDP约3.33万美元。沙特是海合会国家中的第一大经济体,经济总量占海合会国家的45.7%。卡塔尔是人均GDP最高的海合会国家,约为9.4万美元(见表10-1)。

表 10-1 2014 年海合会国家基本经济情况

	GDP(亿美元)	GDP 增速(%)	人均 GDP(美元)	贸易额(亿美元)
沙特	7524.59	3.60	24454.02	5395.90
阿联酋	4016.47	3.60	43179.78	6789.60
卡塔尔	2100.02	6.10	93965.18	1620.40
科威特	1723.50	1.30	43103.34	1326.20
阿曼	777.55	2.90	19001.81	800.20
巴林	338.62	4.70	28271.75	381.00

资料来源:世行统计。

2014年,中国与海合会六国的贸易总额为1752亿美元,中国逆差380亿美元(见图10-1)。沙特是中国在海合会国家中的最大贸易伙伴,2014年双边贸易额约为691亿美元,其次是阿联酋,贸易额约为548亿美元(见图10-2)。沙特是中国在海合会国家中最大的贸易逆差国,2014年中国对沙特贸易逆差约为279亿美元;阿联酋是中国在海合会国家中最大的顺差国,2014年中国对阿联酋贸易顺差约为233亿美元(见图10-3)。沙特是中国在西亚北非地区最大的贸易伙伴,中国是沙特第二大贸易伙伴,仅次于美国。

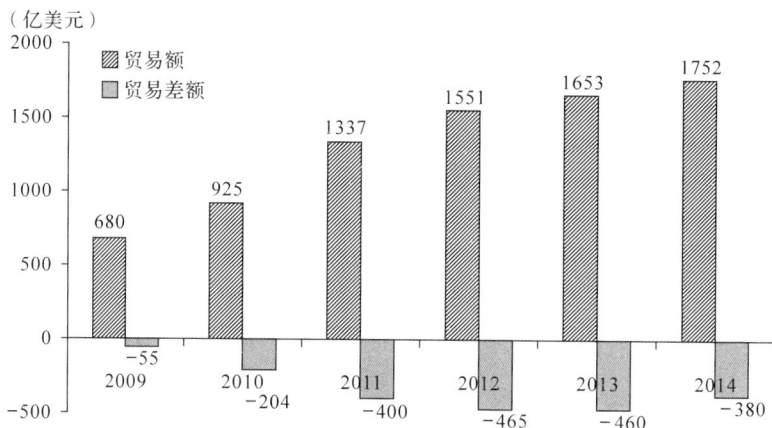

图10-1 中国与海合会国家贸易额和贸易差额
数据来源:联合国商品贸易数据库。

近年来,中国和海合会国家的双边贸易额呈稳步增长趋势。2013—2014年,受石油价格下降和经济波动等因素影响,中海双边贸易增幅有所下降。

从贸易商品结构来看,海合会国家是中国重要的原油进口来源地。根据中国海关统计,2014年,海合会六国合计占中国原油进口的33%。中国从沙特、阿联酋、阿曼进口的矿物燃料、矿物油及其产品、沥青等的金额分别为379亿美元、129亿美元、228亿美元,占中国从这三个国家进口总额的78%、82%、96%。沙特是中国最大的石油进口来源地,2014年中国从沙特进口原油4966.6万吨。

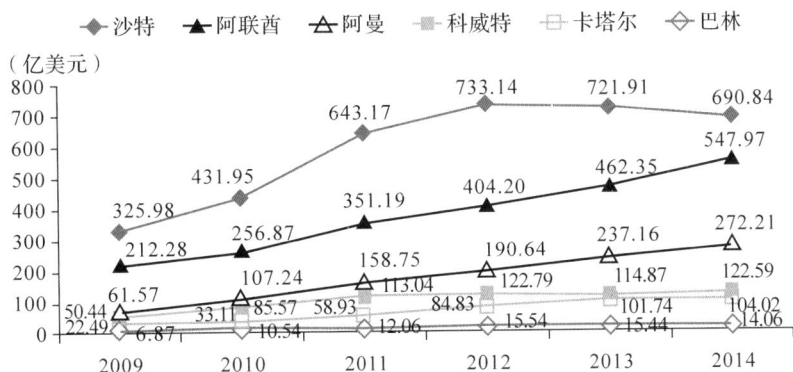

图 10-2 中国与海合会国家贸易额
数据来源:联合国商品贸易数据库。

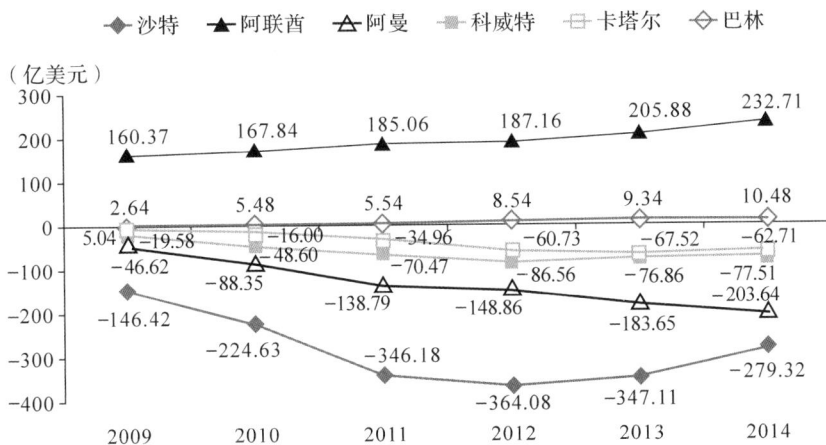

图 10-3 中国与海合会国家贸易差额
数据来源:联合国商品贸易数据库。

机电音像设备及其零件附件、纺织原料及纺织制品、贱金属及其制品,是中国出口海合会国家最主要的产品。2014 年,中国出口沙特的前三类产品分别是机电音像设备及其零件附件、纺织原料及纺织制品、贱金属及其制品(以钢铁产品为主),金额分别是 53 亿美元、33 亿美元、31 亿美元,三者合计占中国出口沙特的 57%。中国出口阿联酋的前三类产品是机电音像设备及其零件附件、纺织原料及纺织制品、贱金属及其制品(以钢铁产

品为主),金额分别是 141.7 亿美元、78.5 亿美元、35.8 亿美元,三者合计
占中国出口阿联酋的 65.6%。中国出口阿曼的前三类产品是机电音像设
备及其零件附件、贱金属及其制品(以钢铁产品为主)、化学工业及其相关
工业的产品,金额分别是 5.5 亿美元、5.2 亿美元、1.8 亿美元,三者合计占
中国出口阿曼的 60.7%。

近年来,中国对海合会国家投资逐年增长(见图 10-4)。2013 年,中国
对海合会国家投资金额为 8.54 亿美元,累计投资存量为 37.81 亿美元,分
别是 2008 年的 4 倍多和 3 倍多。沙特是中国在海合会国家中的最大投资
对象国,2013 年中国对沙特投资额为 4.79 亿美元,在沙特的投资存量为
17.47 亿美元。其次是阿联酋,2013 年中国对阿联酋投资额为 2.95 亿美
元,在阿联酋的投资存量是 15.15 亿美元(见表 10-2)。

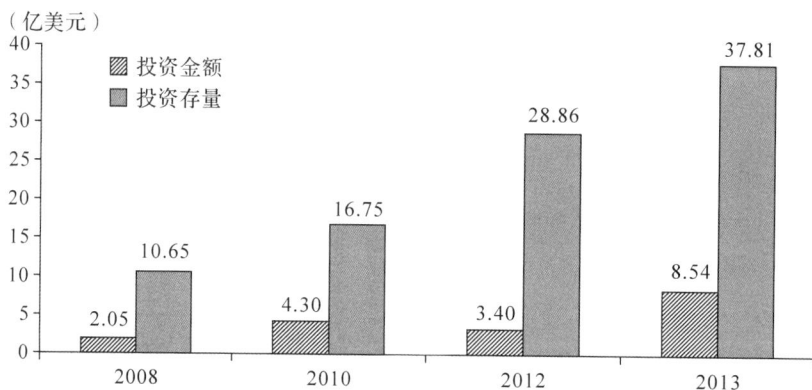

图 10-4　中国对海合会国家投资情况
数据来源:中国商务部投资统计。

表 10-2　中国对海合会国家投资情况

	投资金额(亿美元)				投资存量(亿美元)			
	2008 年	2010 年	2012 年	2013 年	2008 年	2010 年	2012 年	2013 年
沙特	0.88	0.36	1.54	4.79	6.21	7.61	12.06	17.47
阿联酋	1.27	3.49	1.05	2.95	3.76	7.64	13.37	15.15
阿曼	−0.23	0.11	0.03	−0.007	0.14	0.21	0.33	1.75

	投资金额(亿美元)				投资存量(亿美元)			
	2008 年	2010 年	2012 年	2013 年	2008 年	2010 年	2012 年	2013 年
科威特	0.02	0.23	−0.12	−0.006	0.03	0.51	0.83	0.89
卡塔尔	0.1	0.11	0.84	0.87	0.50	0.77	2.21	2.54
巴林	0.001	—	0.05	−0.05	0.009	0.009	0.07	0.01
合计	2.05	4.30	3.40	8.54	10.65	16.75	28.86	37.81

资料来源:中国商务部投资统计。

海合会国家对中国的投资规模不大,但是近年来增长很快。中国和海合会国家的双向投资主要集中在石化和建材等领域,双方在油气领域开展了一系列合作。2004 年,中国石化集团与沙特阿美公司组建了中沙天然气公司,中标沙特 B 区块天然气勘探开发项目,双方对该项目的累计投资已经超过 5 亿美元。沙特阿美公司、福建石化有限公司与埃克森美孚公司在中国福建合资建设了福建炼油一体化项目。中国石化集团和沙特基础工业公司合资兴建的天津炼油化工一体化项目已于 2009 年建成投产。2011 年 8 月,中国石化集团正式决定参股沙特阿美石油公司在沙特延布年产 2000 万吨的红海炼厂项目。该项目厂址位于沙特延布市工业区,毗邻沙特阿美现有炼厂及天然气厂,占地面积 487 万平方米。项目设计原油加工能力为 40 万桶/日(约 2000 万吨/年),以沙特重油作为原料,2014 年年底投产。

海合会国家是中国重要的工程承包市场。据统计,从 2003 年到 2013年 7 月,中国在中东投资及工程承包总金额为 729.2 亿美元,占中国对外投资及工程承包总额的 10.6%。其中,沙特是中国在中东地区最大的工程承包和劳务输出市场。

二、中海自贸区对中国重大战略实施的影响

(一)对中国实施"一带一路"战略的重要影响

海合会六个成员国位于丝绸之路经济带与 21 世纪海上丝绸之路的交汇点。历史上,丝绸之路就曾把中国和阿拉伯国家紧密地联系在一起,互通有无、文明互鉴,为人类文明发展进步做出了重大贡献。签署中国—海合会自贸区,挖掘双边贸易潜力,深化双边区域合作,实现双方资源禀赋、资金优势、市场潜力、生产能力的有效对接,不仅有利于双方实现经济发展转型,而且对"一带一路"建设总体的顺利推进和统筹协调具有重要的战略意义。

一是海合会国家经济发展水平较高,经济合作条件成熟。2014 年海合会经济总量达 1.66 万亿美元,人口规模 4983.3 万人,人均 GDP 为 3.33 万美元,是世界平均水平的 3.1 倍。海湾地区能源储量丰富,是世界上名副其实的"油库",石油储量占世界总储量的 65.8%,其中海合会六国的石油储量约占 46%,产量也居世界之首。但除石油化工相关产业外,其他产业发展滞后,产业结构单一,基础设施建设空间大,与中国产业互补性强。2004 年,中阿合作论坛建立后,中国与海合会签署了多项经济、贸易、投资和技术等合作框架协议,双边贸易发展活跃。2004—2014 年,中国与海合会国家贸易额从 143 亿美元增长到 1700 亿美元左右,年均增速 28.1%,是中国总体外贸增速的两倍。海合会国家正加快工业化和加大铁路、港口、机场等基础设施投资建设,增强陆运、海运、空运线运输能力,这对中国而言蕴藏着较大的投资机遇。

二是海合会国家对"一带一路"倡议态度积极,区域内政治环境较好。随着美国页岩气革命取得重大突破,能源自立性增强,其对海外能源的依

赖性将会减弱。与此同时,亚洲经济保持较快发展,市场需求增强,促使海合会国家"向东看"以寻找发展机遇。中国提出的"一带一路"倡议,在"向西开放"上,加强同中亚、西亚地区的合作是重点方向,双方有着很强的合作愿望。因此,阿拉伯国家积极响应中国提出的"一带一路"倡议。沙特表示"一带一路"将给沿线国家人民带来实实在在的好处;阿联酋表示愿为"'一带一路'贯通东西出力";卡塔尔希望成为"一带一路"的积极参与者,而不仅仅是一个中转站;科威特计划投资 1300 亿美元建"丝绸城";阿曼规划在萨拉拉港打造郑和纪念园区等。除巴林外,海合会成员国都是亚洲基础设施投资银行的创始成员国。即使未加入的巴林,也表示期待与中国开展伊斯兰金融合作。中国与海合会国家之间有着广泛而坚实的利益基础,双方正在大力加快合作进程。

三是海合会国家资金实力雄厚,可与中国形成相互支持。丰富的石油和天然气资源以及能源价格的长期高位运行使海合会国家通过资源出口积累了庞大的外汇储备,不少国家较早设立了主权财富基金。据国际金融协会估计,2014 年年底,海湾国家金融资产总额约为 2.7 万亿美元,且因外债较低,外币资产净额达 2.3 万亿美元。根据美国主权财富基金研究所数据,2015 年上半年,海合会国家主权财富基金规模累计达 2.67 万亿美元,占全球主权财富基金的 37.6%。签署中国一海合会自贸协定,加强双方产业和金融合作,将有助于减少"一带一路"建设的资金需求压力。

四是对"一带一路"建设发挥战略推进作用。海合会国家经济基础好,政局相对稳定,又处于亚欧非三大洲接合部及"一带"和"一路"衔接的战略支点。中巴经济走廊建设顺利,与海合会签署自贸协定,可使海合会经济圈通过中巴经济走廊在陆路上与中国经济实现有效贯通,同时也可丰富海上丝绸之路的合作内涵,发挥示范效应和规模效应,撬动中国与中亚、南亚和东南亚地区的经济合作。

与海合会国家签署自贸协定虽利大于弊,但也应注意到海湾国家仍是美国盟友,宗教矛盾突出,恐怖势力猖獗。伊核协议达成虽然在一定程度上缓解了安全对抗,但地缘政治地位和经济利益争夺的根本矛盾并没有消除,需要中国平衡好各方关系。一方面,中国应打消美国、印度的战略顾虑;另一方面,要兼顾好与阿富汗、伊朗、伊拉克的政治外交沟通和经济合作,防范和降低政治博弈带来的风险。

(二)中海自贸区对经贸关系的重大意义

1. 中国与海合会国家的经贸关系

如前所述,海合会成员国包括阿拉伯联合酋长国、阿曼苏丹国、巴林国、卡塔尔国、科威特国、沙特阿拉伯王国等 6 个海湾阿拉伯国家,它们石油资源丰富,都是能源输出国。

中国与海合会国家的货物贸易规模不断扩大,贸易逆差持续增加。根据 UNCTAD 的统计数据,1995—2014 年,中国对海合会国家的出口规模基本呈现增加态势,从 19.78 亿美元增加到 685.9 亿美元,占中国出口的比重从 1.33%上升到 2.93%;中国自海合会国家的进口从 13.86 亿美元增加到 1065.89 亿美元,占中国进口的比重从 1.05%增加到 5.44%;中国与海合会国家的双边货物贸易从小顺差转变到持续大逆差,2000 年以来,中国对海合会国家的货物贸易差额从 27.64 亿美元增加到 2014 年的 379.99 亿美元(见图 10-5)。

但是,海合会国家并不是中国吸收外国直接投资的重要来源。根据中国商务部的统计数据,2003—2014 年,海合会国家对中国直接投资金额从 0.76 亿美元变化到 0.66 亿美元,最高峰是 2010 年的 5.96 亿美元,占中国吸收外国直接投资的比重仅为 0.5‰~6‰(见图 10-6)。

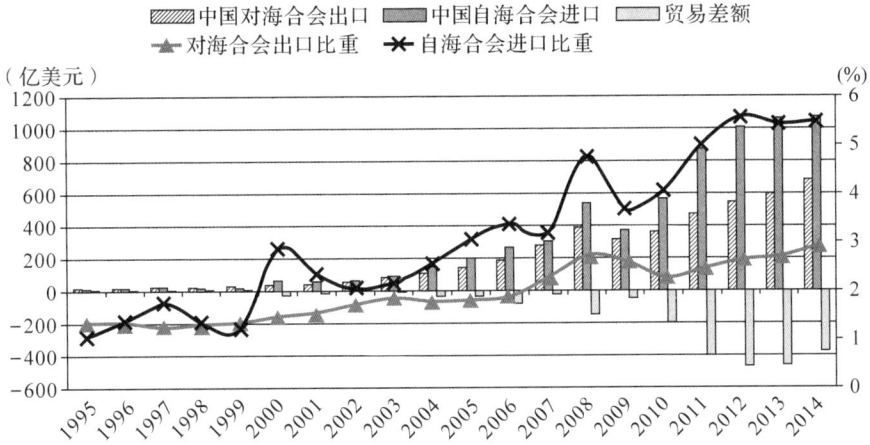

图 10-5　中国与海合会国家的货物贸易情况

资料来源：UNCTAD 数据库。

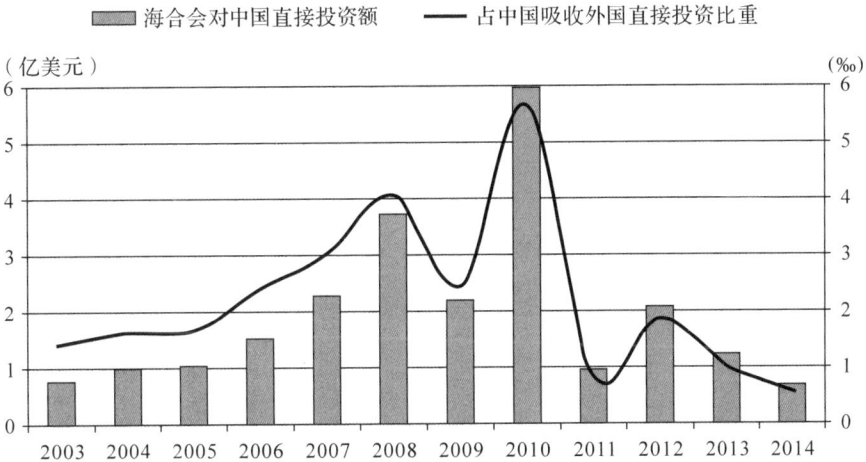

图 10-6　海合会国家对中国直接投资情况

资料来源：中国商务部。

与此同时，中国对海合会国家的直接投资规模呈现增加态势。根据中国商务部的统计数据，2003—2014 年，中国对海合会国家的直接投资从 0.11 亿美元增加到 11.03 亿美元，占中国对外直接投资的比重从 3.73‰ 上升到 8.95‰（见图 10-7）。

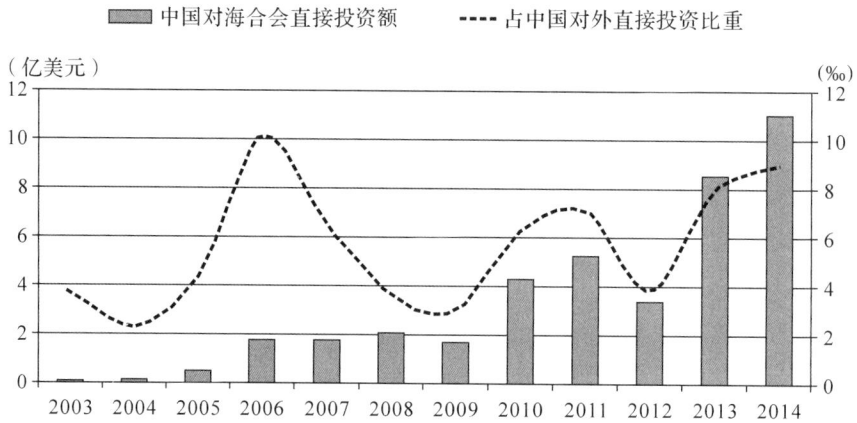

图 10-7 中国对海合会国家直接投资情况
资料来源:中国商务部。

海合会国家是中国对外承包工程和劳务合作的重要目的地。除了海湾战争期间外,中国对海合会国家承包工程规模持续增加,即使国际金融危机也没有阻止发展步伐。图 10-8 显示,1998—2014 年,中国对海合会国家承包工程规模从 2.88 亿美元增加到 103.69 亿美元,占中国对外承包工程的比重从 3.12%变化到 7.28%,顶峰是 2009 年的 10.43%。

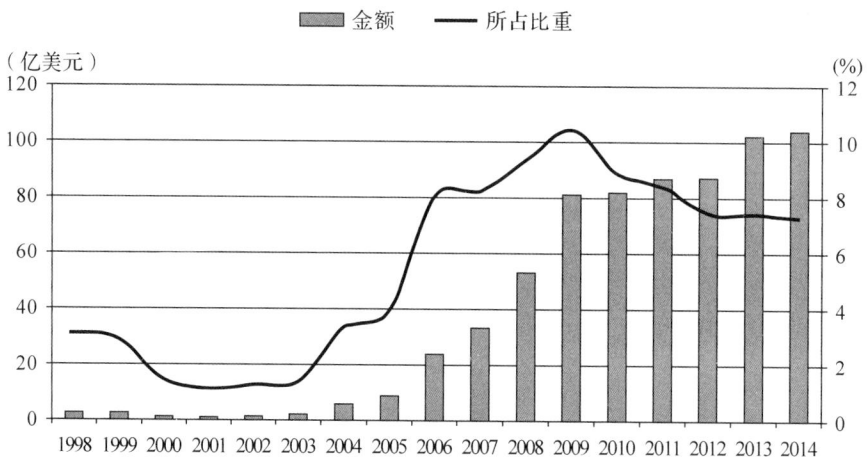

图 10-8 中国对海合会国家承包工程情况
资料来源:中国商务部。

表 10-3 显示，2011—2014 年，中国对海合会国家承包工程项下派出人数的年规模超过 2 万人，占全国派出人数总和的比重超过 8%；承包工程项下年末在海合会国家人数的年规模超过 3.4 万人，占全国派出人数总和的比重超过 8%；中国对海合会国家劳务合作派出人数的年规模超过 3500人，占全国派出人数总和的比重超过 1%；劳务合作项下年末在海合会国家人数的年规模超过 1.6 万人，占全国派出人数总和的比重超过 3.2%。

表 10-3　中国对海合会国家承包工程和劳务合作的人员情况

年份	承包工程派出人数		承包工程年末在外人数		劳务合作派出人数		劳务合作年末在外人数	
	海合会（人）	所占比重（%）	海合会（人）	所占比重（%）	海合会（人）	所占比重（%）	海合会（人）	所占比重（%）
2011	28629	11.77	42968	13.26	5482	2.62	16333	3.34
2012	29681	12.72	44300	12.85	5733	2.06	17866	3.53
2013	31837	11.75	41619	11.24	3792	1.48	17899	3.71
2014	21538	8.00	34160	8.36	3820	1.31	19565	3.28

资料来源：中国商务部。

2. 中国与海合会达成自贸区的重要意义

中国有着 13 多亿人口，已进入中等收入国家行列，国际地位正不断提升。海合会成员国资源丰富，中国与海合会达成自贸区对中国有着重要的战略意义。

首先，有助于保障资源特别是石油的稳定和有效供给。

一方面，海合会成员国最丰富的自然资源就是石油和天然气。其中，沙特石油剩余可采储量达到 363 亿吨，占世界储量的 26%，居世界首位；天然气剩余可采储量达到 8.2 万亿立方米，占世界储量的 4.1%，居世界第 4 位。阿联酋最重要的资源是石油和天然气，已探明的石油储量为 978亿桶，居世界第 6 位；已探明的天然气储量为 6.43 万亿立方米，居世界第 7位。卡塔尔已探明的石油储量为 28 亿吨，相当于 262 亿桶，居世界第 12

位;天然气储量约为25.8万亿立方米,相当于1640亿桶石油当量,占世界天然气储量的15.3%,仅次于俄罗斯和伊朗,居世界第3位。科威特已探明的石油储量为1049亿桶,占世界储量的10%,居世界第5位;天然气储量为1.78万亿立方米,占世界储量的1.1%,居世界第19位。根据阿曼中央银行的报告,2013年阿曼已探明的石油储量为55亿桶,天然气储量为8495亿立方米。巴林已探明的石油储量为2055万吨,天然气储量为1182亿立方米。

此外,阿联酋还有硫黄、镁、石灰岩等矿产资源,沙特还有金、铜、铁、锡、铝、锌等资源,是世界上最大的淡化海水生产国,其海水淡化量占世界的20%左右。

另一方面,海合会成员国经济自由,市场化程度相对较高,更主要的是都属于高收入国家。根据世界银行下属机构国际金融公司发布的《2015年营商环境报告》,在189个经济体中,阿联酋经营容易程度位列第31位,巴林、卡塔尔、阿曼、沙特、科威特分别居第65位、第68位、第70位、第82位、第101位,而中国居第84位。按照世界经济论坛的《国际竞争力报告2014—2015》,在144个经济体中,阿联酋、卡塔尔、沙特、科威特、巴林、阿曼的国际竞争力分别居第12位、第16位、第24位、第40位、第44位、第46位,而中国的国际竞争力居第28位。海合会六个成员国中,2014年沙特人口达到3088.6万,占海合会总人口的60%以上,沙特经济总量达到7566.62亿美元,占海合会经济总量的45%以上。

图10-9显示了海合会六个成员国与中国的人均GDP情况。虽受国际金融危机的影响,2009年海合会成员国的人均GDP都出现不同程度的下降,但是总体呈现增加的发展态势。不仅如此,巴林、沙特、阿曼的人均GDP处于2万至3万美元之间,卡塔尔、科威特、阿联酋的人均GDP都超过4万美元,中国的人均GDP则仅为7000多美元。

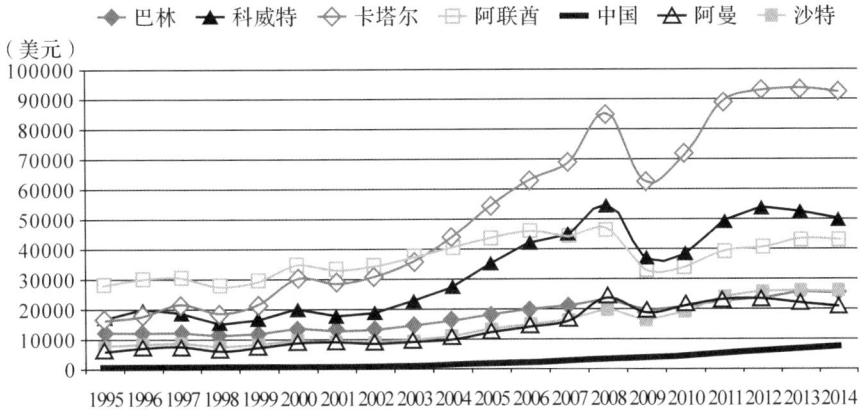

图 10-9 中国与海合会国家的人均 GDP 情况

资料来源：UNCTAD 数据库。

因此，中国与海合会达成自贸协定，降低资源产品进出口关税，必将便利双方的贸易、投资，有效地保障中国的资源稳定和有效供给。

其次，有助于中国与海合会发挥各自优势和实现贸易互补。

中国对海合会国家出口的主要是劳动密集型产品、中等技术产品等，海合会国家对中国出口的主要是资源密集型产品和初级产品。

表 10-4 显示，2014 年，中国对海合会出口产品前 5 位分别是通信设备及零件，自动数据处理设备，家具及零件，纺织、针织或钩编的妇女服装和鞋类，合计金额达到 160.13 亿美元，占对海合会出口的 23.33%。2014年，中国自海合会进口产品前 5 位分别是原油、石油沥青，液化或非液化天然气，醇、酚类、氯化物、磺酸、硝酸盐，初级聚乙烯，以及液化丙烷和丁烷，合计金额达到 970.95 亿美元，占中国自海合会进口的 91.08%，其中原油、石油沥青一项产品占进口的比重达到 71.83%。

不仅如此，中国对海合会出口前 20 位的产品与中国自海合会进口前20 位的产品没有交叉，可以看出中国与海合会国家的贸易产品互补性非常强。中国与海合会达成自贸协定，有利于双方发挥各自的比较优势，进一步整合产业链，提升国际分工地位。

表 10-4　2014 年中国与海合会国家货物贸易的主要产品

排序	中国对海合会出口产品	规模（亿美元）	占比（％）	中国自海合会进口产品	规模（亿美元）	占比（％）
1	通信设备及零件	49.27	7.18	原油、石油沥青	765.65	71.83
2	自动数据处理设备	37.33	5.44	液化或非液化天然气	63.78	5.98
3	家具及零件	32.53	4.74	醇、酚类、氯化物、磺酸、硝酸盐	50.04	4.69
4	纺织、针织或钩编的妇女服装	22.24	3.24	初级聚乙烯	47.16	4.42
5	鞋类	18.76	2.73	液化丙烷和丁烷	44.32	4.16
6	人造织物	16.37	2.39	硝化与卤化的碳氢化合物	23.77	2.23
7	照明灯具及配件	15.95	2.33	初级形态的其他塑料	16.97	1.59
8	塑料制品	15.50	2.26	石油或沥青矿物＞70％的原油	13.75	1.29
9	纺织女装	15.14	2.21	其他有机化学品	8.60	0.81
10	纺织面料及服装	14.90	2.17	硫和未焙烧的黄铁矿	5.14	0.48
11	试管、弯管、铁管、钢管等	14.09	2.05	残留的石油产品	4.56	0.43
12	土木工程和承包商设备	12.98	1.89	聚醚、环氧树脂、聚碳酸酯、聚酯	2.92	0.27
13	旅行用品、手袋及类似包	12.64	1.84	非铁基金属废料和碎屑	2.07	0.19
14	加热和冷却设备及其零件	12.40	1.81	铝	1.76	0.17
15	电器或非电器的家用型设备	11.93	1.74	铁矿石及精矿	1.18	0.11
16	橡胶轮胎、胎线等	11.73	1.71	铁矿石及精矿	1.18	0.11
17	非针织男装	11.00	1.60	初级、精炼的植物油脂	1.14	0.11
18	电气机械及器材	10.69	1.56	铜矿石及精矿、铜锍、水泥	1.00	0.09
19	贱金属制品	10.57	1.54	氮化合物	0.96	0.09
20	人造纺织面料	10.56	1.54	贱金属矿石和精矿	0.82	0.08

资料来源：UNCTAD 数据库。

（三）中海自贸区对保障中国能源安全的影响

1. 中国能源需求形势分析

能源是世界各国争夺的战略性资源。中国作为发展中的大国，能源消费逐年上升，对外依存度不断走高，是世界能源的需求和消费大国。根据BP（英国石油）公司 2013 年的能源统计数据，中国在全球能源消费中的占比高达 21.9%。历史经验表明，在一国工业化过程中，人均能源消费增长大致遵循接近直线型的增长轨迹：在工业化初期，即人均 GDP 为 2500～3000 美元时，能源消费开始快速增长；到了人均 GDP 为 10000～12000 美元时，人均能源消费增速才开始趋缓；人均 GDP 在 20000 美元之后，人均能源消费才不再增长或者出现稍微下降。可见，中国仍处于人均能源消费增长的阶段。尤其是中国转变经济发展方式、实现绿色低碳发展，需要改变以煤炭为主的消费结构，对碳排放较少的石油和天然气的需求不断上升。为了实现这一转型，中国国内能源禀赋决定了必须加强国际能源合作，中国的石油和天然气人均占有量仅相当于世界平均水平的 5.4% 和 7.5%。2014 年，中国石油对外依存度接近 60%，天然气对外依存度升至 32.2%。维护国家能源安全，需要中国放眼全球，在全球范围内进行布局。

2. 海合会目前在中国能源供应中的地位

海合会成员国地处亚、欧、非三大洲交接处，是世界主要能源生产和出口基地之一，已探明的石油、天然气储量分别占全球的 45% 和 23%。海湾国家是中国最主要的石油进口来源地，2014 年，中国前 10 位石油进口来源国中，有 4 个是海合会成员国，其中沙特位居榜首，海合会五国（除巴林无数据外）合占中国进口量的 33.1%（见表 10-5）。沙特是海合会成员国中的主导国，体量最大，石油产量最大，军事力量也最强，政局稳定，安全也比较有保障，石油生产和出口稳定，与西方关系也比较和谐，是中国石油进口比较可靠的来源地。

表 10-5　2014 年中国原油进口来源地及规模占比

排序	国家(地区)	比例(%)	排序	国家(地区)	比例(%)
1	沙特	16.11	23	蒙古	0.33
2	安哥拉	13.18	24	埃及	0.31
3	俄罗斯	10.74	25	挪威	0.31
4	阿曼	9.65	26	利比亚	0.31
5	伊拉克	9.27	27	刚果(金)	0.31
6	伊朗	8.91	28	加纳	0.29
7	委内瑞拉	4.47	29	厄瓜多尔	0.24
8	阿联酋	3.78	30	墨西哥	0.22
9	科威特	3.44	31	喀麦隆	0.17
10	哥伦比亚	3.27	32	卡塔尔	0.12
11	刚果(布)	2.29	33	阿根廷	0.1
12	巴西	2.28	34	阿鲁巴岛	0.09
13	南苏丹	2.09	35	玻利维亚	0.08
14	哈萨克斯坦	1.84	36	加拿大	0.07
15	赤道几内亚	1.05	37	阿尔及利亚	0.07
16	澳大利亚	0.88	38	巴基斯坦	0.07
17	也门	0.81	39	阿塞拜疆	0.07
18	尼日利亚	0.65	40	马来西亚	0.05
19	苏丹	0.58	41	巴布亚新几内亚	0.03
20	加蓬	0.5	42	英国	0.03
21	越南	0.48	43	文莱	0.03
22	印度尼西亚	0.4	44	乍得	0.01

注:加横线为海合会成员国。

数据来源:国家石油和化工网(http://www.cpcia.org.cn)。

3. 中国同海合会能源合作面临的国际形势分析

目前,中国海上石油运输线路主要有:波斯湾经霍尔木兹海峡、马六甲海峡到中国,西非经好望角、马六甲海峡到中国,马六甲海峡经台湾海峡到中国。可见,马六甲海峡是中国石油运输的战略要道。中亚油气管道、中缅油气管道则是中国主要的陆上油气运输管道。目前海上运输渠道面临严峻挑战,美国重返亚太后,中国东南沿海国际政治形势复杂化,马六甲海峡运输安全面临的威胁增加。

除同中国启动自贸区谈判外,海合会还拟启动与欧盟、日本、印度等多个组织和国家的谈判磋商。欧盟是传统的能源消费大经济体;中、日两国同为东亚石油消费大国,需求来源地重合度高,两国在能源领域的竞争日益激烈;印度对能源的需求增长迅速,根据国务院发展研究中心和壳牌国际有限公司的联合研究,2010—2030年,印度新增能源需求占全球新增能源需求的比重将达29%,接近中国在全球新增能源需求中所占的份额。

我们的有利因素是:俄罗斯、中亚、中南美及北美的石油、天然气资源探明储量近年来有较大幅度的增长,非OPEC国家如美国与俄罗斯的油气供应也有较大幅度的增长。尤其是美国能源独立革命获得重要进展,对中东地区能源依赖度降低,为中国优化石油进口来源格局、提升能源安全保障提供了难得的机遇。这些都对压制"资源民族主义",提高中国谈判筹码具有重要意义。受经济危机和能源革命影响,石油等大宗商品价格下跌,使沙特调整发展战略,力推产业结构多元化,希望同中国加强油气勘探、开采、生产、提炼等能源产业各环节以及金融、制造、农工商、服务、旅游等领域的全面合作交往。如沙特曾大力投资日本、韩国的炼油项目,而现在则更加重视投资中国的相关项目,一方面维护和拓展中国稳定的大市场(中国已取代美国成为沙特最大的石油出口目的国),另一方面可借重中国的全产业链加工能力。

4. 中国—海合会自贸区谈判对保障中国能源安全的意义

虽然短期内根植于美国战略的海上运输通道面临的安全威胁难以消

除,但中国可以通过与石油出口国之间的经济合作,增强利益绑定,来制衡运输通道上存在的安全威胁。当前是推进中国—海合会自贸区谈判的较好时机,一旦协定达成,通过加强经济合作,扩大共同利益,提升中国和海合会之间的伙伴关系,不但能够保障中国和平时期发展日益增长的能源需求,而且将在国际矛盾激化时成为维护和平的积极力量。

三、中海自贸区对投资和服务的影响分析

(一)对投资议题的影响分析

1. 相互投资在中海自贸区建设中占据重要地位

(1)中海双边投资具有较大发展空间

中海双边投资的规模仍处于较低水平,呈波动增长趋势,双向投资均具有较大发展空间。

海合会国家政治稳定、经济发达,具有较好的营商环境,加之地理位置优越,联通亚欧非各大洲,在当地投资生产的商品可以便利地运输至多个大洲,是跨境投资的良好目的地。金融危机以来,中国对海合会国家的投资额总体上呈上升趋势(见表10-6、表10-7),2012—2014年的年均投资额为7.66亿美元,是2007—2009年年均投资额的4倍多。2009—2014年,除了2012年投资流量有所下降外,中国向海合会国家的投资额一直保持增长趋势,多个年度增速超过150%。2014年,投资额超过10亿美元,达到11.02亿美元的历史峰值。在海合会国家中,中国投资流量较多的是沙特和阿联酋,合计占比70%左右。其中,据沙特统计,2014年中国(内地)位居中国香港、澳大利亚之后,成为对沙特投资居第3位的国家(地区)。

表 10-6　中国对海合会国家历年投资流量　（单位:百万美元）

年份\国别	2007	2008	2009	2010	2011	2012	2013	2014	2014 年占中国对外投资额比例(%)
沙特	117.96	88.39	90.23	36.48	122.56	153.67	478.82	184.30	0.15
阿联酋	49.15	127.38	88.90	348.83	314.58	105.11	294.58	705.34	0.57
卡塔尔	9.81	10.00	−3.74	11.14	38.59	84.46	87.47	35.79	0.03
科威特	−6.25	2.44	2.92	22.86	42.00	−11.88	−0.59	161.91	0.13
阿曼	2.59	−22.95	−6.24	11.03	9.51	3.37	−0.74	15.16	0.01
巴林	—	0.12	—	—	—	5.08	−5.34	—	
合计	173.26	205.38	172.07	430.34	527.24	339.81	854.20	1102.50	0.90

数据来源:商务部《2014 年度中国对外直接投资统计公报》。

表 10-7　中国对海合会国家历年投资流量增速　（单位:%）

年份\国别	2008	2009	2010	2011	2012	2013	2014
沙特	−25.07	2.08	−59.57	235.96	25.38	211.59	−61.51
阿联酋	159.17	−30.21	292.38	−9.82	−66.59	180.26	139.44
卡塔尔	1.94	−137.40	−397.86	246.41	118.86	3.56	−59.08
科威特	−139.04	19.67	682.88	83.73	−128.29	−95.03	−27542.37
阿曼	−986.10	−72.81	−276.76	−13.78	−64.56	−121.96	−2148.65
巴林	—	—	—	—	—	−205.12	—
合计	18.54	−16.22	150.10	22.52	−35.55	151.38	29.07

数据来源:根据商务部《2014 年度中国对外直接投资统计公报》计算。

　　但是总体而言,中国对海合会国家投资规模仍不大,还有较大增长空间。以 2014 年为例,中国向海合会六个国家合计投资额仅占中国对外投资额的 0.90%,占海合会国家吸收外资的比例虽然有所提升,但波动较大(见表 10-8)。如在 2012 年以前,中国对沙特的投资占其吸收外资比重均不到 1 个百分点。从投资存量看,截至 2014 年年底,中国对海合会国家投资存量总和仅占中国境外投资存量的 0.59%(见表 10-9)。投资规模较小的一个重要原因是海合会国家对外商投资限制较大,存在股比、资质、最低投资额和行业等诸多限制。

表 10-8　中国对海合会国家历年投资占海合会国家利用外资的比重（单位：%）

国别＼年份	2007	2008	2009	2010	2011	2012	2013	2014
沙特	0.49	0.22	0.25	0.12	0.75	1.26	5.40	2.30
阿联酋	0.35	0.93	2.22	6.34	4.10	1.09	2.81	7.01
卡塔尔	0.21	0.26	−0.05	0.24	4.11	21.33	−10.41	3.44
科威特	−5.60	−41.00	0.26	1.75	1.29	−0.41	−0.04	33.33
阿曼	0.08	−0.78	−0.42	0.89	1.09	0.32	−0.05	1.28
巴林	—	0.00	—	—	—	0.57	−0.54	—

数据来源：中国对海合会投资数据来自于商务部《2014 年度中国对外直接投资统计公报》，海合会利用外资数据来自于 UNCTAD 的 FDI 数据库。

表 10-9　截至 2014 年年底中国对海合会国家投资存量情况

国别	2014 年存量（万美元）	2014 年占中国境外投资存量比重（%）
沙特	198743	0.23
阿联酋	233345	0.26
卡塔尔	35387	0.04
科威特	34591	0.04
阿曼	18972	0.02
巴林	376	0.00
合计	521414	0.59

数据来源：商务部《2014 年度中国对外直接投资统计公报》。

中国是许多发达国家海外投资首选目的地之一，多年来位居发展中国家吸收外资首位，2014 年进一步成为全球吸收外资最多的国家。中国也已成为一些海合会国家境外投资的首选地之一，但海方投资规模和占中国吸收外资的比重仍不高。例如，据沙特投资总局统计，2003 年 1 月初至 2015 年 6 月底，中国成为沙特对外直接投资的首选目的地，占其对外投资总额的 19.4%（见表 10-10）。但这样的投资规模在中国吸收外资中所占比重仍较小，不到 2014 年全年中国吸收外资额的 7%。可见，中国虽然是海合会国家的重要投资目的地，但是其投资规模仍处于较低水平。海合会国家的对外投资主要是能源类和金融类投资,多年来中国在这些领域对外商投资的限制比较大,资本市场开放程度不高。因此,海合会国家在华投资的规模总体而言较小。随着中国不断扩大开放,尤其是加大金融等行业对外资的开放,海合会对华投资的潜在增长空间较大。

表 10-10　2003 年 1 月初至 2015 年 6 月底沙特对外直接投资情况

排名	投资目的国	投资额(亿美元)	占投资总额比例(%)	对外投资企业数(个)	对外投资项目数(个)	提供就业岗位(人)
1	中国	80	19.4	9	24	8000
2	土耳其	49	11.8	11	21	7000
3	阿联酋	42	10.4	55	61	14000

数据来源:中国驻沙特使馆经商处,2015 年 9 月 22 日。

中国和海合会国家的产业结构高度互补,经贸关系密切,具备良好的投资合作基础,合作空间很大。海合会国家产业结构比较单一,石油等能源产业发达,占到经济收入的一半左右。为了降低风险,鼓励投资、实现经济多元化是海合会国家经济发展的重要内容。中国工业门类较为齐全,在基础设施建设、化工、轻纺、机械、家电等行业具有突出优势。长期以来,海合会国家一直是中国对外工程承包和劳务合作以及轻工产品出口的重要市场之一。随着人口的进一步增长和经济规模的持续扩大,海合会国家对资本、技术和劳动力要素的需要将不断增长,这将为中国企业带来巨大的发展机遇。以水电建设需求为例,据世界能源理事会统计,到 2020 年,海湾地区新增电力需求将达到 1000 亿瓦时,年均增长 7.7%。到 2025 年,中东地区人口将增长 31%,达到 5 亿人。同时,该地区是世界上最缺水地区之一,未来中东将成为供水和电力项目最具活力的地区,从而为中国工程承包和劳务合作企业带来较好的投资前景。此外,在其他非石油部门,海合会国家也具有扩大生产的潜力,能够为中国企业提供较多的投资机会。而且,海合会国家在金融等领域的投资优势也非常突出,迪拜是全球第六大金融中心。随着中国不断扩大开放,海合会国家发达的能源和金融等产业,也将为中国企业带来产业创新、升级和国际化的重大发展机遇。

(2)双边投资政策高度契合

近年来,中国与海合会国家均致力于吸收外资和扩大对外投资,双方投资政策进入高度契合的时期,为投资合作打下良好基础。

中国致力于扩大开放,促进吸收外资与对外投资的良性发展。多年来,中国位居发展中国家吸收外资规模首位,2014年居于全球第一位,也是跨国投资首选目的地之一。近几年,中国也进入了对外投资快速发展的时期,2014年对外投资额首次接近吸收外资额,实现了吸收外资和对外投资的双向均衡发展。党的十八届三中全会以来,中国加快构建开放型经济新体制,自2013年起设立了上海、广东、天津、福建四个自由贸易试验区,加快政府职能转变,扩大行业开放,促进投资便利化,不断优化营商环境。同时,加快境外投资管理体制改革,提出"一带一路"合作倡议,鼓励和帮助企业"走出去",促进境外投资快速健康发展。

近年来,海合会国家为了改变产业结构过于单一的情况,努力实现经济多元化发展,在吸收外资政策上有了较大松动,特别是在外商投资的股比限制以及产业开放度上有所放宽,以鼓励高质量的外国投资在当地扎根发展。例如,沙特近两年对所有外国投资项目进行评估,按照是否有利于促进沙特收入多元化、增加沙特出口、促进沙特工业和知识产权本地化、发展沙特人力资源、提升沙特经济竞争力、增强沙特商品在国内外市场竞争力、促进沙特各行政区域发展平衡等指标对跨国公司进行评级。阿联酋正在对《商业欺诈法》《外商投资法》《仲裁法》和《反倾销法》进行修订,以提高经济竞争力,改善商业环境。科威特正努力建设成为一个外国直接投资中心,颁布了新法律和放宽外国直接投资的有关规定,修改了不利于吸引外资的条款,设置了一些外资准入的原则,如高科技、为科威特年轻人创造工作机会、为国家经济创造更高的价值、高质量的运营等。阿曼则为改变过度依赖油气产业的单一经济结构,全面推进经济多元化战略,大力推进招商引资,努力发展基建、制造、物流、旅游、渔业等非油气产业,鼓励和支持私营企业特别是中小企业在经济建设中发挥更大作用。

在双方高度契合的政策环境下,中国企业可以借助海合会国家鼓励外商投资的良好机遇,充分利用海合会国家降低外商投资准入门槛、支持优质跨国公司和中小企业发展等政策,加快优势行业领域对海方投资,进一步提升国际竞争力。海合会国家企业也定能享受到中国进一步扩大开放的制度红利,享受中国投资便利化、行业开放带来的重要发展机遇,扩大对华投资规模。

(3)投资合作有利于促进双方的互利共赢

投资作为一种能够对当地经济带来积极作用的方式,受到各国的广泛欢迎。中国和海合会国家具有良好的投资合作基础,产业结构互补性强,政策高度契合,投资合作能够实现双方互利共赢,有助于达成共识。

目前,海合会国家正在积极改善投资政策和环境,加大吸收投资力度,提高经济多元化程度。通过自贸协定中的投资协议,吸收与产业互补性强的中国投资,鼓励中国企业在海合会国家创造投资和就业机会,改善本国经济发展结构,是海方重要关注之一。同时,随着中国不断扩大开放,尤其是金融服务业的不断开放,海合会国家也迫切希望加快开拓在华能源、金融等领域的投资合作。

对中国而言,扩大对海合会国家的投资和吸收对方的投资也具有重要意义。一方面,有利于发展对外工程承包、劳务合作,促进化工等制造业投资,带动技术和成套设备出口等,加快企业"走出去"和在优越地理位置构建全球价值链,提升中国产品、服务在中东地区的影响力。另一方面,引进海合会国家高水平的能源、金融、房地产、旅游等领域投资项目,也有利于

221

提升中国相关产业的发展质量和水平。

投资是中海双方更容易达成共识的话题,有助于缓解贸易等其他议题的争议,形成贸易、投资、服务等一揽子谈判方案,对谈判具有重要促进作用。投资议题是中国与其他国家,以及海合会国家与其他国家自贸区谈判的重要内容。目前,在中国与 22 个国家建立的 14 个自贸区中,大多涉及投资议题。最近几年签署的中澳、中韩等自贸协定也达成了较高水平的投资领域的协议。目前,海合会已经与新加坡、欧洲自贸体(EFTA)和新西兰等签署了自贸协定,也在跟日本、印度、中国、澳大利亚等国家进行自贸区谈判。为了避免海合会与其他国家和地区建立自贸区对中国形成贸易和投资转移效应,应尽快达成投资共识,促进整个自贸区谈判的顺利完成。

2. 自贸协定的投资议题能够弥补现有投资合作机制的不足

早在 20 世纪 80 年代,中国与海合会六国就已经建立起政府间投资合作机制,包括双边促进和保护投资协定与避免双重征税协定等,但是这些投资协定已不适应当前双边投资快速发展的需要,投资合作机制亟待更新。

从相关协定的生效时间看,中国与海合会六国双边投资协定的生效时间在 1986 年至 2000 年之间,已经过去了 16～30 年;双边避免双重征税协定签署时间在 1990 年至 2008 年之间,大部分也已经过去了 8～16 年(见表 10-11)。这期间,中国和海合会国家双方的投资环境、投资能力以及投资政策等均发生了较大变化,很多协定的内容已经不符合当前投资发展的需要。例如,中国签署以上协定时处于大力引进外资阶段,关于中国对外投资保护和促进的内容相对不完善,协议的争端处理等内容也较简略,从而难以对双边投资发挥较好的促进和保障作用。此外,与以中美投资协定为代表的国际高水平投资协定相比,这些投资协定均处于较低水平,对双边投资的推动作用也较为有限。

中国目前正在开展中美投资协定、中欧投资协定等高水平双边投资协定谈判,在中韩、中澳自贸协定中也形成了较高水平的投资协定条款。中国与海合会国家可以借助中海自贸区谈判契机,根据双方最新投资状态和需求,参照居国际先进水平的投资协定,尽快更新和完善投资合作机制,达成高水平的投资协议,从而弥补现有中海双边投资协定"超时服役"的不足,提高投资合作水平,更好地发挥促进和保护双边投资的作用。

表 10-11　中国与海合会六国签订的双边投资协定和避税协定的生效年份

	沙特	阿联酋	卡塔尔	科威特	阿曼	巴林
双边投资协定	1997	1994	2000	1986	1995	2000
避免双重征税协定	2006	1994	2008	1990	2002	2002

资料来源:中国商务部和国家税务总局。

3. 投资谈判应明确投资领域、完善方案机制并具备前瞻性

投资议题在自贸区谈判中具有重要地位,应充分发挥投资议题促进谈判的重要作用,积极达成投资合作共识,形成高水平的投资协议,为促进和鼓励双边投资提供良好的机制保障。

一是要明确投资议题的范围和领域。应结合中国与海合会双方经济发展情况和双边投资的特点,广泛涵盖中海投资的相关内容,如投资定义、投资适用范围、国民待遇、最惠国待遇、不符措施、利益分配和例外情况等内容,并重点关注投资争端解决的机制设计和安排等相关问题。

二是要完善投资待遇的方案机制。可考虑在一揽子框架内,以促进投资便利化为切入点,优化营商环境,为企业到对方投资提供便利的服务。可以确定一部分优先合作的领域。鉴于海合会国家的产业结构具有较为单一的特点,可重点考虑海合会国家的部分重点关切,结合中国产业发展规划,合理扩大行业开放。同时,中方应通过在重点领域降低海合会国家投资股比限制、最低投资额、投资资质等准入条件,为中国企业赴海合会国

家投资争取有利条件。

三是投资谈判方案应具有足够的前瞻性,形成较高水平的投资协议。可考虑引入准入前国民待遇、负面清单等高水平双边投资协定谈判的部分主要内容,结合中海双边投资的未来发展趋势和特点,完善方案设计,提升中海自贸区投资协议的质量和水平。

(二)对服务议题的影响分析

1. 服务贸易在中海经济投资合作中占据重要地位

(1)世界服务贸易发展趋势

一是世界服务贸易发展速度远超货物贸易。

当前,纯粹制造业在国民经济中的比重不仅在发达国家,而且在发展中国家也呈现快速下降态势,世界经济的服务化趋势已不可阻挡。虽然全球服务贸易总额远低于货物贸易总额,其比重在过去10年间并没有明显变化,但基于增加值统计的贸易数据显示,服务贸易额实际上已经大于货物贸易额,且其增速远高于货物贸易增速。联合国贸易统计数据显示,2014年全球服务贸易总额99207.5亿美元,同比增长5.1%。其中,服务出口50167.4亿美元,同比增长4.8%;服务进口49040.1亿美元,同比增长5.4%。同期,世界货物贸易量增长2.8%,其中,出口同比增长1%,进口同比增长1%,与服务贸易进出口增长有较大差距。而且,随着国际分工的深化和货物贸易的服务化,未来全球服务贸易将呈现更强劲的增长态势。

二是服务议题在全球自贸区谈判中占据重要地位。

1994年前的双边自贸区绝大多数仅涉及货物贸易,但近年来,鉴于服务在一国及全球GDP和贸易中的重要地位,服务业和服务市场开放已成为全球和区域贸易协定谈判的重要内容,是否加入服务议题也成了自贸区谈判高标准与否的重要标志。货物贸易关税、配额及壁垒等问题已不再是谈判的重点,投资、服务和技术商品贸易成了国家与国家之间交涉与博弈的核心领域。根据 WTO 统计,在 2009 年后首次生效的自贸区或 EIA(经济一体化协定)共有 101 个,其中包含服务议题的占 73%,而目前正在进行的自贸区谈判中,几乎全部含有服务议题。中国迄今为止已签署的 14 个自贸协定中,除了冰岛、秘鲁和巴基斯坦外,其他参与方都明确把服务贸易作为双方合作的重点议题。而且可以肯定的是,服务议题将成为中国未来推进自贸区战略的重要抓手。

近期取得重要突破的 TPP 谈判就是一个力图打造 21 世纪高质量自贸区的样板,其目的绝不是要成为以往自贸区的翻版,而是要建设未来亚太地区的多边贸易框架,其关键内容就是服务贸易。

(2)中海服务业及服务贸易发展对比

一是中国服务业发展迅速,海合会国家发展缓慢但空间大。

近年来,中国服务业发展保持了较快的增长速度。2005—2014 年,中国服务业年均名义增长率达到 44.5%,而同期海合会国家服务业年均名义增长率仅为 16.9%。[①] 同时,服务业增加值占 GDP 比重继 2013 年首次超过第二产业占比后,在 2014 年达到了 48.2%,超过第二产业 5.6 个百分点,增长速度快于第二产业 0.8 个百分点。服务业实际使用外资同比增长7.8%,这为服务贸易的发展奠定了坚实的基础。同期,海合会国家因着重挖掘石油产业的潜力,服务业增长有限,其增加值占 GDP 的比重在 2014 年只比 2005 年相对提高大概 2 个百分点(见图 10-10)。但近年来石油产业黯淡的发展前景促使海合会国家实施了经济多元化战略,大力发展旅游、制造、农业和服务,特别是金融服务等行业。

---

① 根据 UNCTAD 数据库数据估算。

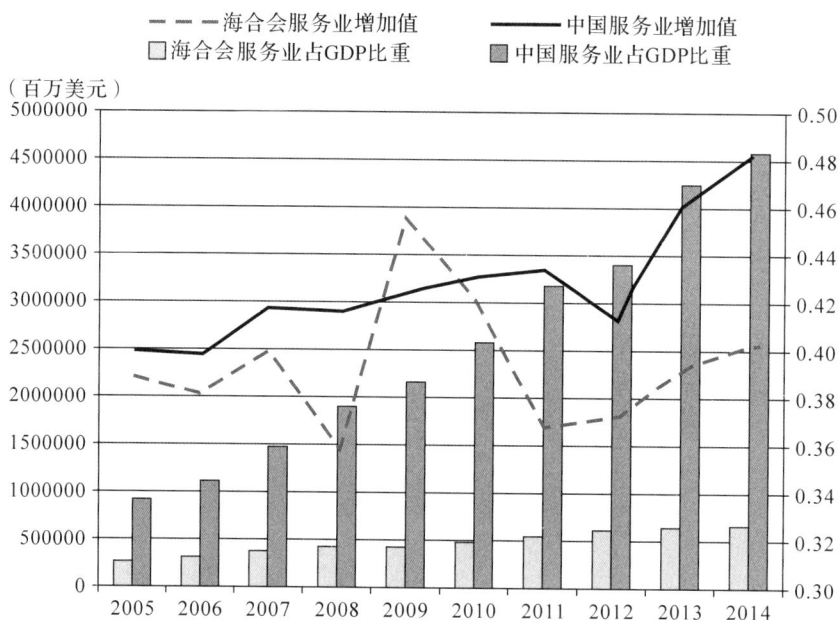

图 10-10　中海服务业增加值及其占 GDP 比重
资料来源：UNCTAD 数据库。

二是中国服务贸易发展速度快于海合会国家,但发展趋势相近。

随着中国经济结构的转型升级,服务业发展加速,带动服务贸易进入快速发展期,服务进出口额从 2005 年的 1773 亿美元攀升至 2014 年的6043.4 亿美元,9 年时间里增长了 2.41 倍。2014 年,中国服务贸易增速高出货物贸易增速 10.3 个百分点,服务贸易占对外贸易总额的比重达12.3%,比 2013 年提高 0.8 个百分点。同期,海合会国家服务贸易进出口增速稍慢,但也实现了 9 年间里 1.73 倍的增长(见图 10-11)。① 而且,经过对比可以发现,中国和海合会国家在此期间的服务贸易增长趋势相同。虽然当前世界经济的低速增长在一定程度上拖累了国际服务贸易的发展,但中海双方服务贸易发展阶段的发展重点决定了双方巨大的发展空间和合

---

① 2014 年巴林的服务贸易进出口数据依据 UNCTAD 数据库数据估算。

作空间。

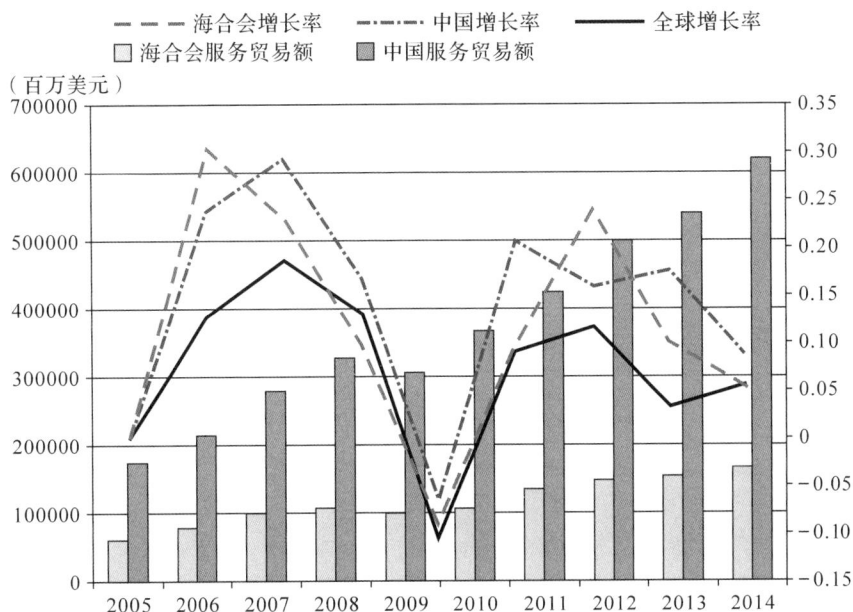

图 10-11　中海服务贸易额及增速情况
数据来源：UNCTAD 数据库，国家统计局。

　　中国与海合会国家都是服务贸易进口国家，且逆差规模逐年扩大（见图 10-12）。2014 年，中国的服务贸易逆差几乎是 2004 年的 23 倍，逆差大部分来源于旅游和运输差额。而随着其他各类服务贸易的发展，其他商业服务的逆差也开始快速上升，并快速占据主要贸易逆差项，甚至超过了运输逆差。对于海合会国家来说，大量石油美元造就了其强劲的服务进口需求，虽然人口只有 4983.3 万，但其服务贸易进口额在世界服务贸易进口额中的比重却很高，2014 年达到 4.8%。相比之下，中国同期只有 7.8%的全球占比。

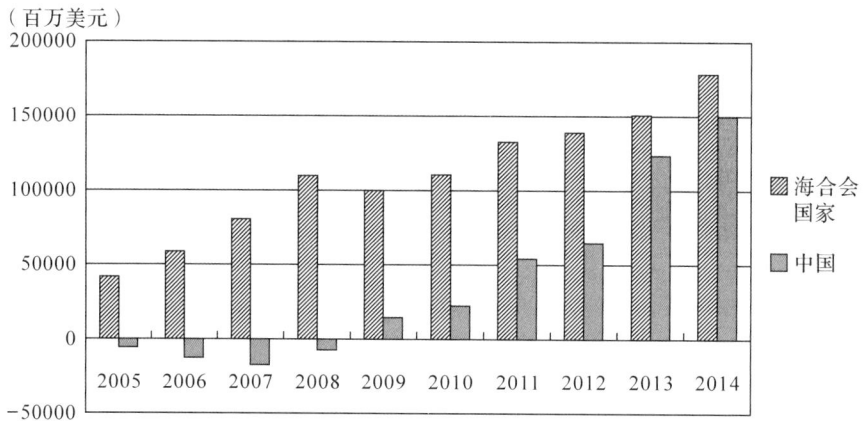

图 10-12　中国与海合会国家服务贸易逆差规模
资料来源：中国商务部服务贸易统计。

三是中国和海合会国家服务贸易互补性强。

2014 年，在中国各类服务进出口中，建筑服务出口实现了 44.6％的强劲增长，占比上升至 7.1％。受中国居民"出境游"持续升温的影响，旅游服务进口增长 28.2％。

首先，在占比最高的运输、旅游和其他服务的进出口上，中国与海合会国家有较大的互补性。2014 年，据 WTO 统计数据，海合会国家①的运输、旅游和其他服务出口金额分别为 186.11 亿美元、296.61 亿美元和 104.86亿美元，在服务贸易出口总额中的比重分别为 31.5％、50.2％和 17.7％。而中国在这三个领域的出口额分别为 382.4 亿美元、569.1 亿美元和1154.3 亿美元，在中国服务出口中的比重分别为 16.4％、24.4％和 49.4％（见图 10-13）。

---

① 2014 年巴林的服务贸易数据为估算值。

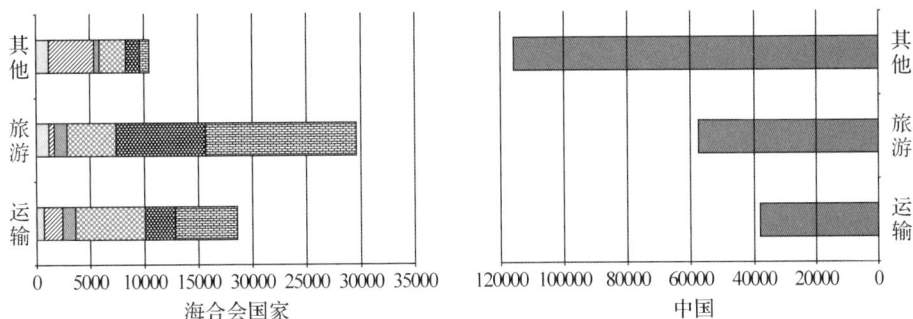

图 10-13 2014 年海合会国家与中国服务贸易出口结构(单位:百万美元)
资料来源:WTO 数据库。

2014 年,海合会国家①的运输、旅游和其他服务进口金额为 878 亿美元、643.7 亿美元和 847.5 亿美元,在服务贸易进口总额中的比重分别为 37%、27.2%和 35.8%。而中国在这三个领域的进口额分别为 961.6 亿美元、1648.6 亿美元和 1219 亿美元,在中国服务进口中的比重分别为 25.1%、43%和 31.8%(见图 10-14)。

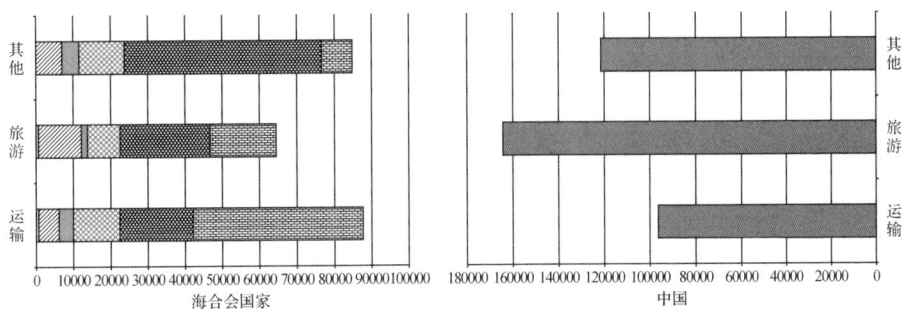

图 10-14 2014 年海合会国家与中国服务贸易进口结构(单位:百万美元)
资料来源:中国商务部服务贸易统计。

其次,中海建筑服务市场互补大。海合会国家的建筑市场是全球增长最快的建筑市场之一,具有很大的发展潜力和增长空间。有关预测数据显示,未来两年海合会国家建筑业将以 11.3%的速度快速增长。2016 年年

---

① 2014 年巴林的服务贸易数据为估算值。

底,其总价值将达到 1262 亿美元。同时,伴随着 2020 年迪拜世界博览会,2022 年卡塔尔世界杯,以及智能化城市和基础设施建设等大型项目的不断上马,到 2016 年年底海合会国家建筑市场项目总造价有可能突破 1440 亿美元,并有望在 2030 年达到 1 万亿美元。但海合会国家普遍缺乏劳动力,特别是技术、管理人才和熟练劳动力严重短缺,需要大量进口劳务和工程承包服务,以促进其经济建设和发展。

中国的工程建设企业拥有专业的人才队伍、充沛的劳动力和丰富的工程建设经验。《工程新闻纪录》(ENR)评选出的 2014 年度全球最大 250 家国际承包商中,中国内地有 62 家企业上榜;企业平均营业额达 12.74 亿美元,同比增长 4.34%;全球市场占有率排名第二,其中在非洲市场占有率达 48.7%,在中东地区市场占有率提升到 16.4%。中国的国际工程承包服务已成为国际建筑市场上的重要力量。

再者,中国在计算机和信息服务等方面较海合会国家有比较优势,但在旅游、运输等领域存在劣势。根据各行业进出口额计算得到的显性比较优势指数(RCA)表明,海合会国家在旅游、运输等领域较中国有优势,其旅游和运输服务的 RCA 值分别为 0.23 和 -0.05,而中国为 -0.18 和 -0.09。但海合会国家总体上在信息通信技术方面不具有比较优势,中国与海合会国家的 RCA 值分别为 0.04 和 0.06[①]。

(3)中海服务贸易对扩大双边经贸投资有重要支撑作用

①中海国际工程承包服务发展状况

中海服务贸易在双方总贸易额中占比不大,但发展潜力巨大,其中工程承包占据重要地位。截至 2013 年,中国企业在海合会国家已经累计签订承包工程合同 713 亿美元,占中国对外工程承包签订总额的 32.4%,承包的项目涵盖了石油工程、电力、通信、房建、交通路桥等多个领域。

---

　　①　不包括阿联酋的数据。

中国与海合会国家在国际工程承包市场上的合作是双边服务贸易合作的主要方面,在双边经济合作中起到了重要的作用。中国的对外工程承包企业最初正是从沙特、科威特等海合会国家的市场走向国际工程承包市场的。21世纪以来,海合会国家建筑工程承包市场格局出现了亚洲国家所占市场份额上升、欧美国家所占市场份额下降的趋势,特别是中国成为海合会国家建筑工程承包领域的重要合作伙伴。由于中国与海合会国家在国际工程承包方面的合作主要是中国的工程承包企业在海合会国家承建项目,海合会国家的企业到中国进行工程承包的项目并不多见,因此在这里主要介绍中国企业在海合会国家的工程承包情况。

一是完成营业额增长迅速。

2003年以来,中国工程承包企业大力开拓海合会国家的国际工程承包市场,中国对海合会国家国际承包工程完成营业额有了大幅度的增长,工程承包完成营业额从2003年的2亿美元一路增至2013年的101.75亿美元,占到了中国全球工程承包完成营业额的15.8%,是继2009年跌至10%以后创下的新高。较之2005年,2006年中国对海合会国家工程承包完成营业额的增幅甚至达到了182%。其中,中国对沙特和阿联酋的工程承包完成营业额更是分别在2006年和2007年超过了10亿美元。2013年,中国对沙特工程承包完成营业额达到58.8亿美元,占中国对海合会国家工程承包营业额的58%(见图10-15、图10-16)。

2008年国际金融危机爆发后,中国对海合会国家工程承包完成营业额不但没有下降,反而因海合会国家推出的经济刺激计划而同比大幅增加。2009年中国对海合会国家工程承包完成营业额高达81.1亿美元,较2008年增长了53.1%,延续了2008年较2007年的增长速度。从整体来看,2003—2009年,中国对海合会国家工程承包业务发展迅速,工程承包完成营业额的年平均增长率高达80.9%。

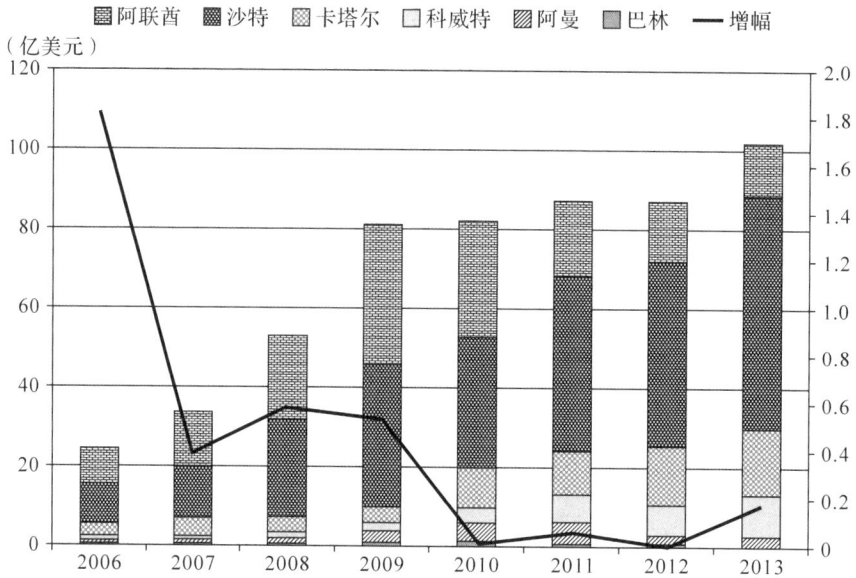

图 10-15　中国对海合会国家国际工程承包完成营业额
资料来源:国家统计局。

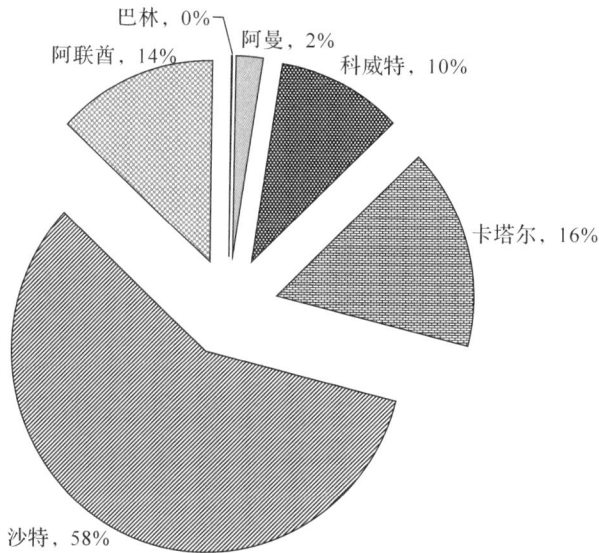

图 10-16　2013 年海合会各国占中国对海合会国家工程承包营业额比重
资料来源:国家统计局。

二是地区动荡导致营业额增速放缓,但近年又实现迅猛增长。

中国对海合会国家工程承包营业额的高速增长被 2009 年爆发的迪拜债务危机和 2010 年至 2011 年中东地区"阿拉伯之春"带来的动荡所终结。中国对海合会国家工程承包完成营业额的年增幅下降到了 2010 年的 1%、2011 年的 6% 和 2012 年的 0.2%。中国对海合会国家工程承包完成营业额占中国在全球完成的工程承包营业总额的比重也从 2009 年的 10.4% 下降到了 2010 年的 8.9%、2011 年的 8.4% 和 2012 年的 7.5%,但 2013 年又实现了 17% 的增幅,达到了 101.75 亿美元。中国在海合会国家完成的国际工程承包额占海合会国家建筑市场完成营业额的 11.2%,占中国对外工程承包完成营业总额的 15.8%,这两个占比较 2006 年的 5.4% 和 8.1% 基本上都翻了一番。尤其是中国对沙特的工程承包,完成营业额从 2010 年至 2013 年一直呈上升态势,受国际金融危机和"阿拉伯之春"的影响并不大。

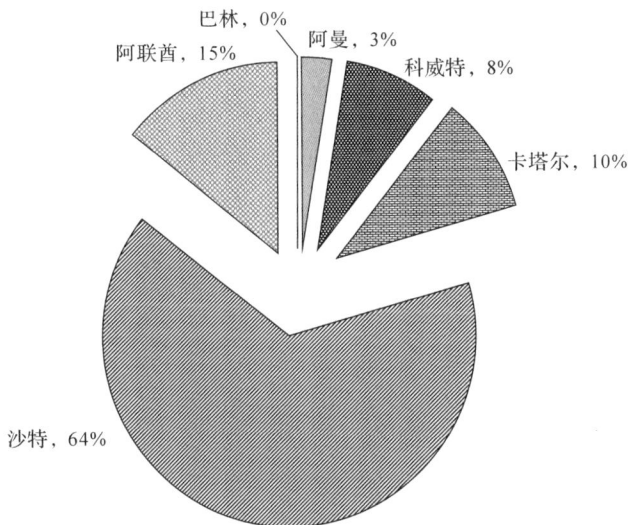

图 10-17　2013 年中国在海合会各国新签合同额占海合会国家的比重
资料来源:国家统计局。

2013 年,中国在海合会六国新签合同额高达 100 亿美元,同比增长 31.5%,占到中国在全球新签合同额的 7.3%。沙特在中国对外工程承包完成营业额排行榜中占据第三位,占总额的 4.3%;新签合同额 63.75 亿美元,占中国在海合会国家新签工程承包合同额的 64%(见图 10-17)。

三是未来中海工程承包还有更大增长潜力。

海合会国家是世界上重要的工程承包服务进口市场。据《中东经济文摘》(MEED)测算,当前海合会国家民用建筑市场项目价值约为 1.3 万亿美元,沙特在海湾地区工程项目额中居首位,约为 6000 亿美元;阿联酋紧随其后,为 3500 多亿美元;科威特名列第三,为 1500 多亿美元;卡塔尔、阿曼和巴林市场呈现出很强的增长潜力,合计为 2500 多亿美元。未来五年,由于人口增长及基础设施投入的不断加大,海合会国家基础设施建设及相关服务项目总价值将不断增大。

以沙特的建筑服务进口为例,沙特的工程承包市场发展很快,是中东地区最大的工程承包市场,也是世界上重要的建筑服务进口国。2007 年,沙特建筑服务进口额曾达到 63.21 亿美元,占全球建筑服务进口总额的 8.5%,之后有所下降,2014 年建筑服务进口为 31.08 亿美元,仍占据全球 2.9% 的份额。据沙特投资总局的预测,2020 年前沙特在重大项目上的投资规划将达到 6900 亿美元(见表 10-12)。这些都为中国企业在更大范围和更深层次上布局在海合会国家的建筑市场提供了重要机遇。

表 10-12 沙特工程领域投资额规划

领域	投资额(亿美元)
基础建设	1400
石油、天然气	1200
石化	900
电力	900
通信和信息产业	700
旅游	500
农业	300
其他	1000

资料来源:沙特投资总局。

　　综上可见，进入海合会国家市场的众多中国企业，大力开拓了海合会国家的建筑承包市场。中国与海合会国家正就建设新丝绸之路经济带共同努力，而交通基础设施互联互通是新丝绸之路经济带建设的重点内容，这进一步加大了海合会国家对基础设施建设的需求，也给中国企业带来了更多机会。

　　②中海其他服务领域合作空间巨大

　　海合会国家经济结构相对单一，石油出口在对外贸易中的比重普遍较大，其中科威特达到了 95%，最低的阿联酋也有 45%。近年来，石油市场的动荡起伏加深了各成员国对国家经济安全的担忧。通过积极推进经济多元化发展，将经济重心向第三产业转移，大力发展旅游、金融等服务产业，成了各个国家的明智选择。

　　a. 能源开发合作

　　随着经济持续发展，中国对能源需求也在进一步增长，能源安全成为重中之重，中国与中东国家的能源合作关系是确保中国能源安全的关键。能源合作成为中阿（阿拉伯国家）关系最具战略意义的领域之一，更是中阿关系持续、稳定发展的重要基石。同时，中国的能源安全不能仅靠贸易来确保，占据能源开发的上游产业链，建立稳定的海外石油生产和供给基地，是保障中国油气安全供应的必然选择。

　　近年来，中国和海合会国家在石油等能源相关领域的合作不断深入。在原油贸易不断增长、承包石油工程项目日趋活跃的同时，中国企业还以合作勘探与开发新油田、合资兴办炼油和石化企业等方式，积极寻求与海合会国家开展合作。

　　沙特是中海石油合作的重要伙伴，中国在沙特的石油相关工程建设上，首先开展的是石油上游行业的服务贸易，包括钻井和勘探等。过去这些服务都是西方企业一统天下，美欧等发达国家和地区将技术看成是其未来油气产业在全球占据主导地位的决定性因素，并且对油气开发技术的支出逐年增大,中国企业很难进入。但是近几年海合会国家采取"向东看"的战略,而且西方国家和它们签署的上游勘探服务也即将到期,这对我们来说也是一个很好的机会。我们要认识到能源服务贸易在中海双边经济往来乃至中国参与全球经济竞争中的重要地位,借着中国石化和中国石油等多家企业已打入这个市场的良好局面,争取早日与海合会国家建立进一步的合作框架。

b. 港口开发合作

油气贸易是中海经济合作的核心内容,而港口作为可以扼住国际货物贸易发展咽喉的通道,其开发建设不可避免地将成为中海服务贸易合作的重要内容。由于近年来海合会国家多个港口集装箱和散杂货处理量屡创新高,目前港口吞吐能力已显不足,这为中国工程承包企业介入海方港口建设提供了契机。而且,港口开发合作应不局限于工程服务及劳务合作,只有深化合作内容,争取更多的话语权和定价权,才能从物流运输方面为中国的能源供应加上第二道安全锁。

c. 旅游开发

人文交流尤其是旅游合作对于增进中国与海合会国家人民间的感情交流,进而推动双方经济合作、扩大贸易投资往来具有重要作用。

根据对最近五年来中国入境旅游产业的分析,目前中国的国际客源市场主要集中于日、韩、德、美以及东南亚地区国家,西亚中东地区客源市场基本上没有开发。而海合会六国居民生活富足、可支配收入高,经济方面的高收入、生活方面的高消费推动了旅游业的迅猛发展,旅游人口规模多年来呈现上升趋势。尤其是在出境游方面,中国可以充分利用自身丰富的旅游资源,吸引海合会国家游客,推动旅游出口(见图 10-18)。

（百万美元）

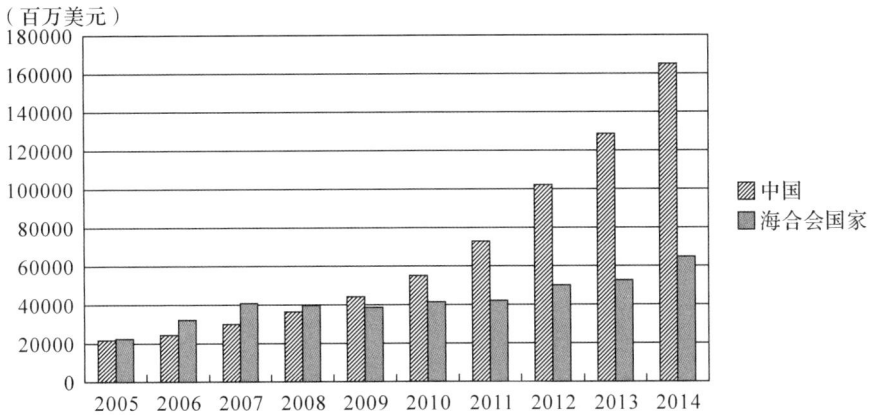

图 10-18 2005—2014 年中海旅游进口金额情况
资料来源：国家统计局。

海合会国家也拥有丰富的自然旅游资源、历史文化旅游资源和商务旅游资源，尤其是作为全世界穆斯林圣地的沙特和已打造出世界多个第一人文景观的阿联酋。目前，旅游业是阿联酋最具活力的产业之一。据世界旅游业理事会预测，到 2020 年，阿联酋在旅游领域的投资将占全国总投资额的 43.2%，达到约 613 亿美元，旅游业对其 GDP 的贡献也将达到 21.07%，约 1404 亿美元。

得益于中国巨大的国际旅游消费市场，中海旅游合作前景广阔，海合会国家旅游业界普遍认为中国是拥有巨大潜力的旅游市场。目前，阿联酋航空公司、阿提哈德航空公司和卡塔尔航空公司已开通了中国多个内陆城市赴海湾国家的直飞航班，为双边人员往来提供了极大便利。所有这些都为中海旅游业未来广阔的发展空间打下了坚实的基础。

③服务贸易为中海双边合作带来重要的引领和促进作用

经济服务化是世界贸易投资发展的必然趋势。一方面，金融、保险、法律咨询等生产性服务业在企业"走出去"过程中发挥着越来越重要的作用。目前，中海之间的经济合作主要涉及工程承包、劳务合作，以及伴随中国对海合会国家的能源资源投资项目而产生的机器设备等制成品的出口。这些合作事项对于风险的防范都有很高的要求，尤其是在海合会国家这类政治风险、市场风险、经营风险、汇率风险都比较高的经济体进行投资，更需要国家政府和企业自身在开展海外经营的整个阶段拥有完备的风险预防及处理方案，包括市场选择、汇率风险对冲、纠纷处理等。

另一方面，生活性服务业对于中海双边合作也有重要的支撑作用。中海之间社会经济制度差异很大，劳工标准、法律道德约束等处于不同的发展层次，这导致中国企业要在海合会国家实现本地化经营并获得可持续经济增长效益面临诸多障碍。因此，中海自贸协定达成后，随着中海双方在文化交流、旅游等服务领域合作的深化，必将改善双方人民相互之间的认同感，调动双边经贸投资领域的合作积极性。

2. 中海自贸区对双边服务贸易有巨大促进作用

(1)海合会国家服务业开放状况及限制性因素

海合会国家的经济发展主要得益于石油贸易的快速扩张，因此服务业发展不足，对于外资有较多的限制性因素。中国个别服务领域开放程度有限，但整体来看，在新兴经济体中依旧处于中高水平。从对《服务贸易总协定》(GATS)承诺的开放部门数量来看，中国处于相对领先地位，只有沙特和阿曼承诺的开放领域多于中国(见图10-19)。

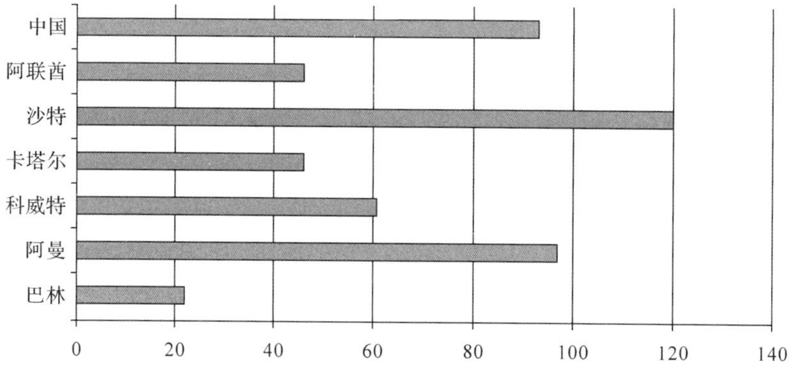

图10-19　中国和海合会六国对GATS承诺开放的部门数量对比

资料来源：WTO数据库。

在中国与海合会国家的相互投资方面,海合会国家对外国企业可以投资的行业存在诸多限制,尤其是在服务业领域(见表 10-13)。

表 10-13　海合会国家在投资方面对外资的限制

	主管部门	禁止或限制外商投资行业
沙特	沙特投资总局	石油资源的勘探和生产、军用机械设备及军用服装生产等产业领域,军用物资供给、劳务服务等服务领域禁止投资
阿联酋	经济部、财政部	石化工业由各酋长国自行所有和控制外商投资,以国家控股的合资企业形式运营;国家垄断水电气等资源领域
科威特	工商部	禁止投资石油领域的上游产业、保险业;银行业中由外商拥有的股权要低于 49%;房地产业的投资仅限于海合会国家
卡塔尔	商贸部	禁止外国投资者投资银行业、保险公司、商业代理、房地产等领域(获得特别许可的除外)
阿曼	商工部	宗教朝觐、劳务雇佣和提供、保险、商业代理等领域
巴林	工商部	渔业、会计、商业代理、旅行社

注:石油资源的勘探和生产不包括国际分类码 883~5115 项下的矿产领域服务。
资料来源:中国商务部网站,"对外投资合作国别(地区)指南"。

(2)中海自贸区将扩大双边服务合作

中海双方已承诺会以"准入前国民待遇和负面清单"模式开展服务贸易谈判。一方面,这将加大海合会国家服务业领域的对外开放力度,必将吸引更多中资企业进入海合会国家。另一方面,也将给中国国内服务业发展体制机制及政府监管制度带来改革压力。其一是对改革现行外商投资管理体制提出更迫切的要求。上海自由贸易试验区的建设一定程度上推动了中国外商投资管理体制改革,但国家之间签订自由贸易协定将在更大范围内、更深层次上提出外资管理体制的变革要求,包括取消外资设立和并购审批、改革商事登记制度等。其二是对建立事中、事后监管体系提出更高的要求。随着行政审批制度的不断改革,政府管理要由事前审批更多地转为事中、事后监管,实行"宽进严管"。这些都将有利于中海双边服务贸易的进一步发展。

(3)中方企业对中海自贸区带来的服务开放有较高期待

一是中国多数服务企业及所属行业将从中海自贸区中获益。

中海自贸协定达成后,将对中海双方的服务贸易带来积极的影响,这从企业实际经营的经验中也可作出判断。课题组开展的问卷调查结果显示,认为建立中海自贸区后,本企业对海合会国家的服务及相关出口将增长(≥5%)的企业数占受访企业总数的 26.45%,其中纺织业受访企业的判断最为乐观,有 7.41% 的企业认为会有大幅度增长(≥20%)。而就整个行业来说,化学原料和化学制品制造业获得 62.24% 的投票率,其被认为是获益最大的服务业。但是,医药制造业领域的企业对自身及整个行业的服务出口预期并不那么乐观,认为会有增长的企业数只占 10%,而认为没有变化甚至有所减少(−20%~−5%)的企业数占到该行业受访企业总数的 20%(见图 10-20、图 10-21)。这说明政府在加大双方服务业开放力度,发挥服务业对实体经济引领和支持作用的同时,对不同行业也要有不同的应对缓冲措施,尤其是对医药制造业等可能的潜在受损行业。

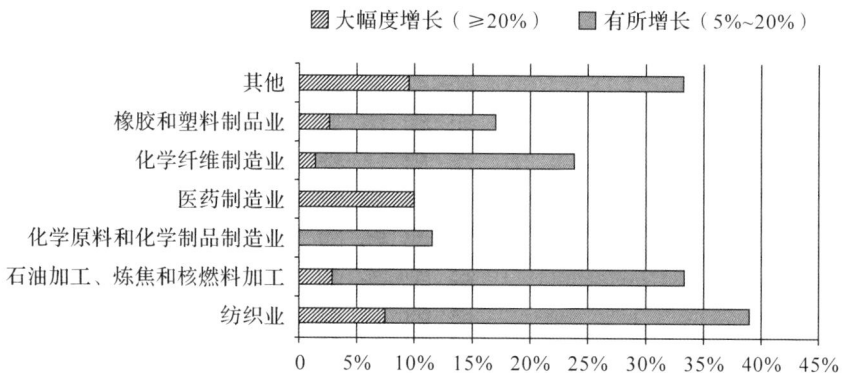

图 10-20 认为本企业对海合会国家服务贸易会出现增长的企业比重
资料来源:根据国务院发展研究中心对外经济研究部问卷调查结果计算。

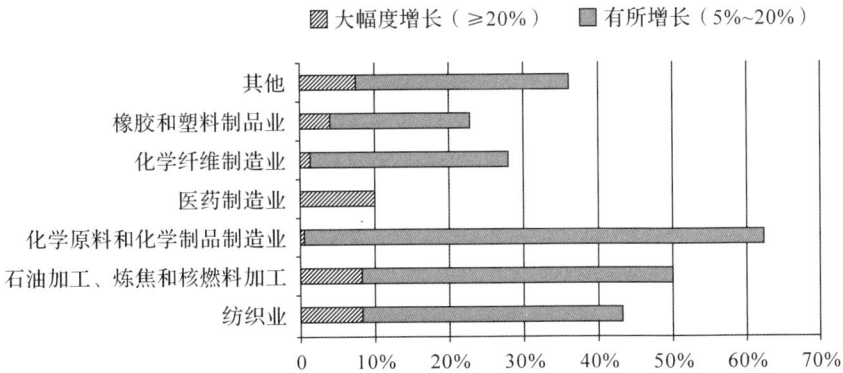

图 10-21 认为所属行业对海合会国家服务贸易会出现增长的企业比重
资料来源:根据国务院发展研究中心对外经济研究部问卷调查结果计算。

二是海合会国家服务业将从中海自贸区中获得更大收益。

海合会国家的服务业从中海自贸区中获益的前景更被企业界所看好。在课题组所做的问卷调查中,认为海合会国家对本行业服务及相关出口会有所增长的企业数占受访企业总数的 42.3%,其中化学原料和化学制品相关服务出口将获益最大,对此持积极态度的企业占比达 79.03%,认为会有大幅度增长(≥20%)的企业数占比也达到了 44.76%(见图 10-22)。医药制造业领域的服务出口依旧没有被看好。

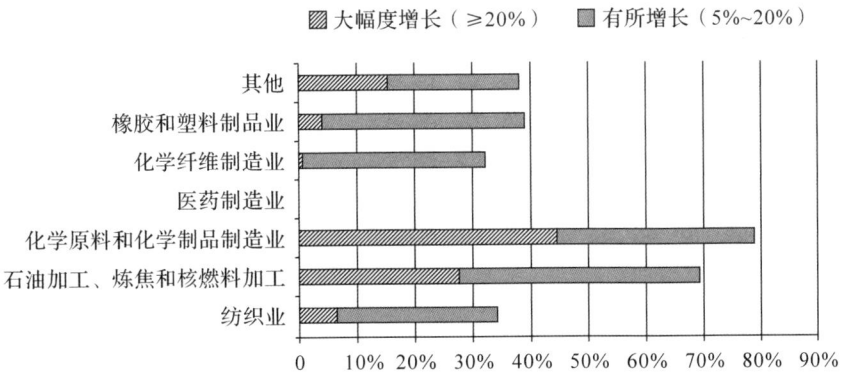

图 10-22 认为海合会国家对本行业服务贸易出口会出现增长的企业比重
资料来源:根据国务院发展研究中心对外经济研究部问卷调查结果计算。

三是民营企业对中海自贸区发展信心不足。

中海自贸区对双方服务业整体的发展都将有不小的促进作用,但就不同性质的企业来说,结果可能有所不同。课题组所做的问卷调查显示,37.12%的受访国有企业预期本企业对海合会国家服务及相关产业出口会增长,51.2%的受访国有企业预期本行业对海合会国家服务出口会增长;而民营企业则显得信心明显不足,只有22.64%的受访企业认为本企业出口会增长,而认为中海自贸区对本行业服务出口有正面影响的企业也只有30.66%,认为能大幅增长的民营企业数更是只有3.91%(见图10-23),相反却有39.5%的企业认为中海自贸区会给本企业对海服务出口带来负面效应。

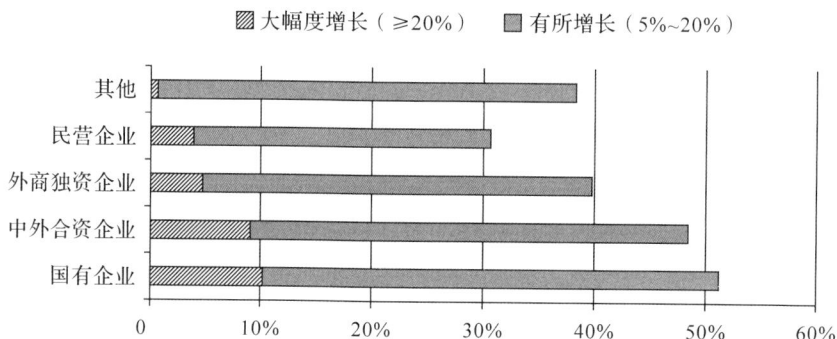

图 10-23 不同性质企业认为本企业对海合会国家服务贸易会出现增长的比重
资料来源:根据国务院发展研究中心对外经济研究部问卷调查结果计算。

就海合会国家服务出口受到的影响来说,58.98%的受访国有企业认为中海自贸区会带来海合会国家向中国服务出口的增长,而只有37.99%的民营企业认为会有此种现象发生(见图10-24),认为不会对海合会国家服务出口带来正面影响的企业数占26.82%。

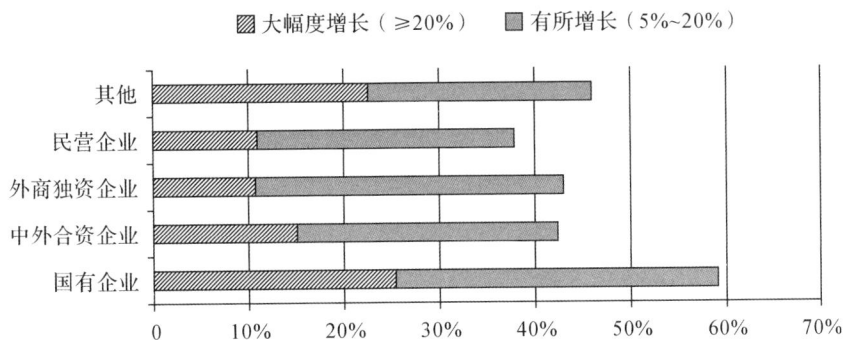

图 10-24　不同性质企业认为海合会国家对中国服务出口会出现增长的比重
资料来源:根据国务院发展研究中心对外经济研究部问卷调查结果计算。

(三)小　结

服务议题在中海自贸区谈判中占据重要地位,这不仅是基于世界服务贸易和自贸协定发展趋势的现实考虑,更是对中海服务贸易实际状况的切实判断。随着双边服务限制性措施的逐步解除,中海服务贸易未来将释放出更大的发展潜力,并且必将对双边经贸投资起到重要的支撑和引领作用。

就宏观而言,中海自贸区对双方服务发展具有正面的积极影响,但在中观及微观层面,其对不同行业、不同性质企业的具体影响却不尽相同。比如,民营企业对开放带来预期收益的态度就不那么乐观。世界经济论坛上提交的一篇文章对此的解释是,民营企业在世界市场上获益有限,它们担心开放后会面临来自大型跨国公司的激烈竞争。而小微民营企业占全球企业总数的95%,争取它们的支持和参与对多双边自贸区的成功运营有着至关重要的作用。目前中海之间的经济合作主要是大型企业参与,这与合作项目本身不无关系。但要充分发挥服务对经贸投资的支撑作用,小微民营企业的力量不可忽视。

因此,政府在致力于推动中海服务开放的同时,也要在政策激励和制度补偿上制定配套措施,要针对可能受损的行业和企业设计一整套保护方案。除了实行负面清单保护、延长过渡期和保留对本国尚未出现的产业制定不符措施的权利等外,还要将上海自由贸易试验区的相关成功经验和做法加以运用,实行"宽进严管",建立健全外资安全审查机制、反垄断审查机制,完善信息共享平台建设等,真正使开放红利惠及所有的行业和企业。

参考文献

[1] 毕吉耀,唐寅.资本输出的风险点[J].观察思考,2015(4).

[2] 车海刚,张玉雷.携手创造具有时代内涵的全球公共产品——共建"一带一路":历史启示与时代机遇国际研讨会综述[J].中国发展观察,2015(1).

[3] 陈玉荣,蒋宇晨."一带一路":中国外交理念的传递[J].当代世界,2015(4).

[4] 冯维江.共建"一带一路"[J].中国外汇,2014(10).

[5] 冯维江,姚枝仲,冯兆一.开发区走出去:中国埃及苏伊士经济合作区的实践[J].国际经济评论,2012(2).

[6] 国务院发展研究中心,壳牌国际有限公司.中国中长期能源发展战略研究[M].北京:中国发展出版社,2014.

[7] 国务院发展研究中心,壳牌国际有限公司.中国天然气发展战略研究[M].北京:中国发展出版社,2014.

[8] 龚婷."一带一路"能源合作初结硕果[N].中国石油报,2015-11-03.

[9] 姜星莉.经济全球化背景下中国能源安全问题研究[D].武汉:武汉大学,2010.

[10] 蒋志刚."一带一路"建设中的金融支持主导作用[J].国际经济合作,2014(9).

[11] 境外合作区案例之一：生产加工型[J].中国投资,2015(7).

[12] 境外合作区案例之二：农业生产型[J].中国投资,2015(7).

[13] 境外合作区案例之三：商贸物流型[J].中国投资,2015(7).

[14] 金永明.中国制定海洋发展战略的几点思考[J].国际观察,2012(4).

[15] 李伟.把握四大关系,共建"一带一路"[R].丝路国际论坛2015年会,马德里.

[16] 柳思思."一带一路"：跨境次区域合作理论研究的新思路[J].南亚研究,2014(2).

[17] 隆国强.扎实推进"一带一路"合作[J].国家行政学院学报,2016(1).

[18] 罗雨泽."一带一路"——和平发展的经济纽带[EB/OL]. http://opinion. people. com. cn/n/2014/1224/c1003-26263405. html.

[19] 罗雨泽."一带一路"基础设施投融资机制研究[M].北京：中国发展出版社,2015.

[20] 汪波.美国当前中东战略调整研究[J].国际观察,2012(2).

[21] 王东.国际态势的转化与中国国际战略的选择[J].学术界,2012(2).

[22] 王义桅."一带一路"机遇与挑战[M].北京：人民出版社,2015.

[23] 王金照.对国际油价下一步走势的分析和判断[R].国务院发展研究中心调研报告,2015(3).

[24] 史正富.论"一带一路"投资机制创新[J].开放导报,2015(4).

[25] 薛力.21世纪海上丝绸之路建设与南海新形势[EB/OL]. http://www. 21ccom. net/articles/world/zlwj/20150305121803_2. html.

[26] 俞正樑.关于中国大战略的思考[J].毛泽东邓小平理论研究,2012(5).

[27] 张广荣.中国境外经济合作区发展政策探析[J].国际经济合作,2013(2).

[28] 张帆,余淼杰,俞建拖."一带一路"与人民币国际化[R].中国发展研

究基金会,2016.

[29] 张海鹏.大国兴衰的历史教训(下)[J].文化与历史,2012(4).

[30] 赵晋平,等.聚焦"一带一路"经济影响与政策举措[M].北京:中国发展出版社,2015.

[31] 赵晋平,张琦,等."APEC 经济体贸易增加值核算的政策含义与对策研究"课题报告[R],2015.

[32] 赵晋平,等.对外开放关键领域的新突破[M].北京:中国发展出版社,2015.

[33] 朱德星.战略现实主义——中国大战略的一种选择[J].世界经济与政治,2012(9).

[34] 赵书博,胡江云.服务"一带一路"战略构想的税收对策[J].国际经济合作,2015(11).

[35] 赵福军.运用 PPP 推进"一带一路"建设[J].中国发展观察,2016(5).

[36] 中华人民共和国商务部,中华人民共和国统计局,国家外汇管理局.2014 年度中国对外直接投资统计公报[M].北京:中国统计出版社,2015.

[37] 中华人民共和国国家统计局.中国统计年鉴 2015[M].北京:中国统计出版社,2015.

[38] 中企正在建设 69 个境外合作经贸区　分布 33 个国家[EB/OL].http://www.chinanews.com/cj/2015/10-14/7569777.shtml.

[39] 邹磊."一带一路"的政治经济学[M].上海:上海人民出版社,2015.

[40] Asian Development Bank. Asian Economic Integration Monitor[R],2014(1).

[41] Peterson International Research Institute. Australia, New Zealand and the Chinese Dairy Market[R],2015.

[42] Qiangwu Zhou. The AIIB and Regional Development[R],2015(2).

［43］UNCTAD. Global Investment Trends Monitor［R］,2016(1).

［44］World Economic Forum. The Global Competitiveness Report 2014—2015［R］,2015.

后　记

　　本书基于国务院发展研究中心重点课题"'一带一路'经济合作政策研究"整理而成,可以说是政府决策支撑研究的精要之作。本书主要作者均是对外经济研究部的研究人员,他们多是对外经济各领域的成名专家,工作任务繁重,能在此情况下坚持研究,高质量地完成所承担章节的内容写作,实属不易。

　　赵晋平部长是本书的主编,对本书写作给予指导;罗雨泽研究员是协调人,负责本书写作的协调组织工作。各章具体安排如下:第一章"加快构建'一带一路'经济合作促进政策体系"由赵晋平部长和罗雨泽研究员共同执笔完成;第二章"'一带一路'区域合作机制建设"由张琦副部长执笔;第三章"中国与'一带一路'区域货物贸易发展的未来"由吕刚研究员执笔;第四章"'一带一路'的投资促进政策研究"由宗芳宇副研究员、赵晋平部长共同执笔;第五章"中国与'一带一路'沿线国家产能合作研究"由陈红娜同志执笔;第六章"推进'一带一路'沿线国家的基础设施建设"由赵福军副研究员执笔;第七章"'一带一路'能源合作"由王金照副部长执笔;第八章"'一带一路'战略构想下的境外经济合作区"由胡江云研究员执笔;第九章"对接'一带一路'的国内开放格局与地区开放政策"由许宏强研究员执笔;第十章"中国—海合会自贸区建设的意义、影响与路径选择",执笔者为赵晋平、张琦、王金照、胡江云、许宏强、吕刚、罗雨泽、王海芹、赵福军、宗芳宇、陈红娜。本书在写作过程中还得到黄嘉瑜、柳汶秀、韩娟等的大力协助,浙江大学出版社的姜井勇编辑对书稿进行了仔细的校阅修改。在此,本书写作团队谨致以真诚的谢意。本书出现的一切错误疏漏由作者承担。

"一带一路"是中国新时期对外开放合作的总纲领,也是正在推进的伟大事业。为了让相关决策者和读者尽快了解到一些专业性和前沿性的研究成果,我们加快了本书的写作进程。囿于此,本书一定会存在不足之处,欢迎各位读者与我们交流讨论,并提出建设性意见,以便我们在再版时修正和改进。

作 者

2016 年 6 月

图书在版编目（CIP）数据

重塑"一带一路"经济合作新格局 / 赵晋平等编著.
—杭州：浙江大学出版社，2016.9（2017.8 重印）
ISBN 978-7-308-16131-2

Ⅰ.①重… Ⅱ.①赵… Ⅲ.①区域经济合作－国际合
作－研究－中国 Ⅳ.①F125.5

中国版本图书馆 CIP 数据核字（2016）第 193118 号

重塑"一带一路"经济合作新格局

赵晋平 等编著

丛书策划	袁亚春　王长刚
责任编辑	姜井勇
责任校对	杨利军　陈　园
封面设计	卓义云天
出版发行	浙江大学出版社
	（杭州市天目山路 148 号　邮政编码 310007）
	（网址：http://www.zjupress.com）
排　　版	杭州中大图文设计有限公司
印　　刷	浙江印刷集团有限公司
开　　本	710mm×1000mm　1/16
印　　张	16.5
字　　数	213 千
版 印 次	2016 年 9 月第 1 版　2017 年 8 月第 3 次印刷
书　　号	ISBN 978-7-308-16131-2
定　　价	49.00 元

版权所有　翻印必究　　印装差错　负责调换

浙江大学出版社发行中心联系方式：0571－88925591；http://zjdxcbs.tmall.com